中華文化思想叢書

天命與彝倫
——先秦社會思想探研

上冊

晁福林　著

目次

下冊

自序

說到您看到的這本小書的緣由，還得從20世紀八九十年代的社會史研究的興盛說起。那時候的史學研究，已經不單是研究各個歷史階段的經濟基礎與上層建築，不單是關注階級鬥爭，而且開始關注豐富的社會生活的各個方面。後來，這個研究模式也伸展到了思想史的研究層面。不少專家認為，思想史不應當只是精英思想的歷史，而應當是內容比之於精英思想史更為豐富的歷史。於是「社會思想」的觀念也就應運而生。在史學研究中，不少專家在那個時候致力於有別於精英思想史的廣泛意義上的思想史的研究，並且成績斐然。復旦大學出版社出版的葛兆光先生所撰《中國思想史》是為翹楚。愚在這個大背景下也用了不少時間學習相關材料，並且以先秦社會思想為題爭取並獲得了國家社科基金項目，還完成了《先秦社會思想研究》（商務印書館2007年版）一書。您現在看到的《天命與彝倫》一書就是它的續編，主要彙集了愚近年在此方面的相關研究成果。

就社會思想這一概念來說，它應當包括某一歷史時段的精英思想以及一般社會成員的思想，乃至社會上的落後或反動的思想。如果要找一個系統來容納社會思想，可以說它是社會史的分支，也可以說它是思想史的分支，或者說它是社會史與思想史的交融。可以肯定的一點應當是社會思想，不應當是關於「社會」的思想，如經濟思想、政治思想之類。關於社會思想這一概念的定位，我在前一本小書曾經用不少文字來分析，今天看來尚無大錯。我也準備沿著這一思路繼續學習和研究。在這裏我想強調的一點是，社會思想並非是一個無所不裝的「大筐」，它還是應當具有其基本內涵和範圍的，它應當是某一歷史時段多數社會成員的思想。

這本題為《天命和彝倫》的小書，主要集中在社會思想這一領域的三個問題進行探討。

一是先秦時期天命思想的變遷。在古人的彼岸世界裏面，「天命」這一概念至關重要。它不僅影響到人們的神靈世界，而且影響到社會政治與社會生活。例如，春秋中期楚莊王氣勢洶洶問鼎周王朝城下的時候，已經很弱小的周王朝派王孫滿對楚莊王講了一番「天命」的話，就將其折服，使他不敢造次。這番話是：「卜世三十，卜年七百，天所命也。周德雖衰，天命未改。鼎之輕重，未可問也！」[1]「天命」之威力於此可見一斑。春秋時人所說「國之存亡，天命也」[2]，應當是一個普遍性的觀念。就社會成員個人言，也與天命有著不可分割的關係。儒家認為人的本性是天命使然，所以《禮記・中庸》開宗明義地說：「天命謂之性，率性謂之道。」儒家強調個人必須遵奉天命，「恭儉以求役仁，信讓以求役禮。不自尚其事，不自尊其身。儉於位而寡於欲，讓於賢，卑己而尊人。小心而畏義，求以事君。得之自是，不得自是。以聽天命。」[3]個人修養，不管是仁也好，義也罷，最終都還是要聽天命的決定。自從夏商時代以來，「恪謹天命」[4]、「恪知天命」[5]，不僅是立國之根本，而且也是個人行事的圭臬。其影響之深之大，在各種社會觀念中無過其右者。先秦時期社會思想

1 《左傳・宣公三年》。

2 《國語・晉語六》。

3 《禮記・表記》。

4 《尚書・盤庚》。

5 《尚書・大誥》。

中，對於天命的認識和探尋，成為一條主線。

二是先秦時期各個歷史時段的人們對於社會倫理與行為準則的認識。人必須生活在社會中，必然有各種各樣的社會關係，所以人必須遵循一定的倫理規範。在商周時代，這些倫理規範多鑄造於彝上以傳之久遠。在商周時代濃烈的敬祖觀念下，各級貴族常把祖先的功烈懿行鑄造在彝器上，起到垂先示範的作用，這正如《禮記・祭統》篇所說：

> 銘者，論撰其先祖之有德善、功烈、勳勞、慶賞、聲名，列於天下而酌之祭器，自成其名焉，以祀其先祖者也。顯揚先祖，所以崇孝也。身比焉，順也。明示後世，教也。夫銘者，壹稱而上下皆得焉耳矣。是故君子之觀於銘也，既美其所稱，又美其所為。為之者，明足以見之，仁足以與之，知足以利之，可謂賢矣。賢而勿伐，可謂恭矣。

彝倫之稱，應該是與彝銘有關係的。後世每以「常理」之意釋彝倫，[6]其實若追本溯源，則可以看到「彝倫」一詞當與彝銘的這種示範教化的作用不無關係。《詩・大雅・烝民》篇謂：「天生烝民，有物有則。民之秉彝，好是懿德。」理解詩意當以商周時代彝銘為說。「物」者，彝器也。「秉彝」，意即秉持效法彝銘所載的祖先的美德。在商周之際，周武王和箕子曾經深論「彝倫」之事，反映了周初對於重構社會秩序的高度重視。

6 在先秦時期較早的文獻中，「彝」之意主要有二：一是「常」，如「彝酒」、「彝訓」（《尚書・酒誥》）、「彝教」（《尚書・君奭》）等；一是準則，如「殷彝」（《尚書・康誥》）、「非彝」（《尚書・召誥》）、「民彝」（《尚書・洛》）等。彝和倫合用，當指常理、常禮、常法。

三是社會精神的發展。若從哲理的角度看，就先秦時期而言，如果說天命是彼岸世界之巨擘，那麼，彝倫就是此岸世界的準繩。然而，我們還是可以再進一步探討一下，在這兩個世界之間有無充盈其間的東西呢？愚以為在天命與彝倫之際，還有一個社會精神的問題。精神是高層次的社會觀念，民族的凝聚力和活力往往靠民族的精神來維繫。說它形而上也好，說它形而下也罷，反正其重要性是必然存在的。民族認同問題是近年學術界關注的一個熱點，民族精神理所當然地成為此一問題的核心之一。愚以為，相關的討論應當從認識「人」自身開始，因為這是人的精神的出發點之一。

完成這本小書之後一個感想是，社會思想的範圍太大，問題太多。我的所謂研究只能算是以蠡酌海，以管窺天而已。其中的謬誤和不足，尚不知凡幾。還請專家多多指教。

晁福林

2011年1月19日序於北京師範大學歷史學院商周文明研究中心

第一章

「恪謹天命」：先秦時期天命觀念的演變

在「恪謹天命」觀念的指引下，先秦時期的人們普遍敬畏天命、尊崇天命。此正如孔子所說：「君子有三畏：畏天命，畏大人，畏聖人之言。小人不知天命而不畏也，狎大人，侮聖人之言。」[1]總之，對於天命的「知」而「畏」之，乃是先秦時代人們的共識。所謂在那個時代已經出現了「人定勝天」之類的唯物觀念，只是一種子虛。

那麼，先秦時期人們篤信天命的情況如何呢？

一般認為，商王朝的人篤信天命在己，而經過商周王朝的移易，周王朝的人則開始對天命有所懷疑。關於這種情況，郭沫若先生很早就解釋說：

> ……殷時代是已經有至上神的觀念的，起初稱為「帝」，後來稱為「上帝」，大約在殷周之際又稱為「天」……由卜辭看來可知殷人的至上神是有意志的一種人格神。……周人一面在懷疑天，一面又在仿傚著殷人極端地尊崇天，這在表面上很像是一個矛盾，但在事實上一點也不矛盾的。請把周初的幾篇文章拿來細細地讀，凡是極端尊崇天的說話是對待著殷人或殷的舊時的屬國說的，而有懷疑天的說話是周人對著自己說的。這是

1　《論語・季氏》。

很重要的一個關鍵。[2]

這是一個非常著名且影響深遠的論斷，後來有不少人稱引。但是，依愚之見殷代並沒有所謂的「至上神」的觀念，周人講天命也並非這邊一套、那邊一套的兩面派。這方面的問題都值得深入地再探討。

到了春秋戰國時期，天命思想的內容逐漸豐富起來。那個時代的思想家對於天命問題有了更多的新的思考，出現了不少新的認識、新的理論。孔子的時命觀就是其中一個重要內容。在古代中國的思想史上，孔子是一位繼往開來的偉大人物，他的天命思想亦是如此。

在本章的開頭部分我們探討的問題並不直指天命，而是討論上古時代人們對於天命探尋的方式的演變。商代的「厭勝」之術、春秋戰國時期的神社祭祀與讖語，也與探尋天命有一定的聯繫。在這個過程中，我們會發現，原來上古先民有如許複雜的認識，有如許之大的想像空間。在進入文明時代以後很久，人們才逐漸把對於彼岸世界的認識、對於天命的探尋，奠定在一個比較科學的認識基礎之上。

一　通天之路：「數術」的起源及其向「學術」的蛻變[3]

五帝時期發生了「絕地天通」這樣一件大事。《國語・楚語》下篇記載了這件事情：

及少皞之衰也，九黎亂德。民神雜糅，不可方物。夫人作享，

2　郭沫若：《先秦天道觀之進展》，《郭沫若全集・歷史編》第1卷，人民出版社1982年版，第324頁、第334-335頁。

3　本節內容係筆者於2010年春訪問臺灣地區「中央研究院」時，在史語所所作學術講座的部分內容。

> 家為巫史，無有要質。民匱於祀，而不知其福。烝享無度，民神同位。民瀆齊盟，無有嚴威。神狎民則，不蠲其為。嘉生不降，無物以享。禍災薦臻，莫盡其氣。顓頊受之，乃命南正重司天以屬神，命火正黎司地以屬民，使復舊常，無相侵瀆，是謂絕地天通。

在帝顓頊之前，人人皆可為巫史，皆可直接與天交通。帝顓頊改變了這種局面，將與天神交通的權力集中起來，斷絕了人人皆可與天神交通的道路。那麼，帝顓頊以前以及其後人們與天神交通的道路（即通天之路）的情況是怎樣的呢？這條通天之路就是最初的「數術」。在進入文明時代以後很久，「數術」仍然有很大影響。但是隨著人類精神的覺醒，人們逐漸能夠理性地、科學地認識「天」的時候，「數術」就漸漸地向「學術」蛻變。「數術」對於社會的影響雖然趨弱，但卻始終沒有退出歷史舞臺。即使在科學昌明如今之時，我們還會不時看到「數術」的影子。

對於天命及彼岸世界的探索，以及上古精神文明的演進歷程皆非直線上升式的，而是一個曲折往復的緩慢漸進過程。推進古代文明發展的多重因素中，精神與思想的發展是一個重要方面。精神文明的演進亦是多方面的，由「數術」到「學術」的發展可能有較多材料可以說明，是一個讓我們看得比較清楚的線索。我們研究上古社會思想的時候，應當注意到這一演進歷程的曲折往復和緩慢漸進。這一行程中，經濟和社會結構的發展固然是重要的基礎，但是在今日看來當時充滿謬誤與迷信的「數術」的發展也是一個推進的力量。由「數術」到「學術」的演進，反映了上古先民對於精神世界探索的複雜性。

（一）「數術」的出現：洪荒蒙昧中的進步

上古由蒙昧、野蠻進入文明時代的時候，社會的政治、經濟、文化諸方面都在緩慢地劇烈運轉。其中在精神文明方面也在萌生著深刻的變化。對於這個社會階段的人們來說，天人關係，亦即人與自然的關係，應當是最初的備受關注的問題。人們對於天地神靈充滿著無窮的敬意和神秘感，在「神」的面前，人們展現出兩種思考和態度，一是祈求賜福與保祐，二是將神靈的力量化為己有。後來的祭祀與「數術」，當即由此二者而萌生。祭祀基於人們對於神靈的祈求，「數術」則基於人們化神力為己力的願望。人們的這兩種態度，都是原始人類對於天地神靈的最初的思考和認識。當時人們的這種認識，無論是哪種思考和態度在今天看來，都是非常的幼稚和迷信、充斥著荒誕與錯誤，但在那個科學文化遠未昌明的時候，對比著蒙昧與野蠻，這已經是一個精神文明方面的很大進步。原始的祈禱祭祀和「數術」雖然幼稚和迷信，但它畢竟是人們思考的產物，在洪荒蒙昧的時候，從沒有思考到出現了思考，這本身就是一個了不起的進步。它是初期人類的思考與意識（亦即思想與精神）的從無到有的巨大進步。

迄今為止，關於上古時代原始的「數術」情況的考古資料，以1982年發現於甘肅秦安大地灣新石器時代遺址的地畫最為著名（見圖1和圖2）。

圖1

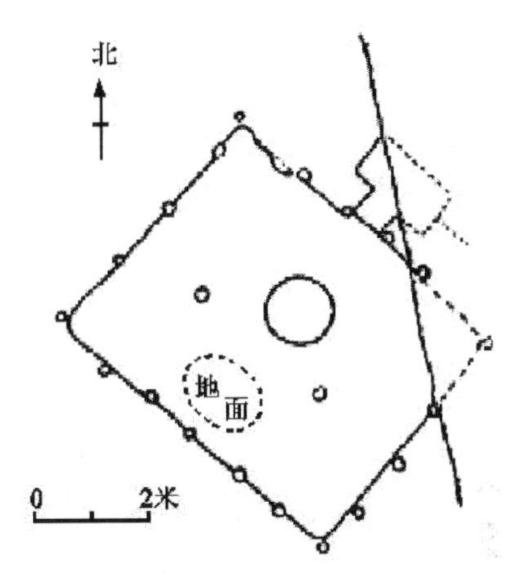

圖2　房址 F411

這幅地畫多經專家研究，其性質有喪舞說、祭禮說、狩獵說等，還有專家認為是「男性裸體舞蹈的寫照」，是以「快樂為目的的同性愛」。[4]多數專家則持巫術說，就是持上述喪舞、狩獵等說法的專家也多認為與巫術有關。我們可以在諸家說法的基礎上提出的一個新的視角：它雖然是一幅地畫，但並非一件單純的美術作品，而是一個巫術符號（或者說是道具）。它所蘊涵的意義在於，位於地畫主體位置的三人（有一人漫漶不清），皆一手握持陽具、一手繞至頸後，雙腿交錯做扭動之態。[5]這些動作應當是調動（或請出）法力廣大的神蟲來施威。地畫所畫三位舞者（巫師）下方長形框內的動物形象，可能是以青蛙為原型的線圖。兩隻神蟲方向一致，似乎要隨著巫舞聽從巫師的召喚而湧出，長方形框左前方的倒丁字形符號，可能是表示神蟲湧

4　陳星燦：《大地灣地畫和史前社會的男性同性愛型岩畫》，《東南文化》1998年第4期。

5　古文獻和簡帛資料中多有上古時代巫術中行「禹步」的記載，可見原始巫術中對於步伐是比較重視的。地畫中人物的步伐雖然不可謂就是「禹步」，但說它是巫步，應當是可以的。

出的方向。而此方向正指向房屋的中央。此房屋展示的是新石器時代比較常見的居住情況，房屋的中央是一個火塘，人們晚上在火塘周圍睡覺休息。有地畫的這個房屋應當是一座生育巫術的巫室，巫師在此做法後，男女入住此室有利於生育。[6]生育之事，在上古時代是一件神秘而又令人振奮的事情，人自何而來，是盤亙在人們頭腦中的大問題，女媧造人的神話及屈原《天問》所發出的相關質疑，就是一個明顯的證明。大地灣地畫所展示的巫術表明，當時人們可能已經將生育之事與陽具相聯繫，儘管陽具的威力還要靠驅動神蟲來完成，但它畢竟與生育之事相關，這應當是一個有意義的人類意識的進步。

新石器時代有關「數術」的考古資料，比較著名的還有河南濮陽新石器時代墓葬遺址的第45號墓。此墓居中的墓主為壯年男性，仰身直肢，其左右兩側有用蚌殼精心擺塑的龍、虎圖像（見圖3）。遺址的一條灰溝中還有蚌殼擺塑的人騎龍圖像（見圖4）。

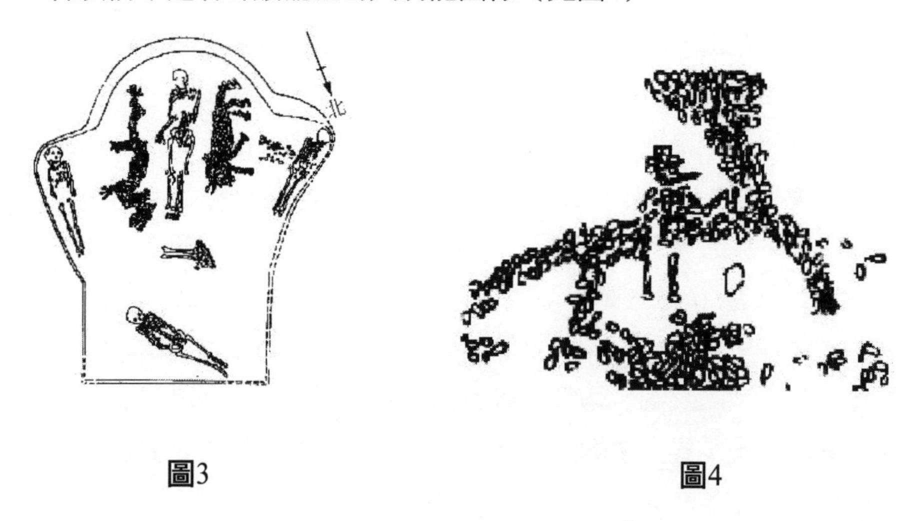

圖3　　　　圖4

6 生育巫術為上古時代所多見，後世流傳亦廣泛，如踐大人跡、觸摸石祖或陶祖、在某個特定的水域洗浴等。地畫所展現的長方形框內的青蛙線圖，應當與原始人類習見青蛙可以化育出群群蝌蚪有關，由此可以聯想到生育力之旺盛。

發掘者稱此擺塑反映了墓主人「生前的地位之高、權力之大，具有降龍伏虎的神威」[7]。對於這一重要發現，專家研究甚多，或以為它象徵死者魂升天上，或以為擺塑象徵著日月星辰包圍著天神。張光直先生認為是巫師「能召喚三蹻的形象」[8]。所謂三蹻，依《抱朴子・內篇・雜應》所說，即指「龍蹻」、「虎蹻」和「鹿蹻」，乘此三者，可以「周流天下，不拘山河」。雖然「三蹻」之說出現較晚，原始時代未必如是，但謂45號墓主有「降龍伏虎的神威」，則還是完全可信的。從擺塑位置看，虎頭和龍首皆北向與人首方向正相反，而處於人足之部位，很可能寓意謂龍虎皆此人之坐騎。當時雖然未必有「三蹻」之名稱，但卻未必沒有以龍虎為坐騎之意。後世巫師做法時往往能從千萬里之外請來神仙顯靈降魔，如何請得千萬里之外的神仙呢？一種方法就是由巫師之靈魂騎乘龍虎之類神物「周流天下」所立致。若果真如此，則45號墓的擺塑就應當正是此巫師施展巫術的想像情境。

大地灣和西水坡的考古資料，讓我們窺見上古時代巫術之一角。可以推想那個時代社會思想中化神力為己力的巫術觀念可能是多見的。《山海經》中的記載也可以視為此方面的旁證。《山海經・中山經》載：

> 姑媱之山。帝女死焉，其名曰女尸，化為瑤草，其葉胥成，其華黃，其實如菟丘，服之媚於人。

這個傳說可能是某種「數術」的訛傳所致，傳說的主體是人化為草，草即是人。這裏的人很有神性。巫師很可能指瑤草為神，神之靈

7 孫德萱、丁清賢、趙連生、張相梅：《濮陽西水坡遺址發掘簡報》，《華夏考古》1988年第1期。

8 張光直：《濮陽三蹻與中國古代美術上的人獸母題》，《文物》1988年第11期。

魂已附於其上，所以瑤草就有了神性。這種草形狀葳蕤，枝葉層疊，開著黃色的花，結著果實，令人喜愛，並且吃了它對人還很有好處，視之為仙草，也不為過。所以巫師以之為帝女之化身。《海內西經》載「開明東有巫彭、巫抵、巫陽、巫履、巫凡、巫相……皆操不死之藥以距之」。這是一個巫醫合一的傳說，《大荒西經》載，「有靈山，巫咸、巫即、巫肦、巫彭、巫姑、巫真、巫禮、巫抵、巫謝、巫羅十巫，從此升降，百藥爰在」，其性質與此相類。所言巫醫之名，兩者多有相一致者，或者可以視為傳聞異辭。氏族部落首領也往往兼具巫者形象，如夏后啟，就曾「珥兩青蛇，乘兩龍」，還能夠從「高二千仞」的「天穆之野」，上到天上，「得九辯與九歌以下」。[9]這種本領非巫者莫之能任。

這是一個巫者具有很大影響的時代。我們所關注的重點並不在於羅列相關資料說明「數術」之盛，而是要指出，在「數術」盛行的時候，人文因素亦在悄然增長。其表現為兩個方面：

其一，人的力量在諸多巫術中越來越居於重要位置。上古巫術本來是神的遊戲，但在諸神的影子後面卻越來越多地顯現著人的形象，大地灣地畫中的三名行巫術的男子和西水坡第45號墓的居於主位的男子，皆是「神人」的化身。可以說，他們亦神亦人，神人不分，已經不再是單純的天神或鬼神。化神力為己力，表面看來是神力在起作用，但卻往往增長的是人的力量。《山海經》當中諸多的人獸合一的形象，很可能就是巫師裝扮動物的形象，事傳廣遠、已非其原始形態。

其二，社會組織（亦即氏族部落以及部落聯盟等）對於巫事的影響增強，在巫術中越來越多地體現出社會組織的力量。相傳黃帝時期曾經有這樣大規模的活動：

9 袁珂：《山海經校注・大荒西經》，巴蜀書社1993年版，第473頁。

> 黃帝合鬼神於西泰山之上，駕象車而六蛟龍，畢方並鎋，蚩尤居前，風伯進掃，雨師灑道，虎狼在前，鬼神在後，騰蛇伏地，鳳皇覆上，大合鬼神，作為清角。[10]

這些神靈和蛟龍齊集共現，非盛大巫術典禮無以當之。到了帝顓頊的時候，更出現了著名的以「絕地天通」為標誌的巫術專業化的舉措。到了夏商時代，占卜祭祀之類的「數術」活動，已成為王室大典，政治力量凌駕於鬼神。至周代禮樂文化興盛，「數術」活動只是其中的一個點綴，在國家典禮中不再佔據主要地位。社會力量（包括後來的政治力量）的介入，使得「數術」的發展空間趨小，而人文精神的因素趨強，這應當是上古時代精神文明演進中很有意義的變化。

（二）認識必然：「數術」觀念的產生與發展

占卜、祭祀、巫術等「數術」之事雖然出現得很早，但「數術」這一概念卻出現得較晚，與「數術」之事並非同步。「數術」在上古時期本來是「數」與「術」兩個觀念，還沒有秦漢以降那種「數術」的觀念。我們可以先來縷析一下「數」與「術」，看它們經過了怎樣的發展才為秦漢以降「數術」觀念的產生奠定了基礎。

相比而言，「數」的觀念可能要比「術」的觀念出現得早一些。在文獻中，周代早期就有了「數」的記載，如《尚書・洪範》篇所列「五紀」之一為「曆數」。「數」在彝銘中最早見於《中山王鼎》銘

---

10 王先慎：《韓非子集解・十過》，中華書局1998年版，第65頁。按：「畢方並鎋」的鎋字，《論衡・紀妖》篇作轄。鎋、轄，音義皆同，指車鍵，是插在軸端固定車輪的銷釘。畢方為古神名，或謂讀若「爆烞」，類於後世的爆竹，疑非。據《山海經》所說，畢方是為鳥神，「其為鳥，人面，一腳」，「青色赤腳」（袁珂：《山海經校注・海外南經》，第230頁）。《韓非子》所說的「畢方並鎋」，意猶並轡，指畢方神為黃帝駕車。

文，稱「方數百里」。此處的「數」為「計」之意。戰國時期，「數」用來表示技術，所以孟子說「今夫弈之為數，小數也」。[11]「數術」一詞在文獻中首見於《墨子・節用》上篇，但它並非後世所說的以天文、卜筮、巫術為主的「數術」的概念。[12]

戰國時期，「數」的概念使用日廣，其含意亦趨複雜，除了計數、算術、技藝等意蘊之外，「數」還用來表示規律、道理，此例在《管子》一書中尤多，例如：

> 安危之機七，強弱之應八，存亡之數九。(《幼官》)
> 天道之數，至則反，盛則衰。(《重令》)
> 上無固植，下有疑心。國無常經，民力必竭。數也。(《法法》)
> 夫爭天下者，必先爭人。明大數者得人，審小計者失人……功得而名從，權重而令行，固其數也。(《霸言》)
> 富者所道強也，而富未必強也，必知強之數，然後能強。(《制分》)
> 成功之道，嬴縮為寶。毋亡天極，究數而止。(《勢》)
> 明主操必勝之數，以治必用之民。(《明法》)

上引《管子》書中稱「數」之列，「數」皆當理解為規律、法則

11 楊伯峻：《孟子譯注・告子上》，中華書局1960年版，第264頁。

12 《墨子・節用》上篇謂「此不令為政者，所以寡人之道數術而起與？聖人為政特無此，不聖人為政，其所以眾人之道亦數術而起與？」語甚費解，究其上下文意可知此篇中的「數術」之意乃指數個「術」，或幾個「術」。係指實行「人之道」的辦法、措施，近乎《韓非子・外儲說左上》篇所說的「知治之人不得行其方術，故國亂而主危」。《呂氏春秋・贊能》篇謂「說義以聽，方術信行，能令人主上至於王，下至於霸」，其所謂的「方術」與《節用》篇所云「數術」之「術」的意思是一致的。

或道理，[13]方可理解正確。由於規律、法則等概念皆有必然的意蘊，所以，也逐漸用「數」來表示必然性。戰國諸子書中此類例證不少，如《韓非子・解老》篇謂「寡之不勝眾，數也」，即謂寡不敵眾乃是必然的。「數」的意義本指具體的概念，指計數、算術等。行用既久，便逐漸從中抽象出規律、法則一類的意蘊，因為計數、算術之類的具體運作本身就是有規律、有法則的。再進一步，規律、法則又有更深一層的意蘊，那就是必然。表示必然性、表示命運的「數」的觀念在戰國後期已經出現，如：

> 此皆天之容、物（之）理也，而不得不然之數也。（《呂氏春秋・知分》）
> 無道至則以為神，以為幸。非神非幸，其數不得不然。（《呂氏春秋・觀表》）
> 冬與夏不能兩刑，草與稼不能兩成，新穀熟而陳谷虧，凡有角者無上齒，果實繁者木必庳，用智褊者無遂功，天之數也。（《呂氏春秋・博志》）

這幾例中，「數」有「不得不然」之意，已經是必然性的表示。所謂「非神非幸，其數不得不然」，「數」與「幸」相對而言，也是在說明某種必然性，而不是僥倖的、偶然的。所謂「天之數」，猶言天所規定的命運。[14]《荀子・仲尼》篇講齊桓公稱霸的必然性，謂：「其

13 諸子書中，「數」亦有與「術」意相同者，如「無數以度其臣者，必以其眾人之口斷之」（《韓非子・說疑》）、「夫治法之至明者，任數不任人。是以有術之國，不用譽則毋適，境內必治，任數也」（《韓非子・制分》）、「行數，循其理」（《呂氏春秋・序意》）、「耳目知巧，固不足恃，惟修其數、行其理為可」（《呂氏春秋・任數》）、「為國之數，務在墾草」（《商君書・算地》）等，是皆為例。

14 這種天所規定的命運，戰國時人或稱為「勢」。《商君書・禁使》篇謂「凡知道者，

霸也，宜哉！非幸也，數也。」《議兵》篇講秦國取勝之勢時，謂：「四世有勝，非幸也，數也。」此處亦將「數」與「幸」對舉，強調「數」即強調其必然性。正是基於「數」所表示的這種必然性的意蘊，所以戰國時人還有「曆數」一詞，表示天運、天命。[15]

我們再來說「術」字。

晚至甲骨文的時代，「術」字才可能出現。專家指出在《殷虛文字乙編》中有兩片卜辭出現了「術」字。[16]但這兩個「術」字，只是「秫」字的省體，且均出現於殘辭，可能是祭名，並非後世理解的作為方法的「術」字。當時還沒有以「行」為偏旁的「術」字出現。周代彝銘文字中依然是只有「術」字偶現，亦無「術」字。很可能在商周時代還沒有表示技術、方法的「術」的概念。[17]在古文字中，術、述、遂、隧四個字是同源字，每相通假。[18]新出戰國竹簡材料證明，

勢、數也」。這裏的「勢」表示必然的形勢，而「數」則表示方法和手段，與「術」的意思相一致。《禁使》篇認為「勢」和「數」二者合起來就是「道」，即君主的治國之道。

15 《論語·堯曰》篇述堯之語謂：「諮！爾舜，天之歷數在爾躬。」前人解釋「歷數」多謂歲日月星辰運行之法、天位列次；楊伯峻先生釋為「上天的大命」(《論語譯注》，中華書局1980年版，第207頁)，錢穆先生釋為「天的歷數命運」(《論語新解》，巴蜀書社1985年版，第478頁)，皆甚確。

16 《殷虛文字乙編》(董作賓編，臺北「中央研究院歷史語言研究所」1948-1953年版)的這兩片甲骨是第3394片和第8376片。見徐中舒主編《甲骨金文字典》，巴蜀書社1993年版，第522頁。專家或謂它是會意字，「會循而分別之意」(何琳儀：《戰國古文字典》，中華書局1996年版，第1243頁)，此說可商。《說文》解釋術之古文謂「秫或省禾」，這個解釋似較憂。

17 春秋早期器《大司馬簠》(中國社會科學院考古研究所：《殷周金文集成》，中華書局1984-1994年版，9.4505)銘文謂「大司馬孝術自作飲簠」，疑其中的「術」字讀若「遂」，此銘謂大司馬孝順，遂親自作了飤簠。或者「孝術」為大司馬之名。但無論如何，「術」也非技術、數術之概念。

18 參見王力主編：《王力古漢語字典》，中華書局2000年版，第1199頁；何琳儀：《戰國古文字典》，第1243-1244頁。

戰國時期「術」的意蘊常用「述」字來表示，如《郭店楚簡・語叢一》第42簡謂：

> 豊（禮），交、行之述（術）也。

簡文原作「禮，交之行述（術）也」[19]，疑抄手將簡文「之」、「行」二字誤倒。所謂「交行之術」即交之術和行之術，「交」與「行」是並列的關係。簡文意指禮的作用是人際交往與行為的辦法、手段。再如《郭店楚簡・成之聞之》第六簡謂：

> 戰與型（刑），人君之述（術），德也。

簡文原作「戰與型（刑）人，君子之述德也」[20]。裘錫圭先生指出原簡文「君子」之「子」為衍文，甚確。然讀述為「墜」，似可再商。所謂「墜德」，意即蔑德、亡德，是乃桀、紂的暴君之行。如果說戰與刑就是「墜德」，這與儒家對於戰與刑作用的看法並不相合，儒家雖然不像法家那樣極度強調戰與刑，但也並不絕對排擯。孔子說：「禮樂不興，則刑罰不中；刑罰不中，則民無所措手足。」[21]他把刑罰作為禮樂的補充來看，並沒有說絕對不要刑罰，只有禮樂指導下的刑罰才會適中。孔子所慎是「齊（齋）、戰、疾」[22]三者，只是慎戰，而不反戰。孟子說：「國家閒暇，及是時，明其政刑。」[23]在講

---

19 荊門市博物館編：《郭店楚墓竹簡》，文物出版社1998年版，第195頁。

20 荊門市博物館編：《郭店楚墓竹簡》，第167頁。裘先生所加按語見第169頁。

21 楊伯峻：《論語譯注・子路》，第134頁。

22 楊伯峻：《論語譯注・述而》，第69頁。

23 楊伯峻：《孟子譯注・公孫丑上》，第75頁。

「得道多助」的道理時，孟子強調「君子有不戰，戰必勝矣」[24]。如果說戰與刑二者人君用之即是墜德，恐未達一間也。所以簡文這裏的「逑」當讀若「術」。戰、刑二者不僅是人君的統治手段，而且也是人君之德的一種表現。

還可以舉出一條至關重要的、需要我們認真討論的材料。《郭店楚簡・性自命出》第13-14簡謂：

> 凡道，心逑（術）為主。道四逑（術），唯人道為可道也。其參（三）逑（術）者，道之而已。

這裏簡文中的「逑」字皆讀若「術」，諸家皆無疑問。然而，「四術」的含意則有不同的理解。或謂指簡文下文的詩、書、禮、樂四者，或謂指人道、禮、書、禮樂四者，似皆不妥。愚以為，從簡文之意看，可以有這樣兩個推斷：其一，「四逑（術）」必定包括了「人道」，所以簡文才會說「道四逑（術），唯人道為可道也」。其二，除了「人道」之外的其它三術，應當是能夠與「人道」平行、並列的三道。我們可以進而推論，這樣的三個道，應當就是天、地、鬼三道。簡文認為「道」所蘊涵的理論體系中，只有「人道」是可以深入研究的，其它三個部分則不可深究，只能是「道之而已」[25]，一般說說罷了。

我們試對於跟「人道」並列的其它「三術」，縷析如下：

---

24 楊伯峻：《孟子譯注・公孫丑下》，第86頁。

25 簡文「道之而已」的「道」，一般理解為言說，亦有專家釋其為「導」。這在音讀通假上是沒有問題的。訓其意為導，於簡文之意亦通，但不若釋為言說更憂。《老子》云「道可道」，指可以言說的道，「可道」，即指可以言說。簡文「可道」與之文例相同，意當一致。

「天道」，是儒家理論中慣用的觀念，《中庸》所謂「誠者，天之道也；誠之者，人之道也」，就是一個明證。《論語・為政》篇載孔子語「五十而知天命」，所謂「天命」，朱熹注謂「即天道之流行而賦於物者，乃事物所以當然之故也」[26]，甚精當。孟子所謂「聖人之於天道也，命也」[27]，可謂一語中的。「天道」實指天命，它藏於人心，是講不得很清楚的，所以簡文謂「凡道，心術為主」。既然天道的實質在於天命，那麼，通過占筮等手段的「數術」也當源起於上古時期的天道觀念。

「地道」，在儒家理論中，它是「人道」的陪襯，所以《中庸》謂：「人道敏政，地道敏樹。夫政也者，蒲盧也。」治國之道，人存政舉。以人立政，猶以地種樹，也像種「蒲盧」（即蒲葦，是生長尤速之物），成長會很快。[28]關於地道的「數術」，後世流變為堪輿之學、風水之學。後世的堪輿家、風水家就是數術家之一類。

「鬼道」，是儒家基本不提的視為另類的認識範疇，但春秋戰國時社會上的人們卻每有論及。春秋中期，魯國祭典把廟裏的僖公神主位置提到前面，遭人非議。魯國任宗伯之職負責宗廟祭祀事宜的夏父弗忌就解釋說：「吾見新鬼大，故鬼小。先大後小，順也。躋聖賢，明也。明、順，禮也。」[29]但是，貴族還是不予理解，《左傳》的作者就指出「君子以為失禮」，可見魯國貴族並沒有認可此事，魯大夫展禽即批評說：

> 夏父弗忌必有殃。夫宗有司之言順矣，僖又未有明焉。犯順不

---

26 朱熹：《四書章句集注》，中華書局1983年版，第54頁。

27 楊伯峻：《孟子譯注・盡心下》，第333頁。

28 此說見朱熹《四書章句集注》，第28頁。

29 楊伯峻：《春秋左傳注・文公二年》，中華書局1981年版，第524頁。

> 祥，以逆訓民亦不祥，易神之班亦不祥，不明而躋之亦不祥，犯鬼道二，犯人道二，能無殃乎？[30]

夏父弗忌所講的「新鬼」「舊鬼」，展禽所講的「鬼道」之鬼，皆指祖先神靈而言。春秋初期，屬於若敖氏之族的楚令尹子文之弟子良生子越椒，「熊虎之狀而豺狼之聲」，子文斷定其族將由越椒而亡，謂「鬼猶求食，若敖氏之鬼不其餒而」[31]。「若敖氏之鬼」，即若敖氏的先祖。《禮記・檀弓》下篇謂「生事畢而鬼事始」，所說的是祭祀之事，其實，也可以用來說明鬼事的性質，即鬼事乃人生之事的延續。《墨子・非攻》中篇列舉戰爭造成的危害，其中之一便是「鬼神之喪其主後（祏）」；《非攻》下篇亦謂「剝振神之位……滅鬼神之主」。所謂「主祏」和「神之位」皆指宗廟裏祖先的神主及其石函，是祖先之鬼的憑依。總之，當時人所理解的「鬼道」，或可視為祭祖之道。春秋戰國時期的「鬼道」觀念往往有這種演進趨勢，那就是將其以善惡好壞來區分，壞者惡者被妖魔化為「厲鬼」、「惡鬼」，其好者、善者則上升為神。從上引展禽的話來看，畢竟人鬼懸隔，不可能同道，所以「鬼道」與「人道」是兩個並列的概念。

在儒家理論中，關於「人道」與天、地、鬼三道並列關係的表述，我們可以舉出《周易・謙卦・彖傳》為例進行說明。是篇謂：「天道下濟而光明；地道卑而上行。天道虧盈而益謙；地道變盈而流謙；鬼神害盈而福謙；人道惡盈而好謙。」這個論述裏，「天道」和「地道」佔據顯著位置。

我們大略研討了春秋戰國時期的「天道」、「地道」和「鬼道」的

30 韋昭注：《國語》卷4，上海古籍出版社1998年版，第175頁。
31 楊伯峻：《春秋左傳注・宣公四年》，第680頁。

一般情況，可以看到在儒家理論中，將此三道與「人道」區而別之，有重大的理論意義。

睿智如孔夫子者，對於「人道」以外領域的東西持一種冷靜而客觀的、現實的態度。就思想史演進的歷程看，當時還遠不具備挑戰迷信觀念的思想基礎，社會上鬼神迷信觀念還相當濃厚。順應這種社會思想環境，明智的做法只能是少談或不談論它。把思想與理論的重心放在「人道」這一領域。孔子的思想也正是如此。孔子並不否定鬼神，只是對於神靈略微有些懷疑而已，在推行孝道的時候，他還是要肯定神的存在。《論語・先進》篇載，「季路問事鬼神。子曰：『未能事人，焉能事鬼？』曰：『敢問死。』曰：『未知生，焉知死？』」《論語・八佾》篇載「祭如在，祭神如神在。子曰：『吾不與祭，如不祭。』」。孔子所重視的是現實的人生，而不是鬼神之事，說「祭神如神在」，其中略微含有否定神的意思，但還是認定神是存在的。孔子有病的時候，子路曾舉出「誄」文所載「禱爾於上下神祇」這句話，建議向神靈祈禱，孔子謂「丘之禱久矣」[32]。總之，孔子的鬼神觀念的核心在於要「敬鬼神而遠之」，並非否定鬼神的存在。

儒家所講的「人道」，實即面向社會與人生的學問，這部分學問構成了儒家學術的主體。「人道」之外其它部分（即上述簡文所謂的與「人道」並列的「三術」），恰如《莊子・齊物論》所謂「六合之外，聖人存而不論」。對於莊子此語的理解，成玄英疏謂：「六合，天地四方。妙理希夷，超六合之外，所以存而不論。」[33]這個「六合之

32 楊伯峻：《論語譯注・述而》，第76頁。

33 王先謙：《莊子集解》，中華書局1987年版，第20頁。所謂「希夷」之意當依《老子》第14章所謂的「視之不見名曰夷，聽之不聞名曰希」。此處所謂的「不見」並非一無所見，「不聞」亦非一無所聞，而只是視聽皆不清晰之狀。河上公注謂「無色曰夷，無聲曰希」（陳鼓應：《老子注譯及評介》，中華書局1984年版，第114頁），以「無」視之，當非經旨。總之，「希夷」乃虛寂玄妙之意。

外」，就是人類社會之外，那個視域之中的現象與道理皆玄而又玄，看不清楚，聽不明白。既然如此，那就不必研究和討論。這「存而不論」的部分就是後世所謂的「數術」所包括的內容。若按照一般的簡略的理解，可以說儒家的「人道」與天、地、鬼三道的劃分，正構成了「學術」與「數術」兩個領域。

我們現在看來，「數術」雖然多屬迷信的範疇，但它畢竟是對於事物必然性的探索。「數術」這一觀念若略而言之，可謂認識必然（「數」）的辦法、途徑和手段（「術」）。「數術」這個概念的形成和界定是漢代的事情。《漢書・藝文志》記載西漢末年漢成帝時命「太史令尹咸校數術」，漢哀帝時劉歆《七略》中就有《術數略》。《漢書・藝文志》載有「數術百九十家，二千五百二十八卷」，其主要內容包括天文、曆譜、五行、蓍龜、雜占、形法等。這個界定成為我國自古以來所行用的「數術」觀念的範疇。[34]

（三）存論議辯：「學術」與「數術」的關係

觀察上古時代「數術」與「學術」的演進與分流，能夠高瞻遠矚而予以討論者，以《莊子・天下》篇為著。是篇分析「六合」內外的學問，遠見卓識，堪稱經典。除了講「六合之外，聖人存而不論」以外，莊子還講到：「六合之內，聖人論而不議。春秋經世，先王之志，聖人議而不辯。」若以人類社會為視域，那麼「六合之內」就是人類社會，此中的學問，當即我們前面提到的簡文所謂的「人道」。莊子為什麼說這類學問聖人對它「論而不議」呢？原來，古之「數

---

34 「數術」概念的界定歷來不是太明晰，有時也與五行、陰陽等並列，但大體皆不出《漢書・藝文志》所列的範圍，如《宋史》卷461《劉克明傳》謂「克明精於數術，凡律曆、天官、五行、讖緯及三式、風雲、龜筮之書，靡不究其指要」，就是一個明證。

術」與「學術」不分，在莊子心目中那是純而又純的「道」，後來聖人對它進行董理，只是初步論列，未及深究，這也就是「論而不議」的意思。「學術」之萌芽由此濫觴而形成，遂有歷史記載和典籍（即所謂的「春秋」與「先王之志」[35]）出現，即上古經學原典形成，聖人對它有了最初的研究和整理，這種情況正所謂「聖人僅評議之而已，無所辯難」[36]。在莊子看來，關於「六合之內」的「人道」的學術，經歷一個由低而高、由微而著的發展過程，先是將屬於「人道」的「學術」從「數術」中區分出來，再對於這些學問進行董理，然後進行一些初步的闡釋。這種情況就是從「存而不論」到「論而不議」，再到「議而不辯」，這正是上古「學術」發展形成的大致軌跡。從另外一個角度看，可以說「學術」的發展是對於「數術」的異化過程。依莊子所論，對於六合之外的「數術」，首先是「存」，然後是「論」。再聯繫到六合之內的「學術」，再由「論」到「議」，以至於「辯」，這樣一個存、論、議、辯的過程，對於上古「數術」的某些內容而言簡直就是點石成金了。

「學術」演進的這種情況到了孔子的時代亦大致如此。孔子稱自己「述而不作」[37]，朱熹謂「孔子刪《詩》、《書》，定禮樂，贊《周易》，修《春秋》，皆傳先王之舊，而未嘗有所作也，故其自言如此」[38]。孔子之所以「述而不作」，以整理古代典籍為重，這固然有其

35 關於《齊物論》所言「春秋經世，先王之志」，成玄英注謂：「春秋者，時代。先王，三皇、五帝。志，記也。祖述軒、頊，憲章堯、舜，記錄時代，以為典謨。聖人議論，利益當時，終不取是辯非，滯於陳跡。」（王先謙：《莊子集解》，第21-22頁）這個理解是正確的。這裏所說的「春秋」，非是作為魯國史者，而是「歷史」的代稱。

36 劉武：《莊子集解內篇補正》，中華書局1987年版，第60頁。

37 楊伯峻：《論語譯注．述而》，第66頁。

38 朱熹：《四書章句集注》，第93頁。

自謙的因素，但更重要的則是為上古「學術」的發展情況所決定的。如果按照莊子所排列的「存——論——議——辯」的順序，那麼西周春秋時代「學術」的發展則還主要是「存」的階段，真正到了「論、議、辯」的時候，那就是戰國時期諸子蜂起、百家爭鳴的景象了。

上古時代的「數術」和「學術」存在著怎樣的關係呢？

首先，以認識人文為主的「學術」雖然濫觴很早，但其基本形態卻是在「數術」的籠罩影響之下，甚至說它是「數術」的一部分也不為過。「數術」中人文因素的萌生和發展是緩慢而綿長的，「數術」與「學術」這種密切關聯乃至融為一體的情況延續了一個漫長的歷史時段。

其次，關注人文的「學術」與關注鬼神的「數術」，有著不同的價值取向，是兩個不同的思路。春秋戰國時期的社會思想進程表明，「學術」地位上升、影響趨強，而「數術」則地位下降、影響趨弱。「數術」與「學術」互動的趨勢的苗頭已經出現。雖然還不能說以人文關懷為標識的「學術」已經成為社會思想的主流，但卻可以看出「學術」已經開始擠佔「數術」之下的鬼神迷信的一些地盤，明確開始了靠人文治國平天下的進程，「數術」若再想成為政治觀念的主體，那只能是明日黃花了。

再次，由於上古時代的「數術」與「學術」的合一，所以當「學術」興起的時候，它汲取（或者說借鑑）「數術」的內容，演化某些「數術」為「學術」，便是十分自然的事情。說明這個問題的顯例就是《易經》。它作為儒家經典之首，在儒家經學中地位之重要自不待多言，這部書最初就是占筮之書，[39]理所當然也就是「數術」之書。

---

39 關於《周易》的性質，《四庫全書總目提要》（商務印書館1931年版，第6頁）謂「《易》本卜筮之書，故末派寖流於讖緯」，是說甚確。

夏商兩代之「易」雖然已不可詳考，但周代的「易」則具存於《周易》書中。它詳列六十四卦的卦象、卦辭和爻辭，構成了一個嚴密而完整的占筮系統。《周易》書中不能說沒有人文精神的因素，但占主導地位的並不是人文，而是「天道」與鬼神，此正如《周易．乾卦．文言》所說：「與天地合其德，與日月合其明，與四時合其序，與鬼神合其吉凶。先天而天弗違，後天而奉天時。天且弗違，而況於人乎？」意思是說《周易》與天地曆法鬼神都是相合的，充分體現著天的精神，如果說它在「天」之前，天會跟它保持一致（「天弗違」）；如果說它在「天」之後，則完全遵奉著天的意志（「奉天時」）。《周易》既是天道的體現，又是用天道來統率人道（「天且弗違，而況人乎」），以人道上應天道。

解釋《周易》的《易傳》，其思想肇端於孔子，形成於孔門後學，是由「數術」演進到「學術」的典範。《易傳》雖然有不少內容是對於「數術」範疇的筮卦的解釋，但亦有許多超出「數術」的思想內容，就是對於易卦的解釋也多闡發了儒家的宇宙觀，強調指出了宇宙變化、生生不已的性質和某些規律。《易傳》的不少論斷成為中華傳統文化的精髓，例如，它提出「窮則變，變則通，通則久」，發揮了「物極必反」的思想，強調「居安思危」的憂患意識。它認為「湯武革命，順乎天而應乎人」，肯定了變革的重要意義。它所說的「厚德載物」、「自強不息」成為中國人世代相傳的寶訓。從《易經》到《易傳》的發展，可以視為春秋戰國時代從「數術」到「學術」演進的一個重要方面。

這方面的典型例證除了《周易》以外，我們還可舉出《儀禮》。《儀禮》古稱《禮經》，是「三禮」中出現最早的書。它的撰著，上源於周公制禮作樂，下迄於孔子及其弟子，方成書而行於世。它是周代禮樂文化的一個總結。這部書充滿著人文精神，記載了周代禮樂之制，但書中卻有著不少「數術」的內容。這從根本上說是周代禮樂使然。《儀禮》所載周代典禮，幾乎每一種都有占卜、占筮的內容。並且在許多禮儀中卜筮都是不可或缺的甚有重要影響的儀節。成書較晚的《禮記》一書，其內容不少是對於《儀禮》內容的闡釋，例如《儀禮》有《士冠禮》、《士昏禮》，《禮記》就有《冠義》、《昏義》，它如《儀禮》的《鄉飲酒禮》、《射禮》、《燕禮》等在《禮記》皆有專門的篇章釋其義理。至於《儀禮》中相關篇章較多的喪禮和祭禮，在《禮記》書中則有多篇專門的論著以述其義。這些以儒家理念為主幹所進行的不少闡釋是我國傳統文化的菁華。可以說，《儀禮》雖然不像《易經》那樣全都是「數術」的內容，但它與《禮記》的關係頗類於《易經》與《易傳》，亦可看出由「數術」向「學術」演進的軌跡。

總之，上古文明的演進是一個曲折往復的過程，並不是一個直線式的上升路線。早期的「數術」，反映了早期社會人們對於自然與人自身的探索，儘管限於歷史條件，這個探索的結論，我們今日看來錯誤百出，但它卻是精神、思想發展的一個時段的歷史，並且其探索的方法和上下求索的精神是十分寶貴的。遠古時代，思想精神中的人文精神因素萌生之後，重「人道」的「學術」，應運而生，但它與「數術」總是有著千絲萬縷的聯繫。到了「學術」在社會思想佔據主導地位的時候，「數術」仍然有著巨大影響，在許多方面補充或推進著「學術」的發展。

二　祖先神・天神・自然神——論殷代神權

在殷代社會政治結構中，神權具有舉足輕重的地位。如果說西方古代文明中的希臘神話是具有永久魅力的一座大廈，那麼，東方古代文明中的殷王朝的神權世界就是一座令人撲朔迷離的天國殿堂。它的格局和奧妙至今還未被人們完全洞悉，其內容之廣泛，影響之深遠，作用之巨大，都是希臘神話很難並駕齊驅的。

關於殷代神權的研究有著很好的條件，那就是豐富的甲骨卜辭材料。甲骨文字的實物材料，迄今已發現15萬片以上。這些卜辭材料雖然涉及了殷代社會生活的各個方面，但卻無不直接或間接地與神權發生關係。從某種意義上可以說這些材料全部是殷人神權崇拜的記錄。關於一個時代神權情況的資料如此完整而豐富，這是後世的文獻記載難以比擬的，在世界上古歷史中也是極為罕見的。隨著甲骨卜辭研究的進展，人們發現關於殷代神權的許多傳統觀點實有重新探討的必要。如謂殷代神權的核心是作為至上神的帝，帝是專制君主在天上的投影，殷先王作為帝的附庸可以侍從在帝之左右並轉達下世的請求，神權崇拜只是奴隸主血腥統治的一種手段等論斷，都是值得商榷的。

通過對於有關材料的研究，我以為關於殷代神權問題至少可以提出下述一些新看法，那就是，在殷人的神靈世界裏佔有主導的最重要地位的是祖先神，而不是帝；帝不是萬能之神，也不是最高主宰；自然神、天神和祖先神各有特點、互不統轄，呈三足鼎立之勢；殷代的神權崇拜不是靜止凝固，而是有所發展變化的；殷代神權崇拜的歷史作用不應一概否定等。本文擬從三個方面加以探討，提示出殷代神權的全貌及其發展情況。

(一) 殷代祖先崇拜的特徵及其歷史作用

《禮記．表記》說：「殷人尊神，率民以事神，先鬼而後禮。」鄭注：「謂內宗廟外朝廷也。」殷人尊崇的重點是祖先諸神。我們可以從卜辭裏窺見殷代祖先崇拜的特點。

第一，祖先神是殷人祈禱的主要對象。殷王朝從上甲至帝辛共37王，除極少數外，絕大部分都有受到隆重祭祀的卜辭記載。例如，迄今所見關於祭祀上甲的有1,100多條卜辭，祭祀成湯的有800多條，祭祀祖乙的有900多條，祭祀武丁的有600多條。在全部卜辭裏，確認為祭祀祖先的卜辭共有15,000多條。另外，還有一些卜辭雖無明言，但從內容、辭例等方面分析亦可斷定為祭祀先祖者，如果加上這些，那麼殷人祭祖辭例的數量還應當再多一些。總之，從卜辭數量看，祖先祭祀方面的辭例超過其它任何一類辭例的數量。這是殷人重視祖先崇拜的有力證據。

第二，殷人祭祀時往往極力追溯傳說時代的最初祖先，儘量增大祖先崇拜的範圍。殷人所祭祀的上甲以前的先祖有夒、戛[40]、王亥、王恒等，其中有的還被尊為高祖，如：

（1）叀高祖夒祝用，王受又。[41]
（2）辛酉卜賓貞，燎於戛白牛。二月。[42]
（3）貞告於高祖王亥三牛。[43]
（4）貞侑[44]於王恒。[45]

上引（1）（3）兩辭為三期卜辭，餘屬一期。關於「夒」的字釋和指代，諸家雖多有異說，然而說他是殷人最初的祖先則無疑義。戛字原

40 在甲骨文裏這個字與夒的形狀相似，只是多一倒提的斧鉞形，諸家的相關考釋多異說，或釋其為戛，今為減少刻字計而暫從之。

41 郭沫若主編、胡厚宣總編輯、中國社會科學院歷史研究所編：《甲骨文合集》，中華書局1978-1982年版，第30398片。

42 同上書，第14380片。

43 同上書，第30447片。

44 甲骨文中這個字的字形和楷書「山」字稍似，諸家有釋其為之、又、有、侑等說，今暫作侑。

45 郭沫若主編、胡厚宣總編輯、中國社會科學院歷史研究所編：《甲骨文合集》，第14765片。

作人倒提斧鉞之形，卜辭有「戛宗」[46]之載，所以他也應當是殷人的高祖。殷人尊崇和祭祀儘量多的先祖，是適應社會政治發展需要的。商王朝沒有像周代那樣大規模地分封諸侯，而主要是靠發展子姓部族的勢力來鞏固以其為首的方國聯盟。尊崇和祭祀儘量多的先祖，便可以在更廣泛的程度上凝聚子姓部族的力量，從而形成方國聯盟的穩固核心。這種情況和周人大異其趣。周人對后稷、公劉等遠祖雖然有詩篇稱頌，但在祭典上卻總是從公亶父算起，[47]對遠祖的重視頗遜於商。

第三，殷人對於女性祖先的尊崇雖然不能說與對男性祖先並駕齊驅，但卻可以說她們在祭典中也佔有相當顯赫的地位。卜辭裏的女性祖先多以天干字相稱，如妣甲、母乙之類，或稱中母、小母，也尊稱為高妣、毓妣，其集合稱謂是多妣、多母。有殷一代，女性祖先一直被重視，這是婦女在商王朝發揮重大作用的反映。周人雖然也稱頌「思齊大任，文王之母；思媚周姜，京室之婦」[48]，並追述「厥初生民，時維姜嫄」[49]，但僅是說說而已，並不將她們列入祀典。周人只強調對公亶父以後的男性祖先的祭祀，即所謂「惠於宗公，神罔時怨」[50]。女性先祖地位不高是周代實行宗法制的必然結果，而殷人盛祭女性祖先似乎反映著在是否實行宗法制的問題上殷周之間的差別。

第四，殷人祭祖用牲數量多，祭典特別隆重。如：

---

46 同上書，第30298片。

47 文獻對於周人祭祀情況略有所記，如滅商後武王告祭「列祖自大王、大伯、王季、虞公、文王、邑考以列升」(《逸周書．世俘》)，洛邑建成後祭文王、武王（《尚書．洛誥》)。東周時平王亦稱「丕顯文武，克慎明德，昭生於上」(《尚書．文侯之命》)。

48 《詩經．思齊》。

49 《詩經．生民》。

50 《詩經．思齊》。

(1)其又升大乙羌五十人。[51]

(2)貞，御自唐、大甲、大丁、祖乙百羌百牢。[52]

(3)丁巳卜，又燎於父丁百犬、百豕，卯百牛。[53]

在殷人的各種祭典裏，使用人牲和犧牲最多的是祭祖。其使用數量是周人望塵莫及的。營建洛邑是周初大事，在洛邑建成之後所舉行的盛大祭典上，周人用於其最崇敬的文王、武王的祭品僅僅是各用「騂牛一」而已。

第五，殷人先祖多被分為若干組進行祭祀，如大示、小示、若干示等。這種分組的標準現在還不太清楚，可能是以時代先後劃分的。分組的目的是為了遍祀諸位先祖而避免遺漏。分組祭祀的進一步發展便是以翌、祭等五種祀典組成的周祭，以此來有秩序地輪番祭祀先祖和先妣。當然，一般來說，殷人對父、祖輩先祖更為重視，但卻始終沒有忽略對全體先祖的尊崇，表現出了厚今而不薄古的姿態。對先祖進行分組和周祭的祭祀形式在周代尚無發現。在周人的觀念裏，有威望的近世先祖固然值得尊崇，但還有比先祖更重要的神靈需要尊崇。

第六，殷人不僅尊崇王室的子姓先祖，而且也尊崇非王室的子姓先祖，以至某些異姓部族的先祖。例如，盤庚遷殷時曾經召集諸族首領進行開導，說:「古我先王暨乃祖乃父，胥及逸勤，予敢動用非罰？世選爾勞，予不掩爾善。茲予大享於先王，爾祖其從與享之。」[54]這段話表明諸族首領的先祖可以配享於殷先王。午組卜辭所特祭的「入

51 郭沫若主編、胡厚宣總編輯、中國社會科學院歷史研究所編:《甲骨文合集》，第26908片。

52 同上書，第300片。

53 同上書，第32674片。

54 《尚書・盤庚》。

乙」、「祖壬」等可能是非王室的子姓部族的先祖。異姓部族的先祖在殷人祀典受到隆重祭祀的首推伊尹。他屬於有莘氏，是成湯滅夏的主要助手，後曾攝位稱王，放逐大甲並又迎其復位，在商王朝早期甚有影響。卜辭材料表明，伊尹一直受到殷人的隆重祭祀。春秋時代的人認為「神不歆非類，民不祀非族」[55]，而殷人祀典則尚未出現族類的嚴格區別，這其間的原因當是為了適應殷代方國聯盟發展的需要。

除了上述六個方面以外，關於殷人祖先崇拜的特點，還可以舉出一些，如祖先神不僅保祐殷王和殷人，而且可以下降災禍[56]；殷代祭典不僅祭父、祖、母、兄，而且祭子輩；祭祀頻繁，與後世「祭不欲數，數則煩」[57]的情況迥異等；但上述六項為殷人祖先崇拜的主要特點。

在認識了殷人祖先崇拜的特點以後，應該進而探討的是其歷史作用問題。

在人類宗教信仰發生和衍變的歷史上，祖先崇拜是一個相當重要的階段。原始蒙昧時期宗教信仰的主流是自然崇拜；而進入文明時代以後，祖先崇拜則佔了主導地位。祖先崇拜反映了人類征服自然的初步勝利。《禮記・祭法》說：

> 夫聖王之制祭祀也，法施於民則祀之；以死勤事則祀之；以勞定國則祀之；能御大災則祀之；能捍大患則祀之。是故厲山氏之有天下也，其子曰農，能殖百穀；夏之衰也，周棄繼之，故

55 《左傳・僖公十年》。

56 卜辭「父甲壱我」(《甲骨文合集》第2122片+第2124片=《甲骨文合集補編》〔彭邦炯、謝濟、馬季凡編著，語文出版社1999年版〕第253甲、乙片)、「貞：妣己壱婦好子」(《甲骨文合集》，第2675片)等，皆為先祖、先妣降禍的記載。其中的壱字原作足下有蛇之形，用為禍患之意。

57 《禮記・祭儀》。

> 祀以為稷。共工氏之霸九州也，其子曰后土，能平九州，故祀以為社。帝嚳能序星辰以著眾，堯能賞均刑法以義終，舜勤眾事而野死，鯀鄣鴻水而殛死，禹能脩鯀之功，黃帝正名百物以明民共財，顓頊能脩之。契為司徒而民成，冥勤其官而水死，湯以寬治民而除其虐，文王以文治，武王以武功，去民之災。此皆有功烈於民者也。

這裏所排列的受祭者，主要是由於征服自然的業績卓著而入選的，並且其時代越早就越是強調對自然的鬥爭；而時代較晚的文王、武王則只是以其文治武功而入選了。對祖先的頂禮膜拜實際上表現著對祖輩征服自然功績的讚歎，在祖先神靈前的禱告聲中包含著歌頌人類征服自然的高亢音符。殷人對於先祖先妣的祭祀已經不是原始的、低級的祖先崇拜形式，可是仍然保存著古老的祖先崇拜中的某些積極因素。殷人在祭典上曾經向上甲和多毓「祈羊」[58]，向示壬、父丁、高祖等「祈禾」[59]，向父甲「祈田」[60]，向妣丙、妣庚等「祈生（按：指生育）」[61]，向祖庚「祈牛」[62]，向大乙至祖丁十位先祖「祈雨」[63]。這些記載表明，在殷人心目中，諸位先祖曾是農作、田獵、畜牧等生產活動的能手，某些女性先祖對生育之事也頗有經驗。此外，殷人還向一些先祖禱告以禳除災害，如於祖辛「御疾」[64]、於父乙御「疾

58 郭沫若主編、胡厚宣總編輯、中國社會科學院歷史研究所編：《甲骨文合集》，第10111片。

59 同上書，第33293、33321、23717片。

60 同上書，第28276片+第28278片=《甲骨文合集補編》第8748片。

61 同上書，第2400片。

62 同上書，第22186片。

63 同上書，第32385片。

64 郭沫若主編、胡厚宣總編輯、中國社會科學院歷史研究所編：《甲骨文合集》，第1720片。

齒」[65]，於母庚御婦某[66]等。可以推想，殷人在禱告時一定認為某些先祖是防治疾病的能手。殷人對於這些先祖的祈求和禱告當然是籠罩在愚昧迷信氣氛之中的，但卻也含有某些對祖先生產和生活經驗進行追溯與回顧的成分，它跟後世純屬欺騙性質的巫婆神漢的勾當還不盡然相同。

關於祖先崇拜的歷史作用，還應當指出，它是商王朝與諸方國、諸部族聯繫的一條紐帶。卜辭云：

（1）壬寅卜……貞，興方以羌用自上甲至下乙。[67]
（2）癸卯卜賓貞，井方於唐宗彘。[68]
（3）乙亥卜爭貞，酒危方以牛自上甲，一月。[69]
（4）甲戌卜，禽以牛於大示用。[70]

除最後一例為四期卜辭外，餘皆屬一期。這幾例所提到的興方、井方、危方是跟商王朝關係密切的與國，禽是殷的強大部族。在商王朝祭祀時，他們或送羌俘，或送牛、彘以助祭。殷人的祖先有保護這些與國的職責。殷人曾向大乙為危方祝禱，[71]也曾為郜、鉞[72]等強大部族向大乙、大甲、祖乙等先祖祈求以攘除其災害。可以說，商王朝的

65 同上書，第13652片。
66 同上書，第2725、2777片。
67 同上書，第270片。
68 同上書，第1339片。
69 同上書，第10084片。
70 中國社會科學院考古研究所編：《小屯南地甲骨》（上下冊），中華書局1980-1983年版，第824片。
71 同上書，第3001片。
72 郭沫若主編、胡厚宣總編輯、中國社會科學院歷史研究所編：《甲骨文合集》，第4325、39492片。

祖先神不僅是商王朝的保護神，而且也是諸方國、諸部族的保護神。

從另一個方面看，商王室的祖先神不僅為殷人尊崇，而且也為諸方國、諸部族尊崇。周原甲骨為此提供了證據，如：

> （1）貞，王其祈又大甲，冊周方白（伯），ㄓ惟正不左於受又（有）又（佑）。
>
> （2）癸巳，彝文武帝乙宗。貞，王其卲祭成唐……鼎祝示及二女，其彝血羖三豚三，惟又正。[73]

一般認為這些是周文王祭祀殷先王成湯、大甲、帝乙等的卜辭。從「文武帝乙宗」的記載來看，周人還為某些殷先王立有宗廟以表明對殷先祖的尊崇。即使在周革殷命之後，周人對於殷先祖的尊崇也依然延續下來。西周初期，周公屢次說到殷先王，如：「成湯革夏，俊民甸四方。自成湯至於帝乙，罔不明德恤祀。」「乃惟成湯，克以爾多方，簡代夏作民主，……以至於帝乙，罔不明德慎罰。」「嗚呼！自殷王中宗，及高宗，及祖甲，及我周文王，茲四人迪哲。」對於「殷先哲王」的極力讚頌，固然可以看成是周初治理和羈縻殷遺民的需要，但不容忽視的是，這種讚頌乃是商王朝時期諸方國尊崇殷先王傳統的遺留。殷先王是諸方國保護神的觀念在殷周之際深入人心，周公只不過是因勢利導而已。武王伐紂時，誓師於牧野，歷數「商王受」的罪惡，其中「昏棄厥肆祀」[74]乃是主要罪狀之一。按照周人的觀念，周革殷命不僅是承奉了天意，而且也是對「殷先哲王」的捍衛。

---

73 王宇信：《西周甲骨探論》，中國社會科學出版社1984年版，第287頁，摹聚第12、13片。

74 《尚書·牧誓》。

周公說他自己「時其惟殷先哲王德」，並且「往敷求於殷先哲王」[75]。周公還多次闡述成湯、大甲、大戊、祖乙、武丁等殷先王的功績，這在《尚書・君奭》篇中有明確記載。商王朝覆滅以後，殷先王還在周人中有這樣大的影響，真可謂「余威震於殊俗」了。周原甲骨在「文武帝乙宗」祭祀成湯的記載，跟文獻中周人對「殷先哲王」的讚頌若合符契。殷代祖先崇拜的影響，於此可見。

總之，就祖先崇拜在社會生活裏的實際影響看，殷代的情況幾乎可以說是「前不見古人，後不見來者」的。殷人不僅把遠古先祖、女性先祖，一些異姓部族的先祖等都和列祖列宗一起網羅祀典，儘量擴大祖先崇拜的範圍，而且還有完整而周密的祭祀制度。無論是單獨致祭某一位先祖或先妣，抑或用分組或周祭的形式進行輪番祭祀，都是殷人對祖先神高度崇敬的表現。對祖先神靈的崇拜固然出自神靈不滅的錯誤觀念，但在其發展的開始階段卻較多地反映著列祖列宗與其後裔藕斷絲連的關係，以及在同一地域裏前仆後繼進行奮鬥的親切情愫。

（二）殷代自然崇拜的進展

上古時代的人們一方面感謝自然的恩賜，另一方面又非常畏懼自然，對自然現象充滿神秘感。由此而產生的原始自然崇拜很盛行「萬物有靈」的觀念。《禮記・祭法》說：

> 燔柴於泰壇，祭天也。瘞埋於泰折，祭地也，用騂犢。埋少牢於泰昭，祭時也。相近於坎壇，祭寒暑也。王宮，祭日也。夜明，祭月也。幽宗，祭星也。雩宗，祭水旱也。四坎壇，祭四方也。山林、川谷、丘陵能出雲，為風雨，見怪物，皆曰神。

75 《尚書・康誥》。

古人的自然崇拜，非必如此煩瑣，但所崇拜對象的範圍卻還是大致不差的。殷時去古未遠，還保存著不少原始自然崇拜的遺存。這表現在殷人對日、月、星辰等天體的祭祀上。殷墟卜辭有以下記載：

（1）癸未貞，其卯出於日，歲三牛。[76]
（2）甲子卜大貞，王賓月亡禍。[77]
（3）……庚子，藝鳥星，七月。[78]

上引三例依次為四期、二期、一期卜辭。《尚書・堯典》說堯曾派人「寅賓出日」、「寅餞納日」，專門迎送出日、入日，與卜辭所載相合。卜辭「賓月」的「賓」有祭義，與古本《紀年》「以玄珪賓於河」的賓相同。卜辭「鳥星」疑與《尚書・堯典》「日中星鳥以殷仲春」相關。偽孔傳「春分之昏，鳥星畢見」，卜辭之「鳥星」當即此。

原始性質的自然崇拜還表現在殷人對風、雲、雨等的祭祀上。如：

（1）貞，帝於東方曰析，風曰協，祈年。[79]
（2）燎於雲，雨。[80]
（3）丙子卜，今日舞雨。[81]

---

76 中國社會科學院考古研究所編：《小屯南地甲骨》，第890片。

77 孫海波：《甲骨文錄》，臺北藝文印書館1958年版，第419片。

78 郭沫若主編、胡厚宣總編輯、中國社會科學院歷史研究所編：《甲骨文合集》，第11500片。

79 郭沫若主編、胡厚宣總編輯、中國社會科學院歷史研究所編：《甲骨文合集》，第14295片。

80 中國社會科學院考古研究所編：《小屯南地甲骨》，第770片。

81 郭沫若主編、胡厚宣總編輯、中國社會科學院歷史研究所編：《甲骨文合集》，第20973片。

上引前兩例分別為一期、四期卜辭，第三例為《甲骨文合集》所分類的甲組卜辭。卜辭裏有四方和四方風神之名，殷人認為帝（禘）祭於它們，可以求得好收成。殷人除了籠統地祭雲之外，還將雲分為五雲、四雲、三雲等種類加以祭祀。上引（3）辭的「舞」為祭名，其中的「雨」是否為被祭對象雖然不能肯定，但它的神異性質則是無可懷疑的。

殷人對山川等的祭祀也有些自然崇拜的原始性質，如：

（1）丙寅貞，其燎於山，雨。[82]
（2）燎於侑水，惟犬。[83]
（3）戊子貞，其燎於洹泉……三牢，宜牢。[84]

上引第二例為一期卜辭，餘屬四期。殷人除了籠統地燎祭於山之外，還祭祀「二山」[85]、「五山」[86]、「九山」[87]、「十山」[88]等，多為祈雨之祭，可見殷人認為山有降雨的神力。除了山、水、泉以外，「丘商」[89]、「亙丘」[90]、「衣丘」[91]等，也為殷人所祭祀。

總起來看，在殷代的自然崇拜裏，被隆重祭祀的不是這些主要作為自然物的神靈，而是具有較為人格化的自然神，即土（社）、河、

82 同上書，第34199片。
83 同上書，第10151片。
84 同上書，第34165片。
85 同上書，第30453片。
86 同上書，第34168片。
87 同上書，第96片。
88 同上書，第33747片。
89 同上書，第9774片。
90 同上書，第10118片。
91 同上書，第8390片。

嶽。正是在對這些神靈的祭祀上反映了殷代自然崇拜的進展水準。

卜辭中的有些「土」指土地而言，[92]可是大多數的「土」則是祭祀對象，應當讀若「社」[93]。古人有封土為社之說，甲骨文土字即封土之形。《論語・八佾》說「殷人以柏」，謂殷社以柏木做成。春秋時代的社主有「樹木而塗之」[94]者，殷代是否有木質社主，其上是否塗泥，尚待考古發掘印證。但《淮南子・齊俗》謂殷人用石為社主，卻在考古發掘中得到了印證。[95]無論是木質或是石質的社主，都是人們對自然物加工的結果。和祭於單獨的自然物的情況相比，殷人的土（社）祭顯然是有所發展的。土（社）祭的方法頗多，如：

（1）貞，燎於土（社）三小牢，卯一牛，沉十牛。[96]

（2）壬辰卜，御於土（社）。[97]

（3）癸丑卜，甲寅又宅土（社），燎牢，雨。[98]

卜辭「宅土（社）」的「宅」當讀若「磔」，[99]是用牲方法的名

---

92 按：卜辭「登東土人」（《甲骨文合集》，第7308片）、「西土亡旱」（《甲骨文合集》，第10186片）、「南土受年」（《甲骨文合集》，第9737片）、「立中於北土」（《甲骨文合集》，第33049片）等的「土」皆指土地。

93 《詩經・玄鳥》「宅殷土茫茫」；《史記・三代世表》作「殷社」；《詩經・綿》「迺立冢土」，毛傳「冢土，大社也」；《周禮・春官》「先告后土」，鄭注「后土，社神也」。皆為其證。

94 《韓非子・外儲說右上》。

95 參見《江蘇省銅山丘灣古遺址的發掘》，《考古》1973年第2期。

96 郭沫若主編、胡厚宣總編輯、中國社會科學院歷史研究所編：《甲骨文合集》，第780片。

97 同上書，第32012片。

98 中國社會科學院考古研究所編：《小屯南地甲骨》，第4400片。

99 《史記・李斯列傳》：「十公主矺死於杜。」《索隱》：「矺音宅，與『磔』同，古今異字耳。矺謂裂其支體而殺之。」按：「矺死於杜」即宅（磔）死於社，與卜辭「宅土（社）」相同。

稱。從卜辭材料看，「土」在起初多指土地，以後則主要作為社神而被尊崇，隨著商王朝統治區域的擴大，「土（社）」漸次增加了地域性質，在三、四期卜辭裏大量出現的「亳土（社）」就是一個例證。「土（社）」神的威靈可以保祐年成、降雨止風、避災免害、保祐疆土等，已經有了相當多的人世間統治權力的投影。

比土（社）神威望更高的屬於自然崇拜系統裏的神靈是嶽[100]和河。《詩經・崧高》有「崧高維岳，駿極於天」的說法，上古稱嵩山為嶽。卜辭中的河即黃河。殷的東、南、西三面均黃河流經之地，殷都亦距河不遠，殷人尊崇河神，蓋所必然。殷人雖然也祭祀一般的山川，但均不能和對嶽、河的祭祀相比擬。卜辭有不少「祈年於嶽」[101]、「告秋於河」[102]之類的記載。除了單獨的致祭於嶽或河之外，嶽和河還常常共同受祭，稱為「嶽暨河」[103]或「河暨嶽」[104]。這和《詩經・時邁》「懷柔百神，及河喬嶽」、《詩經・般》「墮山喬嶽，允猶翕河」將嶽、河並提的情況完全一致。卜辭所見對於嶽、河的祭典有燎、舞、告、取、侑、禘、御、祓等多種。

殷代的土（社）、嶽、河諸神起源於人們對於土地山河的崇拜，可是它們已經不是簡單的、直接的自然物，而是具有某些人格化的神靈。在有關自然崇拜的卜辭裏，與土（社）、河、嶽相關的佔了大多數，而且其祭品豐盛、禮儀隆重，特別是殷人還以人牲祭之，[105]實為

---

100 甲骨文嶽字作山上樹木鬱鬱之形，諸家考釋雖多異說，但它與《說文》所引嶽字古文酷似，故仍以孫詒讓釋嶽為是。

101 郭沫若主編、胡厚宣總編輯、中國社會科學院歷史研究所編：《甲骨文合集》，第33292片。

102 同上書，第9627片。

103 同上書，第30412片。

104 同上書，第34295片。

105 同上書，第385、1027片。

其它自然神靈所無。此外，其人格化還表現在土（社）、河、嶽和殷先王一同享祭，如：

（1）辛未貞，禱禾高祖、河，於辛巳酒燎。[106]
（2）惟御河牛，於大甲。[107]
（3）即岳於[108]上甲。[109]

上引（2）辭為午組卜辭，餘為四期卜辭。殷人對它們的祭祀以燎祭居多。殷的燎祭和周的禋祀相同，祭祀時將犧牲或玉帛放置柴上，燃燒時煙升於上，表示禱告於天上的神靈。在殷人的概念裏，土（社）、河、嶽應當是居於天上的。

除了主要神靈的人格化以外，殷代自然崇拜的進展還表現在以下兩個方面。

第一，殷代自然崇拜的重點已經不是日月星辰、山林川谷等作為直接自然物的神靈，而是具有一定人格化的神靈。殷代雖然有某些動物、植物崇拜的孑遺，如信奉「天命玄鳥，降而生商」[110]、在「王亥」的「亥」字上飾以鳥形等，但殷人並不崇拜鳥，卜辭中多有以鳥為祭品和獵取鳥的記載，甚至把祭祀時飛來的「雊雉」[111]視為怪異，而非祥瑞。從卜辭裏找不出殷人尊崇動物和植物的蹤跡。玄鳥之類的

106 同上書，第32028片。有將這條卜辭的高祖與河合而為一者，陳夢家認為兩者應當並列。見《殷虛卜辭綜述》，科學出版社1956年版，第343頁。
107 中國社會科學院考古研究所編：《小屯南地甲骨》，第2241片。
108 姚孝遂、肖丁兩先生說此「於」字當讀若「與」，用作連詞（見《小屯南地甲骨考釋》，中華書局1985年版，第42頁），甚是。
109 中國社會科學院考古研究所編：《小屯南地甲骨》，第2322片。
110 《詩經・玄鳥》。
111 《尚書・高宗肜日》。

崇拜，很可能只是留在殷人印象裏的遙遠記憶，並不列入祀典。

第二，殷代自然崇拜，表面看來充滿著愚昧和迷信，而實際上卻凝聚著對自然現象的精細觀察和冷靜思索。古人認為，「日月星辰，民所瞻仰也；山林川谷丘陵，民所取財用也。非此族也，不在祀典」[112]。卜辭表明，殷人對於其所瞻仰、所取財用的自然，具有濃厚興趣。例如，晴雨變化與農業、田獵等事關係密切，因而就屢次卜問今日、今夕、自今以後若干日、今日的某個時辰（如旦、食日、中日、仄等）是否有雨。殷人對於雲的來去方向、色彩等也仔細觀察並記載。卜辭的驗辭常有「允雨」、「允不雨」之類的記載，以此說明原先作出的判斷是正確的。這些判斷的正確儘管不能排除偶然性，但主要應當說是殷人對氣象長期觀察和分析的結果；它是人的經驗結晶，而不是神的慈悲賜予。卜辭也有姣雨——即焚人以祈雨的記載，但其數量很少，且多無驗辭。顯然，這種愚昧的祈雨方式並非殷人注目之所在。卜辭關於氣象的記載，可以說是我國天氣預報最早的文字記錄。殷人的這些探索儘管還籠罩在迷信的濃霧之中，但探索自然奧秘的積極意義卻不應當被忽視。

總之，自然崇拜是殷人的主要宗教信仰之一。其自然諸神主要掌管陰晴圓缺、風雨雷霧等自然變化，也涉及豐年歉收之事，但卻不直接干預人世間的恩怨禍福。土（社）、河、嶽之間關係密切，殷人曾將它們一同祭祀，[113]然而，它們卻不跟帝發生關係。儘管殷人還不善於張開理性思維的「翅膀」，從較高的層次上對自然諸神加以理想化、系統化，儘管由於征服自然鬥爭的水準的局限，而使殷人對自然的認識充滿著盲從與迷信，但是殷人的自然崇拜裏畢竟包含了不少對

112 《禮記・祭法》。

113 郭沫若主編、胡厚宣總編輯、中國社會科學院歷史研究所編：《甲骨文合集》，第34185、14399、21115片。

奧妙的、變幻無常的自然現象的積極探索。

（三）殷代的天神崇拜和帝的本質

殷代諸神裏，自然神和天神的界限並不明確。嚴格說起來，天神亦當屬於自然神的範疇，而在殷人眼裏，許多自然神以至祖先神也是居於天上的。把人格化較強的、自來就居於天上的神靈稱為天神，應當是比較合適的。天神主要有帝、東母、西母等。關於東母、西母的卜辭很少，陳夢家先生認為它們「大約指日月之神」[114]，其重要性遠不能和帝相比。可以說只有帝才是最主要的天神。

對於殷代帝的作用及其在諸神中地位的估計，過去有偏高的傾向。平實而論，帝只是殷代諸神之一，而不是諸神之長。為了說明這個關鍵性的問題，下面先從其作用和地位談起，然後再分析它在殷人觀念中的變化及其本質。

卜辭材料表明，帝能支配諸種氣象，如「令雨」[115]、「令風」[116]、「令雷」[117]、「降旱」[118]等。然而，這些完全是帝的主動行為，而不是人們祈禱的結果。人們可以通過卜問知道某個時間裏帝是否令風令雨，但卻不能對帝施加影響而讓其改變氣象。帝對諸種氣象的支配有自己的規律，並不以人的意志而轉移。從這個意義上說，令風令雨的帝，實質上是自然之天。在所有關於帝令風、令雨之類的卜辭解釋中，如果把容易誤解為具有完全人格化的帝釋為具有多種自然品格的「天」，那將會使相關卜辭的文義十分暢通。如卜辭謂「帝及四月令

114 陳夢家：《殷虛卜辭綜述》，第574頁。
115 中國社會科學院歷史研究所編：《甲骨文合集》，第14138片。
116 同上書，第672片。
117 同上書，第14127片。
118 同上書，第10168片。

雨」[119]意即天到四月令雨，「帝其降旱」[120]即天將降旱等。

就氣象的情況而言，帝的作用存在著兩個方面的局限。一方面，是帝不能適應人世間的需要來安排風雨晴旱等氣象變化，而只是一味盲目地令風令雨。有旱情時，帝不能應祈求而降雨；有澇災、風災時，帝也不能止雨息風。卜辭所載可以「寧雨」者有嶽、土（社）等，可以「寧風」者有土（社）、伊君的配偶、方等。卜辭中從來沒有向帝祈求降風降雨或止風息雨的記載。另一方面，支配風雨等氣象並非帝的特權。卜辭有「河其令雨」[121]、「祈於土（社）雨」[122]、「祈雨於嶽」[123]、「祈雨自上甲、大乙、大丁、大甲、大庚、大戊、中丁、祖乙、祖辛、祖丁十示」[124]等記載，表明河、土（社）、嶽以及祖先神均有降雨的神力。至於風、雷、霧、旱等項的情況，亦如是。由此可見，帝只能算是氣象諸事的主宰之一，而不能算作最高主宰。

在殷人的觀念中，帝有某些干涉社會生活的神力，如「降禍」[125]、「降災」[126]、影響年成[127]、保祐征伐[128]等，還可以決定是否「終茲邑」[129]，即是否讓大邑商窮困。和支配氣象的情況一樣，帝對人世的

119 郭沫若主編、胡厚宣總編輯、中國社會科學院歷史研究所編：《甲骨文合集》，第14138片。

120 同上書，第10168片。

121 董作賓編：《殷虛文字乙編》，第3121片。

122 郭沫若主編、胡厚宣總編輯、中國社會科學院歷史研究所編：《甲骨文合集》，第33959片。

123 同上書，第12855片。

124 同上書，第32385片。

125 同上書，第6346片。

126 同上書，第14173片。

127 同上書，第10124片。

128 同上書，第6272片。

129 同上書，第14209片。胡厚宣先生依《廣雅・釋詁》「終，窮也」，指出「終茲邑」意即「使茲邑窮困」（《殷卜辭中的上帝和王帝》，《歷史研究》1959年第9-10期），其說甚確。

降禍或保祐也具有盲目性，並不存在後世那種「天人感應」的因素。帝之降禍不是對下世君主過失的懲罰；帝之保祐也不是對下世君主美德的勉慰。

殷代祭典中習見的御祭，一般認為是攘除災禍之祭。御祭的對象是包括諸母妣、諸兄、諸高祖等在內的以歷代先王為主體的祖先神，以及土（社）、河等自然神。御祭卜辭多達千餘例，但卻無一例是御祭於帝者。顯然，殷人並不認為帝具有免除災禍的神力。就降禍或賜福而言，帝的影響比之於祖先神，甚至河、嶽等都要小得多。例如，關於祈求豐年的卜辭共近四百條，絕大多數是向土（社）、河、嶽以及王亥、上甲等祖先神祈求，而帝和年成相關的卻僅見三條，其中有二條是卜問令雨之事而涉及了年成，真正是帝和年成有直接關係的僅一條。[130]帝保祐年成的神力和土（社）、河、嶽及祖先神等比起來，真可謂是小巫見大巫了。此外，關於帝降禍的辭例有百餘條，而帝提供保祐的辭例僅三十餘條。與此相反，殷人關於祖先神及土（社）、河、嶽等的卜辭中，降禍者只占極少部分，而絕大部分是保祐下世的辭例。這反映出殷人對兩者的態度是很有區別的。

應當特別指出的是，在殷人的神靈世界裏帝並不能和祖先神等相頡頏。在殷代祭典的祭祀種類、祭品多寡、祭祀次數等方面，帝和祖先神等相比均望塵莫及。關於祖先神的卜辭有一萬五千多條，而關於帝的僅六百多條。就祭品情況看，殷人祭祖的犧牲、人牲常以數十、數百為限，如「御自唐、大甲、大丁、祖乙百羌百牢」[131]、「羌三百於祖」[132]、「御自大丁、大甲、祖乙百鬯、百羌，卯三百牢」[133]等。

130 郭沫若主編、胡厚宣總編輯、中國社會科學院歷史研究所編：《甲骨文合集》，第14190片，辭謂「貞，帝不我其受年」。

131 同上書，第300片。

132 同上書，第297片。

與此相映成趣的是，殷代的帝卻是一副超然世外，不食人間煙火的「清高」姿態。殷人只是向帝提出問題，如會不會颳風下雨、會不會降旱降災等，卻並不奉獻祭品。古人認為「澗溪沼沚之毛、蘋蘩薀藻之菜、筐筥錡釜之器、潢污行潦之水，可薦於鬼神，可羞於王公」[134]，儘管「心誠則靈」，但祭品總還是要有的。然而，殷人對於帝卻一毛不拔，不奉獻任何祭品。祭品情況的區別反映了殷人對於諸神作用和重要性的不同認識。祖先神可以滿足人世間的各項祈求，不僅和帝一樣可令風調雨順，而且可以攘除人世間的災難，賜下民以福祐，而這是帝無法做到的。在殷人看來，祖先神等和他們的關係直接而密切，帝和他們的關係則間接而遙遠。祭品懸殊的原因就在於此。另外，殷墟卜辭中有不少關於商王夢境的占卜記錄，卜辭所記商王夢到的神靈主要是祖先神，如唐[135]、咸[136]、大甲[137]、祖乙[138]、羌甲[139]、妣己[140]、妣戊[141]、妣庚[142]、兄戊[143]、兄丁[144]、父乙[145]等，此外就只有夢到河的一例[146]、夢到帝的一例。[147]頻繁進入商王夢鄉者應為其平日所關注；

133 同上書，第301片。
134 《左傳・隱公三年》。
135 郭沫若主編、胡厚宣總編輯、中國社會科學院歷史研究所編：《甲骨文合集》，第1326片。
136 同上書，第17372片。
137 同上書，第14199片。
138 同上書，第776片。
139 同上書，第1812片。
140 同上書，第17377片。
141 同上書，第10408片。
142 同上書，第13635片。
143 同上書，第17379片。
144 同上書，第892片。
145 同上書，第201片。
146 同上書，第32212片。

常不被夢到的帝，很難說他為商王所青睞。

讓我們來分析一下殷代帝的觀念的變化。

在甲骨文裏，殷代前期的帝字有兩種類型，一種作「𤘍」形，絕大多數為動詞，指禘祭，如「帝（禘）於河」[148]、「帝（禘）於西」[149]等；另一種作「𤘍」形，大部分為名詞，指天神，如「帝令雨」[150]、「帝其旱我」[151]等。殷代中期以後，前一類型的帝字不再使用，而僅通行後一種類型的帝字。這應當是殷人帝的觀念演變的反映。殷代前期，特別是武丁時期的帝是一位獨來獨往的自然屬性很強的神靈。殷代中期以後的三、四、五期卜辭裏出現了「帝五臣正」[152]、「帝五豐臣」[153]、「帝史」[154]等帝的臣僚名稱，所以說帝廷的概念是殷代中期以後才形成的。

殷代中期以後「帝」的另一個重要變化是，和前期相比，出現了帝從天上降臨人間的趨勢。關於此點，郭沫若先生早已指出，他說：「帝的稱號在殷代末年已由天帝兼攝到人王上來了。」[155]我以為具體來說，這是從廩辛、康丁時期開始的。[156]三期卜辭有稱祖甲為「帝

147 同上書，第15966片。

148 同上書，第14531片。

149 同上書，第14325片。

150 同上書，第14134片。

151 同上書，第40006片。

152 同上書，第30391片。

153 中國社會科學院考古研究所編：《小屯南地甲骨》，第930片。

154 郭沫若主編、胡厚宣總編輯、中國社會科學院歷史研究所編：《甲骨文合集》，第35391片。

155 郭沫若：《先秦天道觀之進展》，《郭沫若全集・歷史編》第1卷，第321頁。

156 《甲骨文合集》第2204片有殘辭「貞，父乙帝……」，其義當與「示壬帝（禘）豕十」（《甲骨文合集》，第21027片）相似，帝為祭名，這是一期卜辭，並不能作為武丁稱其父小乙為帝的根據。或以為祖庚、祖甲時曾稱武丁為帝丁，其實原辭作「帝日」（《甲骨文合集》，第24982片），而不是帝丁。

甲」[157]者，五期卜辭稱文丁為「文武帝」[158]。《易經・泰》、《尚書・酒誥》、古本《紀年》等稱殷末二王為帝乙、帝辛。「帝」之下移是其人格化加強和神力擴大的結果，這和殷末王權加強的趨勢是一致的。然而，就是在殷代後期，帝和商王之間仍有一條鴻溝。殷人認為商王是其先祖之子，並非帝之子。「天子」一類的概念，此時尚未發生。[159]

必須加以辨析的一個問題是，帝與殷人的祖先神之間是平等的，抑或是隸屬與被隸屬的關係。論者每謂殷先祖死後可以「配天」，像客人一樣居住在上帝那裏，成為帝廷的成員，並將人世間的禱告轉達於上帝。這些論斷的根據十分薄弱，其實僅僅是下面一版屬於一期的卜辭：

貞，咸賓於帝。	貞，咸不賓於帝。
貞，大〔甲〕賓於帝。	貞，大甲不賓於帝。
貞，下乙〔賓〕於帝。	貞，下乙不賓於帝。[160]

甲骨文「賓」字一般作迎迓或迎神以祭而言。從何處迎神呢？應當是從天上迎來的。[161]自地上而言，「賓」某先祖即迎某先祖之神靈從天

157 郭沫若主編、胡厚宣總編輯、中國社會科學院歷史研究所編：《甲骨文合集》，第27437片。

158 同上書，第35356、36421片。

159 卜辭雖有「王帝」，但與「天子」概念無涉。關於「王帝」，僅三例，見《甲骨文合集》第24978、2498、30389片。從文例看，其「帝」當為動詞，指禘祭。所以，若要肯定卜辭以「王帝」來稱呼商王，則尚需新的材料加以證實。

160 郭沫若主編、胡厚宣總編輯、中國社會科學院歷史研究所編：《甲骨文合集》，第1402片。

161 《禮記・禮運》追述古代喪禮，謂「及其死也，升屋而號，告曰：皋！某復。然後飯腥而苴孰。故天望而地藏也，體魄則降，知氣在上」。古人認為人死後雖葬埋於地，但其靈魂卻陞於天上。殷人的觀念亦當如是，所以才屢見「賓」某先祖的卜問。

而降；自天上而言，「賓」於某神即被某神所迎，如「大甲賓於帝」即大甲被帝所迎。從上引辭例可以看到咸（即大乙）、大甲、下乙（即祖乙）為帝所迎。這幾條卜辭所表現出來的意義僅此而已。特別要指出的是論者在引用這版卜辭時往往只羅列上引的幾例，卻漏引如下四條卜辭：

甲辰卜……貞，下乙賓於〔咸〕。　　貞，下乙不賓於咸。
貞，大甲賓於咸。　　貞，大甲不賓咸。[162]

不僅漏引這四條，而且論者對下列屬於一期卜辭的先祖間相「賓」的辭例也都避而不談：

（1）貞，大甲不賓於咸。[163]
（2）父乙賓於祖乙。　　父乙不賓於祖乙。[164]

為什麼要避開這些辭例呢？可能是因為這些辭例中「於」字之後的先祖名稱和論者常引的那幾例卜辭中的帝，實處於同等地位。這顯然是對帝為「至上神」之說的一個有力否定。若將「大甲賓於咸」、「父乙賓於祖乙」之類的卜辭與「下乙賓於帝」比較，便可看出咸（大乙）、祖乙等祖先神和帝一樣是這個天國的主人，而不是客人。

卜辭裏沒有任何跡象可以說明天上的先祖要將人世的祈禱轉告於帝。所謂「轉告」於帝之說純屬子虛。在殷人的概念裏，「轉告」是

162 郭沫若主編、胡厚宣總編輯、中國社會科學院歷史研究所編：《甲骨文合集》，第1402片。

163 同上書，第1401片。

164 同上書，第1657片。

有的，但並非轉告於帝，而是諸部族的先祖與殷先王之間的相互轉告。[165]有殷一代，帝的權勢都還沒有凌駕於祖先神之上。以祖先神配屬於上帝，那是周人的創造。

從本質上看，殷代的「帝」類似於後世出現的具有濃厚自然品格的天，也可以說殷代帝與天是合而為一的概念。然而，周代的帝與天儘管有時也混用無別，但基本上可以視為兩個概念。如《詩經・文王》謂「文王在上，於昭於天」，「文王陟降，在帝左右」，這裏的天就是帝的居住之處。與此相反，從殷墟卜辭中我們找不出帝居於天的任何跡象。其原因就在於殷代的帝與天本來就是一回事兒。

關於「帝」字起源，過去諸家多持像花蒂之形的說法，但近年論者多傾向於帝起源於燎祭。甲骨文燎意指點燃束柴以祭。前面所提到的兩種類型的甲骨文帝字都有束柴之形，只不過在束柴之上加了一橫畫。這和甲骨文雨（[甲骨文字形]、[甲骨文字形]）字上部橫畫的意義相同，均為指天而言。殷代燎祭的對象相當廣泛，幾乎所有的祖先神和自然神都曾被燎祭，可是卻無一例是燎祭於帝者。其原因應當是「帝」與「燎」同源的緣故。《甲骨文合集》第14135片載卜辭「今二月帝不其令雨」，此「帝」字即和「燎」的字形相同，足證「帝」與「燎」關係之密切。其造字之初，大概是覺得燎祭可以遍祀諸神，而專祭於天者就在「燎」字上加一橫畫，表示燎祭於天——亦即帝。帝之初為燎祭之一種，以後才分化出來，逐漸有了與燎不同的含義。既然對天的祭祀可以稱為帝（禘），那麼所祭之「天」亦可稱為帝。假若這些理解不誤的話，那麼對於殷代帝的本質的認識會有所啟發。

165 《尚書・盤庚》於此有明證：「古我先後，既勞乃祖乃父，汝共作我畜民。汝有戕則在乃心，我先後綏乃祖乃父；乃祖乃父，乃斷棄汝，不救乃死。茲予有亂政同位，具乃貝玉乃祖乃父，丕乃告我高后，曰：『作丕刑於朕孫。』」盤庚之語表明處罰大事由諸族先祖和殷先王商議決定，無須帝雜廁其間。

殷代「天」的概念實際上是以帝來表達的，如卜辭習見的「帝令雨」意即天令雨、「帝降旱」意即天降旱等。過去所說的甲骨文「天」字，均為「大」字之異，如「天邑商」即「大邑商」[166]、「天戊」即「大戊」[167]，「天庚」即「大庚」[168]等。以「天」字來表示天的概念，這和以祖先神配帝一樣，也是周人的創造。周原甲骨裏有三例「天」字，[169]其中有一例和「大」字並見於一辭，可見周人確已將兩字區別。《尚書》的周書和《詩經》的雅、頌有不少周人稱「天」的記載，使我們可以從文獻學的角度證明周人以「天」來表示天的概念。[170]

先秦時代的「天」具有不同的範疇，或指自然之天，或指人格化的神靈，或指冥冥之中的義理與道德。就殷代的帝而言，它實質上是自然之天與人格化的神靈的混合體。周人繼承了殷代關於帝的人格化神靈的含義，擯棄了其自然屬性，形成了真正的天帝的概念。如果要探討殷周之際神權觀念的變革，那麼，上述這些應當是變革的核心內容之一。居於殷代神權崇拜顯赫地位的是殷人的祖先神，而帝則不過是小心翼翼地偏坐於神靈殿堂的一隅而已。

(四)殷代神權的特徵

殷代神權基本上呈現著三足鼎立之勢。以列祖列宗、先妣先母為

166 郭沫若主編、胡厚宣總編輯、中國社會科學院歷史研究所編：《甲骨文合集》，第36541片。

167 同上書，第22054片。

168 同上書，第22094片。

169 王宇信：《西周甲骨探論》摹聚第86、87、108片，中國社會科學出版社1984年版，第305-311頁。

170 《尚書》的商書和《詩經》的商頌也有稱「天」之例，但其撰著時代一般認為是周初或春秋，故其中「天」的稱謂不能直接代表殷人思想。

主的祖先神，以土（社）、河、嶽為主的自然神，和以帝為代表的天神，三者雖然互不統轄，但卻都或多或少地各自干預著同一個人世間的風雨晴旱和吉凶禍福，其影響嵌入到社會生活的每個角落。

從殷墟卜辭記載的大量祭祀情況和殷墟祭祀場所的發掘情況看，殷代神權崇拜的重點在於祖先神。春秋時代的子產說：「天道遠，人道邇，非所及也。」[171]從某種角度上可以說，殷代神權崇拜已經含有些微重人事思想的朦朧影子。殷人對於祖先征服自然、創建和發展商王朝的巨大功績的讚頌，是在占卜、祭祀、禱祝時罄響鐃鳴、鬼影幢幢的濃厚迷信氛圍中進行的，它是殷代重人事思想的曲折反映。

殷代尚未形成後世那樣的以天、帝為二及以祖先神配天為特徵的天神觀念。「天」的觀念在殷代是以帝的稱謂表達的。殷人對土地、山嶽、河流的崇拜凝聚為土（社）、嶽、河等神靈；同樣，在對天空的崇拜中衍變出了帝的概念。殷代的帝和土（社）、嶽、河等神靈一樣，既具有自然品格，又具有某種人格。帝是眾神之一，而不是眾神之宗。殷代尚未出現一個統一的、至高無上的神靈。

恩格斯說：「一個上帝如沒有一個君主，永不會出現，支配許多自然現象，並結合各種互相衝突的自然力的上帝的統一，只是外表上或實際上結合著各個因利害衝突互相抗爭的個人的東洋專制君主的反映」[172]。正由於殷代，特別是其前期，還沒有出現至高無上的王權，所以在天上也就沒有一個至高無上的神。殷代政治結構是王權、方國聯盟勢力、族權等的聯合體，與之相適應的神靈世界理所當然地呈現著多元化的狀態。

---

171 《左傳・昭公十八年》。

172 《恩格斯致在布魯塞爾的馬克思〈巴黎・1846年10月中旬〉》，《馬克思恩格斯通信集》第1卷，生活・讀書・新知三聯書店1957年版，第53頁。

三　作冊般黿與商代厭勝

中國國家博物館所藏作冊般黿的材料刊佈之後，引起學者廣泛關注。作冊般黿載商王到洹水田弋事，銘文為瞭解古代弋射增加了一個新的例證。銘文所在「奏於庸」，其直接意思應當是獻牲於庸，具體來說，就是用牲血釁鐘鏞。這對於認識上古時代釁鐘與厭勝之俗有重要意義。李學勤、朱鳳瀚、王冠英、裘錫圭等先生陸續發表文章考釋，[173]宋鎮豪先生論析殷代射禮，亦以之為例進行過分析[174]。專家的相關考釋不僅篳路藍縷，而且精義迭出。今試以銘文為線索加以討論。提出一些補充意見。

（一）「王弋（弋）於洹」

為說明問題方便計，現據拓片，綜合各家精義，並加以鄙見，再寫釋文如下：

> 丙申，王弋邘（於）洹，隻（獲）。王一射，般射三，率無灋（廢）矢。
> 王令寢馗兄（貺）邘乍（作）冊般，曰：「奏於庸，乍（作）。母（毋）寶。」

銘文意謂丙申這天商王到洹河田弋，王射一箭，作冊般射三箭，皆命中而無虛發。商王遂命任「寢」職而名馗者將所射中的黿賜給作

173 李學勤《作冊般銅黿考釋》，朱鳳瀚《作冊般黿探析》，王冠英《作冊般銅黿三考》，皆見於《中國歷史文物》2005年第1期。裘錫圭：《商銅黿銘補釋》，《中國歷史文物》2005年第6期。

174 宋鎮豪：《從新出甲骨金文考述晚商射禮》，《中國歷史文物》2006年第1期。

冊般，說：「奏進於庸，可即實行。不必將此黿作為寶物收藏。」愚以為銘文的首尾兩處尚有再研究的餘地。

銘文首行王後一字從弋從辶，專家多釋讀為「過」，謂甲骨文「戈」字或缺筆作弋。此說雖然不無道理，但甲骨文亦多有不缺筆者。在此銘中，似乎以不添筆謂從戈，而直接說它從弋，寫作「忒」更為合適。弋字《說文》訓為「橜也，像折木衺銳者形」，指可釘於牆上或地上的小木樁。弋在甲骨文中少見，以往所見的不多幾例，皆作地名、人名。然而，在先秦文獻中，弋則多用為射獵之稱，如田弋、弋射、弋獵等。此意久假不歸，故而後來又造出杙字表示本意，弋則常用作弋射之義了。如《易．小過．六五》爻辭「密雲不雨，自我西郊，公弋取彼在穴」，弋取即射取。《詩．女曰雞鳴》「將翱將翔，弋鳧與雁。……弋言加之，與子宜之」，鄭箋云：「弋，繳射也。言無事則往弋射鳧雁，以待賓客為燕具。」《詩．桑柔》「如彼飛蟲，時亦弋獲」，鄭箋云：「猶鳥飛行自恣東西南北時，亦為弋射者所得。」作冊般黿這個忒字可以讀若「弋」，指弋射而言。

此黿體上所插四箭，實當為「弋」之形。弋，本指繫縷之箭，或稱為「矰」。《周禮．夏官．司弓矢》「矰矢、茀矢用諸弋射」，蓋以所繫絲縷之粗細分矰為矢、茀矢兩種。《周禮．夏官．矢人》「兵矢、田矢五分，二在前，三在後」。鄭注：「田矢，謂矰矢。」蓋矰矢常用於田獵，故而又稱「田矢」。它的特點是前部箭鏃較輕，利於帶繳遠射。這件銅黿所插四支箭，長僅5.4公分，這四支箭，專家或判斷是箭杆的羽尾部分，表示箭鏃與箭杆經強力奮射已沒入黿體。這樣理解當然是可行的，但是謂箭杆已插入黿體，終覺有些不妥。現在看其形，愚以為它就是由箭鏃和很短的箭杆所組成的「弋」，其末端類似現在螺絲釘帽上的挫槽，就是文獻記載的扣弓弦的「比」，這個形象我們可以從黿左肩部所插的一矢清楚地看到。「弋」與普通的矢箭不同之處在於它要繫生絲縷為繳，為了射得更有力，且保證其準確性能，必然不會拖著較長的箭杆，但是，無論如何也不會像這四支箭那樣如許之短。對於這種情況，應當作出的一種推測是，製作者為了鑄造方便而將箭杆縮短，取其會意而已。此箭鏃進入黿體的部分作圓杆形，而沒有銳利的鏃鋒，是因為這樣便於插入黿體中而不致輕易滑落。總之，銘文「弋」字所從的辶為羨畫，這個字應當釋讀為「弋」。意指田獵弋射。銘文所載「丙申，王弋（弋）於洹」，意即丙申這天商王田弋於洹水。[175]商王是特意到洹水田弋者，並非路過此地偶然獲黿。

愚以為這是記田弋之事，並非射禮所為。射禮須張射侯，或可將龜黿之物射侯中間為「的」，但這件銅黿所示四箭，最前一箭，係從黿的左肩部射中，不應當是射禮上正面所射而成的情況。我們這裏所說的射禮是以文獻所載射禮情況為據而言的，如果擴大射禮範圍把田弋亦歸之於射禮，說此事反映了殷代射禮，當然亦無不可。但無論如何，它與文獻所載射禮的情況是有所區別的。

作冊般黿所載弋射獲黿之事，使我們可以想見弋射不僅上可射飛鳥，而且下可射魚黿。《呂氏春秋・知度》篇謂「非其人而欲有功，譬之若夏至之日而欲夜之長也，射魚指天而欲發之當也」，這裏指射魚一定要射向水中，若指向天空則背道而馳矣。《論衡・紀妖》篇載「始皇夢與海神戰，恚怒入海，候神射大魚」[176]。秦始皇射魚之事流傳甚廣，《太平御覽》引《三齊記》謂其「入海三十里射魚」。唐代詩

175 「田弋」之事先秦時期習見於文獻記載，例如《左傳・哀公七年》載「曹伯陽即位，好田弋。曹鄙人公孫強好弋，獲白雁，獻之。且言田弋之說」;《周禮・夏官・司弓矢》「田弋充籠箙矢」;《管子・問》「率子弟不田弋獵者」，凡此皆可證先秦時期，「田弋」為比較流行的用詞。

176 《太平御覽》卷936。

人皮日休有「下窺見魚樂，恍若翔在空」[177]之句，描寫射魚的情況。可以說，射魚鼃之事，與射獵弋鳥一樣，也是自古就有的射獵活動，作冊般鼃銘文為瞭解古代弋射增加了新的例證。

（二）「奏於庸，乍」

這是寑馗傳達商王給予作冊般的命令。相關的解釋，今所見者有三。一是庸讀為鏞，即大鐘。「奏於庸」意即將此事譜入以鏞為主的音樂演奏。或謂把此事創作成音樂，用鐘樂演奏出來。二是釋庸為功，意謂將四射皆中之事銘記於庸器上。三是將乍字與前面的奏於庸連讀，指將所捕獲的身中四矢的鼃送進庸徒勞作的鑄銅作坊。此三說雖皆可通，但尚有齟齬之處。庸（鏞）鐘是西周中期才行用的樂器，商代後期的銅鐃是否可以稱為庸，尚未可知。商周時代，以鏞鐘為主的音樂演奏，似乎並非事實。商周時代，鐘在樂隊中只是起著合樂節拍的作用，故有「鐘不過以動聲」[178]之說。再從以鏞鐘記事銘功來看，那是西周中期以後流行之事，商後期的銅鐃雖有銘文，但不過一兩字表示其歸屬而已，尚無一例銘功者。或者可以說，此銅鼃銘文就是記事銘功之作，這當然是可以的，但鼃非庸，所以這種理解無法跟「奏於庸」相吻合。再看另一種意見，「庸」作為庸徒固然可以，就是將「庸乍（作）」連讀，指製作鏞鐘的作坊，也是很難說通。「作」為作坊意，晚至漢魏時期才出現，先秦時期並無這種用例。總之，愚以為此句的解釋尚可從另一個角度來考慮。

銘文「奏」字，與甲骨文𠦪字頗相似，只是附加雙手之形。𠦪，為祭名，指祈求之祭。其字為根深之樹形，初意或當是祈社之祭，後

177 《全唐詩》卷611《奉和魯望漁具十五詠・射魚》。
178 《國語・周語下》。

來行用如祈之意。「奏」字於卜辭中亦為祭祀用辭。本意蓋謂以雙手將祭品掛置於神樹或支架上進獻之意。奏在卜辭中用例較多，其用法大致有二，一是作為祭名，其後繫連先祖或神名，如「奏嶽」、「奏河」、「奏祖乙、「於妣壬奏」[179]，如果是在山野之處舉行此祭，則謂「奏山」、「奏四土」等，[180]其奉獻神靈的祭品蓋掛之於樹上獻祭。卜辭也有單用「奏」作為祭名者，多用來選擇舉行奏祭的時間、對象或地點，如「翌已酉奏三牛」、「奏祖丁……十牛」[181]等。二是奏在卜辭中用作用牲方法名稱。如：

壬子卜即貞，祭其彡、奏，其才（在）父丁，七月。[182]

這條卜辭貞問祭父丁的典禮上是否採用獻酒（彡）和掛肉（奏）兩種祭典方式。其它如「奏於泥，宅」、「歲（劌）其奏」等，[183]其「奏」也應當理解為掛牲肉以祭。前引卜辭中的「宅」字，非居住之意，當指於室中割解牲體。關於「乇」字，于省吾先生曾指出「讀為矺，典籍冊通作磔，是就割裂祭牲的肢體言之」[184]。甲骨文「歲」字專家多曾指出即斧鉞之形，作為用牲之法蓋指用斧鉞割解牲體，可讀若劌。「奏於泥，宅（矺）」，意即在名為「泥」的地方祭祀時，將牲

179 郭沫若主編、胡厚宣總編輯、中國社會科學院歷史研究所編：《甲骨文合集》，第14475、14606片、第10198片反面、第22050等片。

180 同上書，第10975、21091片。

181 同上書，第16038、27299片。

182 同上書，第23256片。

183 同上書，第13517、22748片。按：辭中的字從氵，從相背的雙人形，或釋為兆，疑非。于省吾先生曾經指出甲骨文「甲骨文無尼字，而有從尼的伲、秜二字」（見《甲骨文字釋林》，中華書局1979年版，第303頁）。今將此字暫釋為泥。它在卜辭中用作地名。

184 于省吾：《甲骨文字釋林》，第169頁。

體磔而奏進之。「歲（劌）其奏」，意即割解牲而奏進之。這種「奏」，實際所割解的牲體的肉，懸掛於樹上或支架上進獻於神。這不禁使人想起《史記・殷本紀》載紂王酒池肉林之事，所述「懸肉為林」，或當有殷代奏祭的影子。總之，「奏」作為一種用牲方法名稱，指將割裂完畢的牲肉懸掛於樹上或支架上用以祭神。

作為用牲方法名稱，「奏」在卜辭中，其用法還和「釁」相關。銘文「奏於庸」，其直接意思應當是獻牲於庸，具體來說，就是用牲血釁鐘鏞。此點對於認識銘文至關重要，需加討論。我們先從先秦時期的「釁」說起。

先秦時期，以牲血塗抹祭器或祭祀場所之事，稱為釁，或作衈、釁（釁）。其造字本義，蓋割解牲體取血者作釁，割耳或叩鼻取血者為衈，以容器盛血者為釁。先秦時期有釁廟、釁廄、釁戶、釁社、釁邦器、釁軍器、釁鼓等禮俗，所釁的範圍甚廣，幾乎包括了所有的居室以及禮器、軍器。其具體方式可以用《禮記》的記載說明，《雜記》下篇載釁廟的時候，要在屋頂正中處殺羊，使羊血從屋頂上流灑於屋前地面，而門和夾室則要灑上雞血。《管子・小問篇》「釁社塞禱」，尹注云：「殺生以血澆落於社曰釁社。」可見釁社與釁廟的辦法是一致的。[185]《雜記》下篇謂「釁屋」是「交神明之道」。卜辭所載商代「奏」的情況與之類似，如「於盂廳奏」、「於新室奏」、「奏父門」等記載，[186]其方法可能是與《禮記・雜記》下篇所載周代釁廟的方式相近。於某處「奏」，意即於某處進牲血以「釁」。《周禮・夏官・小子》謂「釁邦器及軍器」。鄭玄注謂「邦器，謂禮樂之器及祭

185 釁社之事，還見於《穀梁傳・僖公十七年》：「邾人執繒子，用之……用之者，叩其鼻以釁社也。」

186 郭沫若主編、胡厚宣總編輯、中國社會科學院歷史研究所編：《甲骨文合集》，第31014、31022、3604片。

器之屬」。包括禮樂之器、宗廟之器在內的「邦器」、「祭器」都須經過「釁」的過程，才可以正式使用。

先秦時期還有釁鐘之制，《周禮・春官・大祝》謂「隋釁，逆牲逆尸，令鐘鼓」，《天府》謂「上春，釁寶鎮及寶器」[187]，所云「寶器」，當包括鐘、鏞等在內。此至戰國時期尚存，《孟子・梁惠王》上篇載：

> 王坐於堂上，有牽牛而過堂下者，王見之，曰：「牛何之？」對曰：「將以釁鐘。」王曰：「舍之！吾不忍其觳觫，若無罪而就死地。」對曰：「然則廢釁鐘與？」曰：「何可廢也？以羊易之！」

關於釁鐘之事，趙注：「新鑄鐘，殺牲以血塗其釁郤，因以祭之，曰釁。」趙岐所說的釁，實包括殺牲以血塗器和血祭二事。[188]清儒孫詒讓引《史記・高祖本紀》集解所載臣瓚說以及清儒段玉裁等的說法，辨析謂釁並不包括血祭，而只是以血塗釁郤之事。[189]今得作冊般黿銘文，可以為孫說的一個旁證。銘文所載「奏於庸」，若謂進獻牲肉於「庸（鏞）」，似乎不太可能，但謂進獻（奏）牲血來釁鐘，不僅於古之釁鐘之制吻合，此亦符合「奏」之進獻的意蘊。

卜辭中與「奏於庸」相近的辭例有：

---

187 《孟子・梁惠王》上篇趙岐注引作「寶釁鐘」，蓋趙岐所見別本作「寶鐘」。

188 這種說法還見於《漢書・高帝紀》「釁鼓」注引應劭所說「釁，祭也，殺牲以血塗鼓，釁呼為釁」。《周禮・春官・大祝》鄭注謂「凡血祭曰釁」，釁，包括祭事，當為漢儒的一般認識。

189 孫詒讓：《周禮正義》卷38。

叀（惟）祖丁庸奏。

叀（惟）父庚庸奏，王侃。

叀（惟）小乙……庸奏，用，又（有）正。

叀（惟）庸奏，又（有）正。

奠其奏庸，叀（惟）舊庸，大京武丁……引吉。[190]

上引皆三期卜辭。所謂「庸奏」意當同於「奏庸」，上引前三例皆是選擇釁於何庸的貞問。最後一例是選擇新庸或舊庸以釁的貞問，卜辭中有殘辭貞問「新庸」之事，[191]可以與之相印證。由此可見，殷代可能是無論新鐘抑或是舊鐘皆當「釁」事。

還應當說到的就是銘文的「乍」字，它習見於卜辭，皆用若動詞「作」，屢有「乍（作）邑」、「乍（作）宗」之類的貞問。在卜辭中它一般後附賓詞，但也有少數表示可以行動之意，而不帶賓詞僅僅貞問「其乍（作）」或「弜乍（作）」[192]，或者單獨表示可用，如有一例殘辭作：「……辰卜，王……千，乍（作）。」其意謂商王徵發千人，或用牲千頭，占卜的結果是「乍（作）」，就是可即付諸實踐。作冊般黿銘文「奏於庸，乍（作）」，與上引卜辭的「庸奏，用」相同，「乍」意類「用」[193]。「奏於庸，乍」，意即釁鐘之事可即施行。

---

190 這組卜辭依次見《甲骨文合集》第27310、27310、31013、31014片，《小屯南地甲骨》第4343片。上引第一、二兩條卜辭同版。「父庚庸」三字合文。

191 郭沫若主編、胡厚宣總編輯、中國社會科學院歷史研究所編：《甲骨文合集》，第30801片。

192 郭沫若主編、胡厚宣總編輯、中國社會科學院歷史研究所編：《甲骨文合集》，第13927、13929、27796等片。

193 在卜辭中，「乍」與「用」的區別，蓋「乍」指某事實行之前，即將付諸實踐；而「用」表示已經實施。

（三）「母（毋）寶」

作冊般黿銘文的最後部分，與商周金文習見格式有別。李學勤先生指出銘文的「母」字雖然向右稍偏，「但左側並沒有『乙』、『丁』之類天干，值得注意，在商代銘文裏罕見」，並且指出「銅黿不屬於禮器，在祭祀中無所用之」。這就啟發我們考慮兩個問題：其一，它非如一般彝銘那樣以「乍（作）母乙寶」、「乍（作）母寶」之類作結；其二，黿形之器非禮器，不可視為寶器。愚以為由於這兩個理由，如果將銘文讀為「乍（作）母寶」，理解為用銅黿以為母親之寶器，是難以說通的。那麼既然「乍」字上屬，則「母寶」當自為一句讀，讀若「毋寶」[194]。此語亦當是商王命令之辭的一部分。

商周時代作為「寶」而「子子孫孫永寶用」者，往往是交接神明的用物，如鼎、簋之類的銅禮器和琮、璧之類的玉器。而龜黿的情況則比較複雜。龜因其長生和堅甲故而被認為是靈異之物，故而從很早的時代開始就為人們所重視。新石器時代，人們對於龜的使用方式，一是製作響器，二是作為隨葬物，三是房址奠基，四是用於占卜。我國南北各地新石器時代文化遺址中常發現有隨葬的龜。時代最早的是河南舞陽賈湖裴李崗文化遺址，隨葬的龜殼內常有不少小石子。據推測，這是當時人所作的搖動時可以發出聲音的響器，或者是類於後世的那樣「搖彩」式的占卜工具。但龜卜的方式基本上是冷占卜，而不用火灼。從龍山文化後期開始，龜卜越來越多地採取鑽灼方式，逐漸不再使用冷占卜的方式。對於龜的整治過程，《周禮・春官・龜人》稱為「攻龜」。這個過程反映了殷周時人對於龜卜的心理，即徹底制服而用其靈性。整治龜的時候要先刳去龜的腹腸，只餘空枯龜殼，然

---

194 裘錫圭先生已經指出：「『毋寶』的意思就是不用當做寶物，應指不用把黿的甲殼保存下來當做寶物。」（《商銅黿銘補釋》，《中國歷史文物》2005年第6期）

後鋸削之、刮磨之，再以鑽鑿製作出成排的橢長形的或圓形的窠槽，再以焦火燒灼，使龜殼爆裂出紋兆，以供占卜者審視。可以說人們攻龜時刀鋸並加，鑽鑿施治並燃火燒烤，是毫不客氣、毫無恭敬之意的，人們要用的只是龜的靈性。這靈性就是通過它的紋兆來瞭解神意，而龜的本身並非寶物。占卜之後的龜甲即棄於灰坑，如同垃圾一樣處理掉。當然，對於某些被商王認為有特別意義的卜龜，也可能有作為寶物留存的情況。但是多數情況則屬隨意棄置。殷代龜甲只用於占卜，不再有製作饗器等情況出現。這種情況正如《史記・龜策列傳》所說「夏殷欲卜者，乃取蓍龜，已則棄去之，以為龜藏則不靈，蓍久則不神」。

作冊般黿銘文最後所云「母（毋）寶」，意思是商王告訴作冊般，此黿用於釁鐘之後即可隨意棄置，不作寶物對待。然而，從另一個角度看，細繹銘文「母寶」還可以體悟出這樣一種意蘊，那就是商代實際上已有將龜黿視為寶物之俗。源於商周之際的《易經》有「十朋之龜」的說法，龜之價值已屬不菲。著名的殷墟第13次發掘所發現的YH127坑，據說就是有意的窖藏。[195]可以推測當時有些大龜，特別是有重要占卜內容的大龜，是被視為「寶」而加以收藏的。此事至周代綿延不絕。《尚書・大誥》載周公語謂「寧（文）王遺我大寶龜」，《禮記・禮器》篇有「諸侯以龜為寶」之語，可見對於龜是很重視的。春秋時期，魯昭公十八年鄭國火災的時候，子產即「使公孫登徙大龜」[196]。春秋時期仍有「寶龜」之稱，如《左傳・昭公二十五年》載「初，臧昭伯如晉，臧會竊其寶龜僂句，以卜為信與僭」，這裏所載寶龜還有專用名稱「僂句」。總之，商周時期，龜黿之物，或視其

195 參見陳夢家：《殷虛卜辭綜述》，第8頁。

196 《左傳・昭公十八年》。

為寶，或不視為寶而只是用後即棄置，兩種情況兼而有之。作冊般黿銘文強調「母（毋）寶」，乃是取了後一種態度的結果。

黿形之物非禮器，龜黿之物只是供占卜的用物，而非必為寶。這是銘文「母（毋）寶」此黿的直接原因。此外，這其間還可能存在著深層次的思想因素，那就是商代的厭勝觀念。

（四）釁鐘與厭勝

商周時代，用牲血而「釁」的方式，無論是釁室、釁鐘，抑或釁社主神器，此舉所表示的思想內涵依照《禮記》的說法，都是「交神明之道」。推究根源，蓋與原始巫術有關。

在古人的印象中，血以其鮮紅奪目的顏色、流動的形態以及身體流血時的疼痛感覺而引起關注。血液往往被認為是特別神異的東西之一。相傳，夏代孟塗為巴地之神，「人請訟於孟塗之所，其衣有血者乃執之」[197]，血被認為是斷案的依據。先秦時期，人們一直將血與氣二者作為人的基本特質，認為人的生命即在於他有「血氣」，《國語・魯語》上篇謂「若血氣強固，將壽寵得沒」，《禮記・三年問》篇謂「有血氣之屬者。莫知（智）於人」，郭店楚簡《語叢》一第七簡謂「凡有血氣者，皆有喜有怒」，都是這種觀念的表達。在巫術中，血可以傳遞神異信息，所以作用十分重要，例如，印第安人認為將處女的血塗在農具上就會使玉米豐收，因為血可以將旺盛的生命力傳遞給玉米種子。將血塗抹或滴灑於某物的「釁」就是讓血傳遞神異信息和能力於某物。而這些信息和能力往往是人所不具備的。在萬物有靈觀念的影響下，應當說各種動物的血都是具備著神性。自然，被「釁」的處所或器物也就具備了這種神性。前人指出釁的意義在於祓除不

---

197 《山海經・海內南經》。

祥、彌縫罅隙使完固、取其膏澤護養精靈等三項。應當說，這些意義間或有之，但最關鍵之處應當在於「釁」的方式是原始巫術的遺存，認為通過這種接觸方式的巫術可以使被釁之物擁有神異之力。

黿與龜同類，銘文所載以黿血釁鐘（奏於庸）之事當源於上古時代的龜靈觀念，其所表示的意蘊就是將黿之靈傳遞給庸鐘。這種觀念可能早在傳說時代就已經存在。《山海經・東山經》載：

> 自樕螽之山以至於竹山，凡十二山，三千六百里。其神狀皆人身龍首。祠：毛用一犬祈，聃用魚。

郭璞注「以血塗祭為聃也」。愚以為這裏所說的「聃用魚」，因為魚無血而龜則有血，所以這裏用魚疑為「用龜」之誤。一般認為，《山海經》成書時代雖然較晚，但所反映的禮俗內容卻早至傳說時代。用龜血為聃事，表明人們已經視龜為靈異之物。上古時代所謂「四靈」，雖然說法不一，但都包括了龜在內。[198]龜的靈異之處在於它可以顯示神意，故而《禮記・禮運》篇載孔子語謂「龜以為畜。故人情不失」。

我們再來看銘文所載射黿之事。此事為作冊般鄭重記載，可見其意義非同一般。這應當就是古代厭勝之術的表現。厭勝之語雖然晚至漢代才出現，但其事卻早已存在。厭勝的「厭」，讀若壓，《說文》謂「厭，笮也」，段注謂「《竹部》曰：『笮者，迫也。』此義今人字作壓，乃古今字之殊」。「厭勝」之意謂通過巫術給某人某物以壓迫，並從而勝之，即《漢書・藝文志》所云「德勝不祥，義厭不惠」。相傳

198 《禮記・禮運》篇說：「何謂四靈？麟鳳龜龍。謂之四靈。」漢代時人則謂「蒼龍、白虎、朱雀、玄武，天之四靈」。(《三黃圖》卷3)「玄武」的形象即龜。

黃帝戰勝蚩尤時即有此類事情，馬王堆漢墓帛書載：

> 黃帝身曹禺（遇）之蚩尤，因而貪（擒）之。剝（剝）其口革以為幹侯，使人射之，多中者賞。[199]

這裏所云，雖然已經擒獲蚩尤，但還是以其皮製作成箭靶，蓋以之厭勝，徹底打敗蚩尤部落。《周禮·大祝》所載「六祈」之法中的「類」、「攻」、「禜」、「禬」等，似皆有厭勝之術在內。史載「武王伐殷，丁侯不朝，太公乃畫丁侯於策，三箭射之。……四夷聞之，各以其職來貢」。[200]東周靈王時，「萇弘乃明鬼神事，設射《狸首》，《狸首》者，諸侯之不來者」[201]。春秋後期，刺客豫讓刺趙襄子未果，仍請求擊刺趙襄子的衣服，被允許，豫讓遂「拔劍三躍而擊之」[202]。他所信奉的就是厭勝之理，以為這樣做就可以置人於死地。戰國時期，李冰治蜀的時候，「江水為害，蜀守李冰作石犀五枚。二枚在府中，一枚在市橋下，二枚在水中，以厭水精」[203]。可以說，厭勝之術在先秦時期的使用是延綿不絕的。

商代的一些史事，從厭勝的角度可能會看得更清楚些。《史記·殷本紀》載：

---

199 《〈老子〉乙本及卷前古佚書》圖版第104-105行，釋文第67頁。見國家文物局古文獻研究室編《馬王堆漢墓帛書》(壹)《十六經·正亂》，文物出版社1983年版。

200 《太平御覽》卷737引《六韜》佚文。

201 《史記·封禪書》。按：「設射狸首」事見於《周禮·春官》、《禮記·射義》等。漢儒以為「狸」應當是「不來」二字合音（見《史記·封禪書》集解引徐廣說），狸首意即不來朝會的諸侯之首。立其為箭靶，乃射而懲之之意。為這種射禮所演唱的詩歌即為佚詩《狸首》。

202 《史記·刺客列傳》。

203 《藝文類聚》卷95引《蜀王本紀》。

> 帝武乙無道，為偶人，謂之天神。與之博，令人為行。天神不勝，乃僇辱之。為革囊，盛血，卬（仰）而射之，命曰「射天」。

商王武乙與作為「天神」的偶人相搏而勝，並且射天出血，皆非窮極無聊之事，而應當是厭勝之術的表現。商王武乙與「天」神搏和射「天」的「天」，疑皆指周族所崇拜的「天」[204]，所表現的是對於周族的敵愾。商人射龜鼉所表示的蓋為對於南方及東南方敵人的敵愾。殷人重視方位，商代後期殷人發展勢力的方向主要在於南方及東南方。卜辭表明，帝乙、帝辛曾征伐淮水流域的人方。商王朝占卜用龜主要來源於南方長江流域，射龜可能表示對於南方的鎮服。銘文所謂「母（毋）寶」此鼉，其原因一方面在於龜鼉從未用作禮器、祭器；另一方面應當也在於它是商王厭勝之物，表示著對敵方的鎮服。

四　通天神人：商代的巫與巫術

殷商是神權強盛的時代。殷人和「天」打交道，主要靠貞卜和蓍筮。除了和「天」聯繫之外，殷人還要和「鬼」打交道。當然，我們這裏所說的「鬼」，指的是旱魃、魍魎之類給社會帶來危害的厲鬼，並不包括祖先在內，因為在殷人看來，祖先是進入神靈世界者，並不步入厲鬼的區域。殷人驅除厲鬼，主要靠巫術。施行巫術單靠人力不行，還得神靈祐助，所以說驅除厲鬼與祀神又是有密切關係的兩件事。殷人跟神聯繫，要有貞卜記錄，以示對於神靈的忠誠，故我們可

204 商周兩代宗教信仰的區別，就大處而言之，可以說殷人崇帝而周人祀天。較詳細的探討敬請參閱拙作《論殷代神權》，《中國社會科學》1990年第1期。

以從大量的卜辭資料中瞭解這方面的情況。然而，殷人施行巫術，則沒有多少記錄，因為並不需要向「鬼」彙報什麼，因此後人對商代的巫和巫術知道甚少。今試圖對商代的巫與巫術的某些情況進行探討，以求能夠有一些新的認識。

（一）商代的巫

先商時期，商族的巫很可能是由氏族首領兼任。在甲骨卜辭裏面，商人追溯的「高祖」，時代最早的是名夒者。另一位商人的先祖，其名字的寫法與甲骨文的「夒」字相似，亦為一側面站立的人形，與夒的區別在於其手中多一倒提的斧鉞之形。或以為指商先祖契，似有一定道理，《詩經・長發》就有「玄王桓撥」的說法，形容契之勇武。從另外的角度看，這位倒提斧錐的人物固然可以是勇武之象，但這種形象也有可能是巫師做法驅鬼的無畏形象。這兩者並不矛盾。在後世文獻記載裏，開創商王朝的湯有時候簡直就是一位大巫的形象。《呂氏春秋・順民》篇載：「湯克夏而正天下，天大旱，五年不收，湯乃以身禱於桑林，曰：『余一人有罪，無及萬夫。萬夫有罪，在余一人。無以一人之不敏，使上帝鬼神傷民之命。』於是翦其髮，鄜（櫪）其手，以身為犧牲，用祈福放上帝，民乃甚說（悅），雨乃大至。」這是一個很有名的記載。湯在求雨的時候之所以「翦其髮，櫪其手」，就是要用這種方法表明自己是神靈的犧牲，願意獻身於神而祈求神靈賜祐，即春秋時人所謂的「不憚以身為犧牲，以祠說（悅）於上帝鬼神」[205]。相傳，商湯外出時，「見野張網四面，祝曰：『自天下四方皆入吾網！』湯曰：『嘻，盡之矣。』乃去其三面，祝曰：『欲左，左；欲右，右。不用命，乃入吾網。』」[206]商湯和巫祝

205 《墨子・兼愛下》。

206 《史記・殷本紀》。

一樣，也發布祝辭，這與他「以身禱於桑林」的做法是完全一致的，適證其具有大巫的身份。

就商王朝的情況看，巫可能有不同的層次。西周初年，周公謂「我聞在昔，成湯既受命，時則有若伊尹，格於皇天。在太甲，時則有若保衡。在太戊，時則有若伊陟、臣扈，格於上帝；巫咸，乂王家。在祖乙，時則有若巫賢。在武丁，時則有若甘盤。率惟茲有陳，保乂有殷，故殷禮陟配天，多歷年所。」[207]周公所列作為輔佐商王的最主要的大臣的名單，從伊尹直到甘盤，都有可能是兼任商王朝之大巫者。這些大臣中，名「巫咸」、「巫賢」者其身份為「巫」，自然問題不大，就是伊尹等人，其主要職責也在於「格於皇天」、「格於上帝」，使得「殷禮陟配天」，依然與巫的職責相同。總之，在商王朝的政治結構中，作為神權代表的「巫」的作用實在不可小覷。商代盛行占卜，貞人為數甚多，從其與神意溝通這一點看，可以推測有的貞人可能又兼有神巫的職責。

商代巫師形象在考古資料中偶有所見。屬於商代後期的四川廣漢三星堆遺址的二號坑出土一尊大型立人像，[208]高級巫師頭戴面具、手持法物以祭神驅鬼之形。這位大巫，頭戴花狀高冠，冠頂中間似盛開的花形，兩側似葉。冠下段飾兩周回字形紋圖案。人像粗眉大眼，鼻棱突出，嘴角下勾，方頤大耳，兩耳垂下各穿一孔。腦後髮際以下有兩個斜長方形孔，似為插笄所用。人像手中所持何物今已不可得見，很可能是驅鬼所用的儀仗。這樣威武、偉岸的人像，應當是當時政治與宗教首腦合一的人物形象，其揚起的手臂和雙手所持的儀仗，均與巫師驅鬼之事有關。值得注意的是與這件偉岸的人像同在一坑出土的

207 《尚書·君奭》。

208 四川省文物管理委員會等：《廣漢三星堆遺址二號祭祀坑發掘簡報》，《文物》1989年第5期。

還有41件人頭像，其中有36件的造型均作平頂、闊眉之狀，有杏葉形大眼，顴骨低平，高鼻樑，嘴很大，嘴角下勾，頜似飾有一圈短短的鬍子，鬍子直達耳後。兩個大耳斜直，飾雲紋，耳垂下有一個圓穿，耳旁留鬢髮。長髮梳向腦後，上端束紮，似插異，髮梢編成辮，垂至頸部。短頸，頸下鑄成倒三角形。這些人頭像與立人像所表現出的人物精神狀態一致，都呈現著莊嚴肅穆和威武的神情。這些數量較多的人頭像可能是當時地位較低的巫師形象。他們從屬於大巫，為大巫所驅使而與鬼搏鬥。立人像與這些人頭像可以說是商代後期巴蜀地區巫師群體的形象。

（二）「方相」與「終葵」

關於商代巫師驅鬼所戴的面具，在殷墟地區尚未發現，但在時代為商代後期的四川廣漢三星堆卻有類似於面具的青銅人面像出土。[209] 這些人面像計有15件，均為半圓形。其中一個類型的人面像，眼球都明顯突出眼眶，呈中空狀態，突出部分的中部還有一圓鐲式的箍。人面像闊眉大眼，眉尖上挑，雙眼斜長，鷹鉤鼻，鼻翼兩側勾成雲氣紋，鼻尖突出臉面達20多公分。大嘴，兩嘴角上翹至接近耳根處。雙耳極大，耳尖向斜上方伸出，呈桃尖狀，耳廓內飾以粗獷的雲紋。額的中部有一個方孔，面像的左右兩側上下各有一個小方孔。這些中空的人面像，最為突出的特徵是暴露於外、向前極度凸起的兩眼，與《周禮・方相氏》所謂的方相氏「黃金四目」相類。這些人面像雖然不是巫師驅鬼時所戴之物，但其造型卻應當是以巫師面具為藍本的。

甲骨文中有「鬼」字，其造字本義與魌字相類。甲骨文「鬼」字的上部從「由」，下部為側面人形。「由」即驅鬼者所戴的面具形狀的

---

209 同上書。

簡化。商代有鬼方，是商王朝以西的強大部族，其以鬼方為稱，蓋其人常戴面具驅鬼歌舞的緣故。商代巫師所戴驅鬼的面具蓋稱為「終葵」。「終葵」本為巫師所戴的方形尖頂的驅鬼面具，後將用於捶擊的尖狀工俱稱為「終葵」，其合音便是「椎」。《周禮・玉人》：「大圭長三尺，杼上，終葵首，天子服之」，鄭注「終葵，椎也」。《說文》：「椎，擊也，齊謂之終葵」。東漢時馬融所作《廣成頌》有「翬終葵，揚關斧」[210]之語，已將終葵作為椎擊之工具。終葵為巫師所戴面具的本義雖然在漢代已經湮沒無聞，但其驅鬼之義則在以後仍有某些保留。從唐代開始所流傳的食鬼之神鐘馗，據說就是以終葵逐鬼為藍本而附會形成的。[211]

商代以驅鬼而著稱的氏族蓋以「終葵」為名。周初分封諸侯時，曾經以殷民七族封賜給衛康叔，這七族中就有「終葵氏」[212]。終葵氏在夏、商時代似有悠久歷史。成湯的左相仲虺，應當就是終葵氏的酋長。《左傳・定公元年》載薛國的先祖為奚仲，「以為夏車正，奚仲遷於邪，仲虺居薛，以為湯左相」。據此，則仲虺為奚仲族的支裔。《尚書》序謂成湯討伐夏萊返歸途中，「仲虺作浩」。今《尚書・仲虺之誥》雖然為偽古文，但是仲虺確有言論流傳於世，則還是可以肯定的。《左傳・襄公三十年》載「《仲虺之誥》云，亂者取之，亡者侮之」，《仲虺之志》便是仲虺言論的專輯。偽古文《尚書・仲虺之誥》所云「兼弱攻昧，取亂侮亡」，即據《仲虺之誥》的「亂者取之，亡

---

210 《後漢書・馬融傳》。

211 顧炎武謂：「古人以椎逐鬼，若大儺之為耳。今人於戶上畫鍾馗像，云唐時人能捕鬼者，玄宗嘗夢見之。事載沈存中《補筆談》，未必然也。」（《日知錄》卷32）對於鍾馗與終葵之間意義上的聯繫持有疑問。按：從終葵為驅鬼面具的本義和與鍾馗古音相同的情況看，兩者之間有意義上的關聯應當是極有可能的，只是漢唐間這種聯繫的衍變之跡尚待追尋。

212 《左傳・定公四年》。

者侮之」而寫成。仲虺二字，《史記・殷本紀》「仲」作中，「虺」作雷字古文。雷字古文的主體結構為迴旋形的曲線，甲骨文和金文中的雷字亦然。這種迴旋形的曲線在原始時代的紋飾以及青銅時期的銅器紋飾裏多有所見，即所謂的「雲雷紋」。回字古文即由雲雷變化而成。《史記》所載仲虺的名字，實即中回。究其原義，當起源於巫師驅鬼面具上的雲雷紋。考古發掘所見良渚文化遺址中作為宗教禮器的玉器上刻畫的神像，實為戴有面具的巫師的形象。有的神像上滿布雲雷紋（或謂回字形紋）。從古音系統看，中、終、重，同在東部，雷、葵、回、虺同在脂部，故仲虺可以讀為中雷、終葵、重回。重，有重複往返之義。所以說仲虺（重回）之義源於滿布雲雷紋的面具紋飾。這種紋飾為重回，故而亦將面倶稱為終葵，以善於驅鬼而著稱之族便稱為終葵氏，其酋長即仲虺（中雷）。

（三）商代巫師的神器

商代巫師驅鬼的時候應當有神器助威。這類神器在考古發掘中已有所見。屬於商代後期的江西新幹大洋洲商墓[213]出土有神人獸面形玉飾一件，為牙白色的洛翡玉，兩面均黏有紅朱，背面中部呈淡綠色。玉的正南中部偏下刻神人獸面紋，頭頂上橫刻平行陽線四條，形似羽冠。神人大眼巨嘴，上下有獠牙。這件玉飾的造型猶如一個戴著卷角高羽冠的神人，形象威武肅穆，構思巧妙，線條十分流暢。玉的中部兩側有突扉棱和兩個圓孔，似可將其固著其它物體之上。這位高戴羽冠的神人，儼然為莊嚴的巫師形象，蓋為驅鬼時的法物。同墓還出土有雙面神人青銅器，這位神人目光炯炯，頭上有表示其法力的長角，

213 江西省文物考古研究所等：《江西新幹大洋洲商墓發掘簡報》，《文物》1991年第10期。

給人以威嚴無比的感覺。器通高53公分，器下有方銎，器上正中有圓管，均當為插於木座所置。這件雙面神人青銅器，可能是巫師驅鬼的主要神器。同墓還出土一件玉質羽人，屬於青田玉，棗紅色浮雕，作側身蹲坐狀，兩面對稱。羽人粗眉大眼，半環大耳，高鉤鼻，戴高羽冠；頂後部用掏雕技法琢出三個相套鏈環；臂拳屈於胸前，蹲腿，腳與臀部齊平；腰背至臀部陰刻鱗片紋和羽紋，肋下至腿部雕刻出羽翼。羽人通高11.5公分，可穿置於其它物品之上。這件玉質羽人出土於死者胸部的項鍊頂端右側，有可能為神器，也可能是巫師的佩戴之物。

商代巫師驅鬼時手中當有所持，其所持之物除木棒之類的東西外，還可能有其它的東西，河北承德所發現的商代石牌便可能為驅鬼所用。[214]石牌出於商代墓葬中，共兩件，均為黑色滑石質。一件石牌的兩端刻直線紋，上部兩平橫線之間刻有獸面紋。獸面兩眼圓睜，寬嘴，有兩個尖狀長獠牙，直鼻，鼻下有二鋸齒紋，周圍刻有排列有序的三角形紋。另一件的兩端各中部都刻有一排尖齒紋，上部和中部各刻一獸面紋，獸面形狀與前一件相同。石牌紋飾中的獸面，突出的特徵是兩碩大圓睜的眼睛和有尖長獠牙的大嘴，與商代巫師驅鬼所戴面具的形象是一致的。石牌持於手中，當即巫師手中的法器，認為其有驅鬼的神力。

（四）人獸交融與商代巫師「神力」的來源

巫師驅鬼的法力一方面當然要來源於神靈的祐助，另一方面也來源於猛獸的威力，人們印象中威力最大的猛獸莫過於作為百獸之王的

---

214 承德文物保護管理所：《河北承德發現商代石牌飾》，《文物》1990年第7期。

虎。商代青銅器人虎紋的主題可能與此有關。[215]典型的器物紋飾有這樣幾件：

第一，殷墟婦好墓所出土的「婦好鉞」[216]，其紋飾為一人頭居於兩虎口之形。兩虎前肢彎曲前伸，似置於地面的土壇之上。兩虎後肢蹲曲，虎尾彎曲至地，與虎後肢一同支撐地面。虎口雖然大張，但卻不作吞食狀，虎眼雖大，但並不怒睜，而是和虎的大耳一起表現出馴服的媚態。虎口的人頭像十分簡單，其上無發，頗像巫師所戴的面具，在紋飾中蓋以之為巫師的象徵。

第二，與「婦好鉞」的這個紋飾十分相似的是殷墟侯家莊所出土的著名的司母戊大方鼎的鼎耳紋飾，[217]亦為一人頭居於兩虎口之形，只是兩虎後肢直立，與彎曲至地的虎尾一起支撐著軀體，顯得十分勉強。虎口雖然大張，但是其中並無利齒。兩虎形象的媚態比「婦好鉞」所表現者更為突出。特別引人注意的是，兩虎口中的人頭形象為圓角方形，正合乎「方相」之義，這應當不是偶然的巧合。

第三，1957年在安徽阜南縣發現商代龍虎尊，[218]龍的頭、角突出形成三個鋪首。尊腹主要部位為神人與一頭二身的虎形。二虎位於紋飾圖案的上部，共一頭。虎前、後肢均蜷曲伏地，虎的軀體軟塌，腹

---

215 關於商代青銅器上的這類紋飾，專家或謂其為「人獸母題」紋飾，或謂「虎食人紋」、「饕餮食人紋」。從紋飾所表現的意義上看，似皆不如稱之為人虎紋較妥貼。關於這些紋飾的意義，專家們多有所論，但歧義迭出，迄今尚不統一。或謂其意義在於戒貪，讓人知道這種「食人未咽，害及其身」（《呂氏春秋・先識》）的形象而自警或謂以此避邪；或謂表現了對於敵人形象的污辱和擊殺，是致厄術的一種表現。這些說法似與實際相距較遠。比較可信的說法是：這樣的紋飾表現了巫師借助動物而與神靈溝通。然而，這種說法仍有未安之處，那就是紋飾並沒有要與神靈溝通的含義，而是在說明巫師本人就有莫大的神力。

216 中國社會科學院考古研究所安陽工作隊：《殷墟婦好墓》，文物出版社1985年版。

217 陳夢家：《殷代銅器》，《考古學報》第7冊（1954年）。

218 葛介屏：《安徽阜南發現殷商時代的青桐器》，《文物》1959年第1期。

部垂至地，虎尾下垂，尾尖捲曲。虎頭為正面形象，虎口下為神人形象。神人兩上肢彎曲上舉，似正要抓住兩虎的前爪。神人神態自若，嘴角上翹表現出微笑之意，似為其馴服兩虎而悠然自得。

第四，四川廣漢三星堆一號坑所發現的虎尊。[219]這件尊的造型、紋飾以及鑄造工藝，與安徽阜南所發現者都相一致，其肩部的紋飾亦為神人與二虎之形，虎體更顯修長。這四件商代紋飾突出的共同點有這樣兩個方面：首先，人居於紋飾圖案的中心突出部位，雖然人並不顯得偉岸，但是卻給人以畫龍點睛之感，讓人覺得只有他才是整個圖案的中心和靈魂；其次，虎的形象儘管佔了圖案的大部分，但是虎卻不作騰躍撲食之狀，而是拘拘然作順服之態，其修長的體軀和大張的巨口似乎都只是人所控制的一種工具。這兩個方面的特點說明紋飾的作者所要表達的主題何在呢？主題應當在於對神巫法力的頌揚，[220]也是在說明巫師的法力與虎、龍這樣的猛獸有關。

商代社會信仰中對於大巫法力的頌揚，除了這幾件紋飾之外，還可以舉出相傳出自湖南的商代的兩件銅卣作為證明。這兩件銅卣，一藏日本京都泉屋美術館，一藏法國巴黎奴施基博物館，造型、紋飾皆同。專家或稱這兩件銅卣為「乳虎食人卣」，又稱「饕餮食人卣」，皆以為銅卣為一虎張巨口欲吞噬一人的造型。其實仔細審視卣的造型和紋飾，卻知並非如此含義。虎在銅卣造型中，其兩足和後尾構成卣的三足，自有被束縛之義。虎身軀上有回首而視的虯龍，虎口中的一人神色威嚴，其兩臂向前伸舉，似正捉住虎的兩耳，人的身軀與龍尾和

---

219 四川省文物管理委員會等：《廣漢三星堆遺址一號祭祀坑發掘簡報》，《文物》1987年第10期。

220 對於這一主題的藝術表現起源甚早，至遲在良渚文化時期就已經有了相當完整的表達。良渚文化的許多玉器上刻有粗細的花紋，特別是以神人獸面為主題的紋飾更具特色。神獸形象的交融，表現出當時人們動物崇拜觀念的深化與蛻變，也反映了當時的人們對於大巫的讚頌。

虎腹融合為一體，人背部服裝的紋飾即為龍之爪，人的兩腳相當明顯，正踏於虎足之上。在虎耳的側上方有一面具之形，應當為巫師所擁有者。整個銅卣的造型和紋飾，都體現了這樣一個顯明的對照，那就是巫師的威嚴、沉著與虎龍的彎扭、局促。這裏所表現的並非巫師要憑藉虎、龍的威力，而是巫師本身就與虎、龍融為一體。銅卣紋飾中虎的耳後和龍首之上的那個面具很引人深思。其製作者的考慮，在這裏應當是在說明巫師與虎、龍融為一體，而其神力的外在表現便是這件面具，從而說明巫師頭戴面具做法，有著虎、龍的不可抗拒的威力。青銅器紋飾上所表現的人獸交融主題到了西周初期不僅得以繼續保持，而且有所發展。隨著周代禮樂文明的發展，在西周中、晚期，這類人獸交融主題的紋飾已不復見。這種情況從一個側面表明，人獸交融紋飾為殷商時代社會觀念的產物，是商代巫師的形象化。周代巫風趨滅，表現巫師形象的以人獸交融為特徵的紋飾也就失去了存在的社會依據。

（五）卜辭和古代文獻中所見的商代巫術

殷商時代的巫術中相當重要的一項是驅除旱魃。在商人的心目中旱魃就是造成旱災的某人，故而要對其施刑。卜辭載殷人求雨之事多謂「烄」，如：

> 貞，勿烄。
>
> 𢆶卜，㱿貞，舞（雩）烄亡其雨。
>
> □未（卜），烄牢雨。
>
> 甲辰卜，烄每。
>
> 其烄高，又（有）雨。

叀戊烄、又（有）雨。[221]

上引六條卜辭，第三條為四期卜辭，第五、六條為三期卜辭，餘皆為一期卜辭。甲骨文烄字像人被投於火上之形，諸家釋其為烄，《說文》謂「烄，交木然也，從火，交聲」。所謂烄，就是將象徵旱魃的人放在大木所架起的火上燒烤，燒死此人，就意味著旱魅被除掉，隨之就會下雨而消除旱情。第一條卜辭貞問實不實行烄的辦法。第二條卜辭的「舞」字當通於「雩」，卜辭中關於「舞」的卜辭都與求雨之事相關，可見雩為以舞作為求雨方式的祭禮。這條卜辭貞問雩與烄連續舉行是否有雨。第三條卜辭貞問烄時不是將人燒死，而是燒掉牲牢，這樣做是否會下雨。第四條卜辭的「每」字，實即母。專家指出「甲骨文母與女互用無別」[222]，所以這條卜辭裏面的「每」字指一種具有某種身份的女性。這條卜辭貞問是否將「每」燒死以求雨。這類卜辭在關於烄的辭例中常見，所用作為旱魃者似皆為女性。有一條卜辭謂「戊申卜其烄三每」[223]，謂要燒死三位「每」。這是一次烄祭燒死人數最多的卜辭記錄。第五條卜辭為選擇烄祭地點的占卜，貞問在稱為「高」的這個地方烄祭是否會下雨。關於烄祭的地點，殷人貞問最多的是稱為「凡」的地方，有一版卜辭，先後有三條卜辭貞問「於甲烄凡。於癸烄凡。弗烄凡」（《甲骨文合集》，第32296片），可見對於「凡」這個地方舉行烄祭極感興趣。第六條為選擇烄祭時間的卜辭，貞問在逢「戊」的日子烄祭是否會下雨。以上六條卜辭比較全面地反映了商代祈雨巫術的情況。值得注意的有以下兩點：首先是要

221 此處所引卜辭依次見《甲骨文合集》第15647、12852片，《小屯南地甲骨》第3244片，《甲骨文合集》第19802、30791、30174等片。

222 于省吾：《甲骨文字釋林》，第454頁。

223 胡厚宣：《甲骨續存》，群聯出版社1955年版，2.744。

通過占卜確定「烄」的時間和地點，還要通過占卜確定要燒死的人，這個人被認為是旱魃附體者。可見這種巫術與甲骨占卜關係密切。其次是「烄」可以與其它的祭典相互配合，舞（雩）與烄二者就可以合在一起進行。由此可見這種巫術與祭祀的關係也很密切。「烄」作為一種巫術，其特點在於使用火焚的方式對於旱魃進行鬥爭，而不只是單純地祈求神靈恩典。

實施巫術而求雨的另一種方式是作土龍。專家已經從卜辭找出這樣的辭例[224]：

> 叀庚烄，又（有）〔雨〕。
> 其乍（作）龍於凡田，又（有）雨。[225]

這是同版的兩條三期卜辭。第一條卜辭先貞問是否於庚日舉行烄祭可以有雨。第二條卜辭貞問在「凡」這個地方的田野上作土龍，是否會求得雨。另有一條卜辭謂「乙未卜，龍，亡其雨」[226]，雖然沒有「乍（作）」字，但與下雨之事相連，所以也有可能是在貞問作土龍是否會帶來雨的事情。這種巫術的理論基礎是認定龍與雨有關，即後世所謂的「同聲相應，同氣相求，水流濕，火就燥，雲從龍，風從虎」[227]。關於作土龍祈雨之事，漢朝時人有詳細說明，「董仲舒申《春秋》之雩，設土龍以招雨，其意以雲龍相致。《易》曰：『雲從龍，風從虎。』以類求之，故設土龍，陰陽從類，雲雨自至」[228]。這

---

224 裘錫圭：《古文字論集》，中華書局1992年版，第224-225頁。

225 郭沫若主編、胡厚宣總編輯、中國社會科學院歷史研究所編：《甲骨文合集》，第29990片。

226 同上書，第13002片。

227 《易・乾・文言》。

228 《論衡・亂龍》。

種作土龍之事，相傳早在商湯的時候就已經進行。《淮南子・地形訓》載「土龍致雨」，高誘注：「湯遭旱，作土龍以像龍，雲從龍，故致雨也。」商湯曾經以大巫的身份「翦其髮，鄽（櫪）其手，以身為犧牲」（《呂氏春秋・順民》）而祈雨，他作土龍，應當亦是大巫所行巫術之一種。分析前面所引的兩條卜辭可以看到，在遇到大旱的時候，殷人希望通過占卜來決定採取何種致雨的巫術，一種是「烄」，另一種是「作龍」。地點應當都在「凡」這個殷人祈雨時頗感興趣的地方。

除了作土龍以外，卜辭中的「舟龍」應當也是一種與「龍」相關的巫術。卜辭載：

貞，舟龍……不其受……

王固曰：有祟……舟龍……㞢……

□丑卜，王……舟龍……[229]

這些都是一期卜辭，雖然辭殘，但其義還可以大致瞭解。所謂「舟龍」，疑即後世的「龍舟」。將舟船做成龍形，游之於水，以龍得於水而象徵著萬事亨通。第一條卜辭中的「不其受」後面所殘缺之字，依卜辭文例很可能是「年」或「禾」字。這條卜辭意謂若進行劃龍舟這樣的巫術，是否會有好收成。第二條係占辭，商王根據占辭的結果謂會有麻煩出現，但是通過劃龍舟的巫術而得到保祐。第三條卜辭貞問商王是否親自參加劃龍舟之事。

關於「作龍」和「舟龍」的卜辭記載，使我們聯想起前面曾經提到的兩件商代的龍虎紋卣。聯繫到商代「作土龍」的巫術，可以說銅

---

229 此處所引卜辭依次見《甲骨文合集》第4928、16940、8607等片。

卣紋飾中虎的耳後和龍首之上的那個面具，與回首的虬龍所表現的，正是巫師頭戴面具而指揮作土龍的形象，巫師居高臨下，土龍則匍匐於地聽從指揮。按照古人的觀念，龍是運行於天上的神物，而作土龍則是將此神物從天上置之於地，作龍舟則將其置之於水。這其中的意蘊就不是簡單地向龍祈雨，或求龍保祐，而是命令其降雨，命令其為福祐於殷人。作土龍與降雨，龍舟與保祐，這兩類事情本無關係，這種巫術的迷信落後性質可以說是顯而易見的。然而，在當時的歷史條件下，作土龍和龍舟卻也多少表現了人們要控制自然的某些信念，和單純地向神靈祈禱相比，多少具有一些積極的意義。

商代巫術和後世一樣，也十分重視驅鬼。商代驅鬼的巫師戴有方尖狀的面具。甲骨文中有一個正面立人頭部為方尖形面具的字，對於驅鬼面具作了相當形象的刻畫。這個字人形的四肢完備，頭部所戴面具為方形尖頂之狀，與圭形相類，面部透雕有兩隻方形眼孔，其兩側有對稱的附耳，耳下垂有墜飾，可隨面具晃動。郭沫若先生謂這個字「係像人戴面具之形，當是魌字初文」[230]，甚確。值得注意的是，關於魌字的卜辭與驅鬼有關：

> ……旬亡𡆥。王固曰：㞢（有）希，其㞢（又）來𡛷，……魌，亦（夜）方相二邑。十三月。（《甲骨文合集》，第6063片）

這是武丁時期的卜辭。辭雖然殘，但其義尚可通曉。辭謂在貞問下一旬是否有災禍的時候，商王占視卜兆謂下一旬將有麻煩發生，又會有災禍來臨。為了避免災禍，所以便在夜裏於兩個邑中舉行驅鬼儀式。周代職官名稱裏有「方相氏」。《周禮・方相氏》載：「方相氏掌

230 郭沫若：《卜辭通纂》，科學出版社1983年版，第131頁。

蒙熊皮，黃金四目，玄衣朱裳，執戈揚盾，帥百隸而時難（儺），以索室驅疫。」「方相」之稱源於上古時代驅鬼巫術中巫師所戴的方形面具，其為職官之名故謂「方相氏」，單稱「方相」，亦為動詞，義即驅鬼。上引卜辭中的「魌」當指驅鬼巫師，「亦（夜）方相二邑」，即夜間換魌在兩個邑中方相（驅鬼）。聯繫到整條卜辭的意思看，據商王占視卜兆，下一旬將有災禍發生，所以要先驅鬼以免災。

甲骨文中的「巫」字，其造字本義可能是向四方施行巫術，故而其在卜辭中或用如「四方」若「方」之義，但是這裏的「四方」若「方」並非單純的方位之義，而是指向四方或某方舉行祭祀或施行巫術，[231]如：

> 丁酉卜，巫帝。(《甲骨文合集》，第34074片）
> 壬午卜，燎土（社）延巫帝二犬。(《甲骨文合集》，第21075片）
> 辛酉卜，寧風巫九。(《甲骨文合集》，第34138片）
> 戊子卜，寧風北巫犬。(《甲骨文合集》，第34140片）

上引第一、四兩條為四期卜辭，餘為一期卜辭。第一條的「巫帝」，指向四方進行帝（禘）祭，巫為四方之義，同版另有一辭謂「丁酉卜，奚帝南」。辭中的「奚」字原為雙手持繩索縛女之形，蓋指一種用為犧牲的女奴，這裏暫寫作奚。「奚帝南」，指殺奚而帝（禘）祭於南方。「帝南」與「巫帝」相對，說明「巫帝」為帝

231 卜辭中有某人「氏巫」的辭例，如「妥氏巫」(《甲骨文合集》，第5658片)、「異氏巫」(《甲骨文合集》，第5769片)、「周氏巫」(《甲骨文合集》，第5654片）等。「氏巫」意即致巫，蓋指由某人施行巫術，則「氏巫」的妥、異、周等人當為巫師之名。卜辭中還有稱為「巫妹」(《甲骨文合集》，第21880片）者，亦為巫師名稱。殷代後期的卜辭中，巫或用如「筮」，這不僅是由於筮與巫術的古音相通，而且由於殷人可能認為筮與巫術有關的緣故。

（禘）祭於四方，而「帝南」僅帝（禘）祭於南方一方。卜辭中還有「帝東巫」《甲骨文合集》第5662片、「帝北巫」《甲骨文合集》第34157片等記載，其「巫」則用如「方」，分別指東方、北方等。第二條卜辭謂在燎祭於社神之後是否再用兩犬為犧牲以禘祭於四方。第三條卜辭謂為寧息大風是否要有九豕而祭於四方。第四條卜辭謂為寧息大風是否要以犬為犧牲而祭於北方。從「巫」與「北巫」在「寧風」的辭例中的情況，可以說明「巫」在這裏指四方，「北巫」則僅指北方。殷人「寧風」的巫術很可能與虎有關。我們前面所提到的商代青銅器紋飾中，巫師的形象往往表現出制服虎的神力。在商代的龍虎紋中，巫師實居於已經空殼的虎的中心地位，顯示了主宰龍虎的氣魄。古人以為「虎從風」，那麼可以驅使龍虎的巫自然可以以其威力而使大風停息。卜辭載「乙丑貞，寧風於伊爽」（《甲骨文合集》，第34151片）、「寧風伊爽一小牢」（《甲骨文合集》，第30259片），殷人所祈求的「寧風」神靈為「伊爽」，即伊尹的配偶。這表明伊尹夫婦同為商代的大巫。卜辭所謂「巫寧風」[232]、「寧風巫」，並非單純地向四方之神祈禱，而包括向四方施行巫術的內容。

五　由強而弱：商代神權鳥瞰

在殷商史研究中，人們常常認為盤庚武丁時期，甚至商湯時期已經有了強大的王權，而神權則是王權的附庸，是為殷王統治服務的。實際上神權不僅有與王權相適應的一方，還有矛盾以至鬥爭的一面。從整體上看，殷代的王權是由弱變強的，與之相反，神權則由強而弱地衰退下去。本文擬就殷代王權與神權的關係及其在社會政治結構中

---

232 羅振玉：《殷虛書契後編》下卷，臺北藝文印書館1970年版，第42頁，第4片。

的地位等問題，試作考察，鳥瞰其神權由強而弱的變遷之跡，雖是雪泥鴻爪，亦當有其珍貴之處。

（一）

神權在殷人社會生活中佔有極為重要的位置。殷人崇拜包括帝、社、風雨、山川等自然神，也崇拜先公、先王、先妣、舊臣等祖先神。殷代，特別是其前期，王室和貴族幾乎每日必卜，每事必卜，對神權的膜拜是無以復加的。貞人是神權的體現者，由貞人溝通神與人的聯繫。貞人可以宣告神命，他們在殷代政治生活中是舉足輕重的。

但是，如果把武丁至廩辛作為殷的前期，康丁至帝辛作為後期，就會發現前後期貞人政治地位的顯著不同。

第一，殷代前期，已經考知的貞人就有一百幾十位，最著名的則有二三十位。如武丁時期的㝊、㱿、爭、亙、古，祖庚祖甲時期的兄、出、大、行、旅，廩辛時期的何、壴等。而後期卜辭則多無貞人之名，比較可信的僅黃、派等屈指可數的幾人，並且都在帝乙、帝辛時期。

第二，前期貞人占卜的範圍包括任免、征伐、田獵、王的行止、禍福、祭祀、田地墾殖、賦役徵發、王婦生育、年成豐歉、王室貴族疾病生死、旬夕禍福等。後期貞人占卜的範圍則只剩下卜旬、卜夕和田獵征伐等幾項，比之於前期，範圍大大縮小。

第三，前期卜辭大都記有貞人名，由貞人選定卜問內容，有時還由貞人發布占辭，突出貞人的權威。後期卜辭則處處體現王的意志，卜辭內容由王選定，格式呆板，有不少卜辭只是王的行止記錄。這時候的貞人已經從前期的頤指氣使的赫赫大員變為記錄例行公事的差役，地位下降很多。

上述這些變化的原因，當與貞人所代表的社會勢力變化有關。殷王朝是以子姓為核心的許多部族的聯合體，貞人則是諸部族勢力在王朝中的代表之一。商滅夏得力於「諸侯群后」[233]的支持，殷王朝的形成實際上是許多部族不斷匯合發展的過程。商本是以鳥為圖騰的部族，可是，在殷人所祭祀的先公里，與稱高祖的夒[234]、王亥[235]、上甲[236]等並列的還有沔和茲。[237]他們是以河和山為圖騰的部族首領。因為這些部族跟商已經融合，所以其首領亦被殷人尊奉。以河為圖騰的部族世代居於黃河之濱，其後世為殷的諸侯，古書上稱為「河伯」[238]。貞人何有可能出自這個部族。卜辭裏有貞人茲，他與殷人尊奉的先祖茲不是偶然的重名。貞人茲當出自曾經以山為圖騰的茲部族。卜辭中的茲為習見的地名之一，很可能是這個部族的居地。殷之先世多有「賢臣」佐助，《尚書・君奭》說湯時有伊尹，大甲時有保衡，大戊時有伊陟、臣扈、巫咸，祖乙時有巫賢，武丁時有甘盤等。其實他們都是與商結有牢固聯盟的部族首領。這些部族的歷史很悠久，如伊尹，「有侁氏女採桑，得嬰兒於空桑，母居伊水，命曰伊尹」[239]，可溯源於母系氏族時代。這些部族在殷王朝發揮了重大作用，如伊尹放逐大甲；大戊「贊伊陟於廟，言弗臣」，要與伊陟平起平坐；祖乙時巫賢任職，使「殷復興」[240]，因此他們受到殷人的隆重祭祀。卜辭裏有「伊尹五示」[241]，「伊宓」[242]的記載，伊尹的五代受

233 《史記・殷本紀》。

234 郭沫若：《殷契粹編》，日本東京文求堂1937年石印本，第1片。

235 胡厚宣：《戰後京津新獲甲骨集》，群聯出版社1954年版，第3926片。

236 中國社會科學院考古研究所編：《小屯南地甲骨》，第2113片。

237 李旦丘：《殷契摭佚續編》，商務印書館1950年版，第2片。

238 《山海經・大荒東經》注引《竹書》。

239 《史記・殷本紀》索隱引《呂氏春秋》。

240 《史記・殷本紀》。

241 明義士著、許進雄編輯：《殷虛卜辭續編》卷1，加拿大安大略博物館1971年版，第459片。

到尊崇附祭於殷先王。伊尹子伊陟[243]，卜辭稱「尹陟」[244]，又稱「戊陟」[245]，即伊陟，伊尹的後人是作了巫史的。祖乙時「賢臣」巫賢亦當為巫史一類人物。推測貞人尹為伊尹部族的後人，當不為臆說。融合於商的諸部族首領的後人，入殷後多為貞人。由於這些部族在殷代前期尚有一定影響，所以殷前期對汅、𦰩、伊尹等部族首領的祭祀很多。到殷代後期這些部族的影響微弱了，或者說已經和商完全融合了，所以汅等便鮮列於祀典，這些部族的貞人也逐漸從政治舞臺上銷聲匿跡。

貞人集團中，屬於已經與商融合的部族的貞人是少數，多數貞人仍屬於那些尚未與商融合卻又臣屬於殷的部族。在卜辭中有不少貞人名同時又是地名、部族名。如亙為武丁時期貞人，但亙又為地名，卜辭裏有到亙地祭祀的記載[246]，卜辭還有亙方和亙入貢的記載，亙亦當為部族名。卜辭裏這種情況很多，如宊[247]、內[248]、旅[249]、冎、竝、逐[250]、余[251]、陟[252]、充[253]、何[254]、彭[255]、專[256]、盧[257]、寅[258]、壴[259]、

242 商承祚：《殷契佚存》，金陵大學中國文化研究所1933年影印本，第802片。
243 《尚書·咸有一德》正義引《紀年》。
244 羅振玉：《殷虛書契後編》下卷，43.2。
245 羅振玉輯：《殷墟古器圖錄》，上海倉聖明智大學1916年版，殷圖13。
246 羅振玉：《殷虛書契後編》上卷，31.1。
247 董作賓：《殷虛文字乙編》，第768片。
248 郭沫若：《殷契粹編》，第1227片。
249 羅振玉：《殷虛書契後編》下卷，4.8。
250 黃濬：《鄴中片羽三集》，北京尊古齋1942年影印本，38.2。
251 張秉權：《殷虛文字丙編》，臺北「中央研究院歷史語言研究所」1957年版，第104片。
252 方法斂、白瑞華：《金璋所藏甲骨卜辭》，美國紐約1939年影印本，第481片。
253 羅振玉：《殷虛書契》，臺北藝文印書館1970年版，2.42.6。
254 曹毅公：《甲骨綴合編》，北京修文堂1950年版，第224片。
255 羅振玉：《殷虛書契》，6.1.6。

逆[260]、徫[261]、㣛[262]、犬[263]、卯[264]、旪[265]、永[266]、大[267]、

疋[268]、㠱[269]等都是人名、地名、族名合一的。這些人在自己部族的屬地為部族首領，供職於殷王朝則為貞人。正因為這些人為諸部族的代表，有部族力量為後盾，所以他們在殷王朝中頗有地位。擔任十分重要的「小臣」之職的就有庚甲時期的中[270]、冎[271]，廩辛時期的口[272]等貞人。安陽曾出土有㱿觚、亞㱿斝、亞矣尊、亞矣斝，說明武丁時期的貞人㱿和祖甲時期的矣或其後人曾為「亞」職。武丁時期的貞人古、專，祖甲時期的犬、喜，在卜辭中又稱古伯[273]、侯專[274]、犬侯[275]、侯喜[276]，不少貞人為殷的侯伯。貞人所屬部族的女子往往為殷

256 董作賓編：《殷虛文字乙編》，第811片。
257 郭沫若：《殷契粹編》，第934片。
258 郭若愚：《殷契拾掇》，上海出版公司1953年版，1.182。
259 董作賓編：《殷虛文字甲編》，商務印書館1948年版，第2869片。
260 羅振玉：《殷虛書契》，4.53.2。
261 羅振玉：《殷虛書契後編》上卷，10.4。
262 董作賓編：《殷虛文字乙編》，第6684片。
263 郭沫著：《殷契粹編》，第883片。
264 羅振玉：《殷虛書契》，2.10.4。
265 董作賓編：《殷虛文字甲編》，第2416片。
266 胡厚宣：《戰後南北所見甲骨錄》，北京來薰閣1951年版，第786片。
267 羅振玉：《殷虛書契》，2.28.1。
268 商承祚：《殷契佚存》，第992片。
269 董作賓編：《殷虛文字乙編》，第5377片。
270 羅振玉：《殷虛書契》，4.27.6。
271 董作賓編：《殷虛文字甲編》，第2622片。
272 同上書，第624片。
273 方法斂、白瑞華：《庫方二氏所藏甲骨卜辭》，商務印書館1935年版，第1551片。
274 羅振玉：《殷虛書契》，5.9.2。
275 羅振玉：《殷虛書契續編》，臺北藝文印書館1970年版，5.2.2。
276 明義士：《殷虛卜辭》，上海別發洋行1917年石印本，第154片。

王室之婦，如帚內[277]、帚喜[278]、帚𢓊[279]、帚壴[280]等與貞人內、喜、𢓊、壴就屬同一部族。能與殷王室聯姻，這些部族的勢力相當可觀。

貞人所屬部族的勢力增長時亦往往兼領別的地區，如貞人古原為古伯，後來又稱伊侯古，卜辭載「牧於義、伊侯古圖」[281]，古擁有義地的大片牧場。貞人出後來出任㠯地首領，故卜辭又稱之為「㠯伯出」[282]。

卜辭裏有「旅邑」[283]、「㠯喜」[284]、「㞢京」[285]、「丘𠂤」[286]等記載，這說明武丁時的貞人㞢、𠂤，祖甲時的旅、喜等擁有私屬的邑、㠯、京、丘等居住地區。卜辭又有「王田充」[287]、「從狩盧涉」[288]、「在寅林」[289]等記載，武丁時的貞人盧、充，祖甲時的貞人寅在自己的屬地上分別有獵場、河流和山林。正因為許多貞人有自己的屬地和經濟力量，所以卜辭中有貞人納貢的記載，如武丁卜辭：

辛丑卜㱿貞，旃眔㱿以羌。[290]

277 張秉權：《殷虛文字丙編》，第94片。
278 胡厚宣：《戰後南北所見甲骨錄》，2.1。
279 羅振玉：《殷虛書契》，8.3.5。
280 董作賓編：《殷虛文字乙編》，第4504片。
281 郭若愚：《殷契拾掇二編》，上海出版公司1953年版，2.132。
282 董作賓編：《殷虛文字乙編》，第3328片。
283 羅振玉：《殷虛書契後編》下卷，4.8。
284 孫海波：《甲骨文錄》，第681片。
285 〔日〕貝冢茂樹：《京都大學人文科學研究所藏甲骨文字》，京都大學人文科學研究所1959年版，第1564片。
286 董作賓編：《殷虛文字乙編》，第6684片。
287 羅振玉：《殷虛書契》，2.42.6。
288 郭沫若：《殷虛粹編》，第934片。
289 郭若愚：《殷契拾掇》，1.182。
290 張秉權：《殷虛文字丙編》，第178片。

丁丑卜爭貞，來乙酉智用永來羌。[291]

貞𡆥來犬。

𡆥來馬。[292]

貞乃用盧以羌。[293]

貞人𣪊、永、𡆥、盧等擁有羌俘、牲畜，所以能以此為貢納。卜辭中有不少貴族，如雀、𡆥等，貢納龜甲的記載，亦有不少貞人貢納的記載，如「壴入四十」[294]、「喜入五」[295]、「臣大入一」[296]、「㚔入十」[297]、「亙入十」[298]、「逆入十」[299]、「冉入十」[300]等。從貢納的數量看，這些貞人的經濟實力是比較雄厚的。武丁時期貞問受年、受禾者有㞢、雀、犬、帚姘帚好、箙等侯伯、王婦和貞人，說明這些部族擁有大片土地。殷代後期卜辭則僅卜問商、四方、四土、大邑等是否受年、受禾，不再貞問那些部族了。這反映了諸部族的勢力在殷後期已經衰落。

總之，殷前期的貞人多數為各部族首領，他們有自己的屬地和經濟力量，他們入於殷王朝擔任貞人之職，力圖通過神權左右殷王朝的軍政大事。殷代的神權實質上是族權在政治舞臺上的表現，族權是神權的後盾。到殷代後期，由於王權的提高和各部族力量的削弱，貞人

291 胡厚宣：《甲骨續存》，群聯出版社1955年版，2.265。
292 張秉權：《殷虛文字丙編》，第342片。
293 羅振玉：《殷虛書契》，6.6.4。
294 董作賓編：《殷虛文字乙編》，第3265片。
295 同上書，第4597片。
296 張秉權：《殷虛文字丙編》，第33片。
297 董作賓編：《殷虛文字乙編》，第4484片。
298 同上書，第3451片。
299 張秉權：《殷虛文字丙編》，第46片。
300 同上書，第236片。

的地位也逐漸衰退。帝乙帝辛時期雖然有黃、派等貞人出現，但這些貞人都不是某個部族的代表，也沒有自己的屬地和經濟實力。他們是王權的附庸，其地位和權力遠非昔日可比。

（二）

在商代的社會政治生活中，諸部族發揮著重要作用。《史記・殷本紀》說：「契為子姓，其後分封，以國為姓，有殷氏、來氏、宋氏、空桐氏、稚氏、北殷氏、目夷氏。」殷只是以子姓為核心的部落聯盟中的一個部族，其它如宋氏當即卜辭中的「宋伯」[301]，卜辭中有地名「來」[302]當即來氏居地。據《殷本紀》所載，商王朝興衰與「諸侯」很有關係。湯時，「諸侯畢服，湯乃踐天子之位」；太甲時「伊尹攝行政當國以朝諸侯」；雍己時「殷道衰，諸侯或不至」；太戊時「殷復興，諸侯歸之」；中丁以後，「比九世亂，於是諸侯莫朝」；盤庚時「殷道復興，諸侯來朝」。甲骨文侯字與族字相近，殷的所謂諸侯實際上即諸部族。殷代前期這些部族勢力強大，卜辭多有記載。到了後期其數目增多了，但每一族的勢力則大大削弱，成了受殷王朝控制的宗族組織。武王滅商後分封給魯國、衛國的「殷民六族」、「殷民七族」[303]，就不是殷代前期像宋氏、來氏那樣強大的部族，而是人數不多的宗族了。

殷代前期王權的弱小與諸部族在社會政治生活中的強大影響有關係。

卜辭裏「古王事」的記載頗多，均為武丁卜辭。「古王事」即處理殷王朝的軍政大事。某人「古王事」是指某人代行王事，並非處理

301 商承祚：《殷契佚存》，第106片。

302 董作賓編：《殷虛文字甲編》，第242頁。

303 羅振玉：《左傳・定公四年》。

殷王委派之事。「古王事」者主要是臬[304]、雀[305]、㞢[306]、沚化[307]、旨[308]、自般[309]、犬侯[310]等部族首領和貴族，這些人在征伐、祭祀等大事中的權勢是炙手可熱的。此外還有𢦏[311]、疋[312]、行[313]、𠁁[314]、豖[315]、壴[316]等貞人。卜辭裏有王族、多子族或眾人跟隨某人「古王事」的記載，如武丁卜辭：

乙卯卜充貞，令多子族從犬侯寇周古王事，五月。[317]

乙酉卜爭貞，收眾人乎從堅古王事，五月。[318]

「古王事」都是由貞人卜問的卜辭，尚未見到由王來貞問的辭例，這說明選派某人「古王事」乃是貞人的意願。「古王事」的卜辭從未有王的占辭，說明王與「古王事」人員的選派無涉。「古王事」是部落聯盟時代諸部族首領輪流執掌權力的原始民主形式的遺存。

---

304 羅振玉：《殷虛書契》，7.4.4。

305 劉鶚：《鐵雲藏龜》，臺北藝文印書館1959版，89.1。

306 董作賓編：《殷虛文字乙編》，第4953片。

307 同上書，第8209片。

308 羅振玉：《殷虛書契續編》，3.27.1。

309 胡厚宣：《甲骨續存》，群聯出版社1955年版，1.1093。

310 羅振玉：《殷虛書契續編》，5.2.2。

311 曹毅公：《甲骨綴合編》，第213片。

312 董作賓編：《殷虛文字乙編》，第3993片。

313 商承祚：《殷契佚存》，第1片。

314 董作賓編：《殷虛文字乙編》，第6348片。

315 羅振玉：《殷虛書契續編》，5.22.8。

316 董作賓編：《殷虛文字乙編》，第8235片。

317 羅振玉：《殷虛書契續編》，5.2.2。按：這條卜辭和其它辭例的「寇周」意為開採礦石，非是攻打周族，愚曾寫有小文《從甲骨卜辭看姬周族的國號及其相關諸問題》(《古文字研究》第18輯，中華書局1992年版)，煩請參閱，此處不贅述。

318 羅振玉：《殷虛書契》，7.3.2。

從卜辭裏可以看到，殷代前期的貞人不是殷王所屬的唯命是從的官吏，貞人集團的位置往往超出於殷王和諸部族。關於「我」的卜辭應當引起注意。卜辭裏「我」大都是第一人稱代詞，指殷部族而言。卜辭中的諸部族常和「我」，即殷部族處於平等的位置。如與「我受年」[319]相類的有「箙受年」[320]、「𢀛受年」[321]、「永受年」[322]、「雀受年」[323]；與「我人」[324]相類的有「雈人」[325]、「雀人」[326]、「掔人」[327]、「𡠧人」[328]；與「我𠂤」[329]相類的有「𡧊𠂤」[330]、「奠𠂤」[331]、「𡧊侯𠂤」[332]。關於入龜的記事刻辭裏常有雀、壴、臭、亙、冉等部族首領及貞人貢納的記載，但也有「我來十，𡧊」[333]、「我來卅」[334]、「我來十」[335]等貢納龜版的記載。貢納給誰？從乙2306片記有貞人名字的情況看，當是貢獻給貞人集團的。上述例證說明貞人集團是高於「我」和諸部族的，這與部落聯盟會議高於各部落的情況有相似之處。

在殷代前期的政治權力結構上，王權已經居於重要位置，卜辭中

---

319 董作賓編：《殷虛文字乙編》，第3234片。
320 張秉權：《殷虛文字丙編》，第332片。
321 董作賓編：《殷虛文字乙編》，第5676片。
322 郭若愚：《殷契拾掇》，1.476。
323 胡厚宣：《戰後京津新獲甲骨集》，第541片。
324 同上書，第3443片。
325 董作賓編：《殷虛文字乙編》，第5906片。
326 劉鶚：《鐵雲藏龜》，106.3。
327 張海波：《甲骨文錄》，第638片。
328 胡厚宣：《戰後寧滬新獲甲骨集》，北京來薰閣1951年版，3.165。
329 董作賓編：《殷虛文字乙編》，第811片。
330 郭沫若：《殷虛粹編》，第370片。
331 李旦丘：《殷契摭佚續編》，第143片。
332 胡厚宣：《戰後南北所見甲骨錄》，3.87。
333 董作賓編：《殷虛文字乙編》，第2306片。
334 張秉權：《殷虛文字丙編》，第42片。
335 董作賓編：《殷虛文字乙編》，第2694片。

習見「王固曰」，表明王有發布占辭決斷的權力。但這權力卻受到不少限制。首先是王必須在貞人占卜的基礎上料斷吉凶。前期卜辭少有「王貞」的辭例，大多數都是由貞人署名的貞問。在大多數卜辭裏，問題的範圍要由貞人劃定，貞問的方式也是貞人意志的表達。如武丁卜辭：

> 壬子卜爭貞我其乍邑帝弗左，若。
> 癸丑卜爭貞勿乍邑帝若。[336]

這兩條卜辭無論哪一條靈驗，結論都是不應當「乍邑」，表現出貞人不贊成修築城邑的態度。其次，有些貞人也和王一樣有決斷的權力。如武丁時期的卜辭：

> 丙寅卜古，王告取若。古固曰：若，往。[337]
> 㿝貞，王曰㞢孕𡚧。扶曰𡚧。[338]
> 貞余勿彳征奠。古曰：吉，其乎奠。[339]

這三例都是由貞人裁斷王的問題。卜辭裏有不少「古固曰」[340]，說明貞人古也可以發布占辭。再次，貞人對於占而不准的王的占辭，往往在驗辭部分如實記載，如丙243片為貞人亙的卜辭，問何時能得到逃跑的臣，王固曰：「其得隹（惟）甲、乙。」驗辭證明王說的不對，

336 張秉權：《殷虛文字丙編》，第147片。
337 明義士：《殷虛卜辭》，第574片。
338 商承祚：《殷虛佚存》，第586片。
339 羅振玉：《殷虛書契》，4.42.2。
340 見《戰後京津新獲甲骨集》第1601片、《鐵雲藏龜》第2.22.2等片。

既非甲日，也不是乙日，而是「旬屮五日丁亥執」，即15天以後的丁亥日才捉到的。在這裏，貞人並沒有「為尊者諱」。另外，貞人對王的占辭有時也表示懷疑，如武丁卜辭「貞王冎曰菁勿𠦪」[341]，就是貞問王的占辭對不對。由此可見王的占辭並不一定是最終裁決。

殷代前期的占卜活動可以說是原始的部落聯盟會議的蛻變，占卜的巫術給古老的民主形式籠罩了神秘色彩，並在很大程度上限制了殷代王權的發展。

（三）

殷王權在同神權鬥爭中發展起來，與殷王室的經濟發展有關係。由於殷王室可以較多地支配各部族的勞力、收取貢納，所以它在經濟發展中處於有利地位。殷王室比較重視農業生產的發展，大力墾田，「受禾」、「足雨」的卜問，反映了殷王室對農業收成的關心。卜辭還有不少「啚亩」的記載，可見殷王室擁有不少糧倉。殷墟曾出土有數百件集中堆放的石鐮，殷王室擁有的農作物數量一定不少。殷墟出土的銅器、骨器等作坊遺址，說明殷王室還擁有比較發達的手工業。

隨著經濟力量的增長，殷王逐漸衝破神權的桎梏。殷王選派王室人員擔任貞人，以打破各部族代表的壟斷局面。武丁時的貞人韋，卜辭又稱「子韋」[342]，祖甲時的貞人洋，又稱「子洋」[343]，廩辛時的貞人何，又稱「子何」[344]，壴又稱「子壴」[345]。這幾位貞人都是與王室關係甚近的多子族首領。除此之外，殷王還派親信大臣直接去占卜，

341 羅振玉：《殷虛書契》，4.33.1。
342 羅振玉：《殷虛書契後編》下卷，18.2。
343 葉玉森：《鐵雲藏龜拾遺》，五鳳硯齋1925年影印本，9.1。
344 張秉權：《殷虛文字丙編》，第255片。
345 羅振玉：《殷虛書契續編》，5.24.5。

如祖庚卜辭「辛未王卜曰：余告多君曰般卜又祟」[346]，即讓自般去進行占卜。有時殷王也親臨占卜場所，如武丁卜辭：

> 癸酉卜永貞旬亡囚。王率矢於卜。[347]
> 丁丑貞王於卜方。[348]

這兩例是武丁卜辭。殷王對於貞人的占卜並不放心，有時候就自己進行占卜，如：

> 壬戌卜方貞，王固卜曰子昌其隹丁冥，其隹不其㚤。[349]
> 乙亥王卜中征。[350]
> 辛丑王卜矢征。[351]

上引第一例為武丁卜辭，其它為庚甲卜辭。王親自卜貞的卜辭在武丁時期還比較少，以後便逐漸增多。

在選用人才的問題上，殷王也力圖削弱諸部族的影響。武丁曾經「三年不言」，靠了「夜夢得聖人」的計謀，才選拔出身卑賤的傅說執掌大權。[352]任用傅說不是靠貞人的占卜，也不是出於貞人的意志，而完全是殷王意志的體現。選用一位服苦役的「胥靡」，而不是一位

346 羅振玉：《殷虛書契後編》下卷，27.13。

347 〔日〕貝冢茂樹：《京都大學人文科學研究所藏甲骨文字》，第848片。

348 同上書，第2529片。

349 方法斂、白瑞華：《庫方二氏所藏甲骨卜辭》，第1535片。

350 〔日〕松丸道雄：《散見於日本各地的甲骨文字》，第382片，參見《古文字研究》第3輯。

351 胡厚宣：《甲骨續存》，2.657。

352 《史記・殷本紀》。

部族首領，這本身就是王權對族權鬥爭的勝利。「夢得聖人」的計謀一方面說明神權勢力之大，以致殷王不能公然任用官員，另一方面也說明武丁頗有心計、善於鬥爭，他利用神權，達到了自己的目的。

到了殷代後期，對族權的打擊更為強烈。

從卜辭裏我們可以清楚地看到王權的逐步提高和貞人地位的下降，如卜旬辭例：

> 癸未卜𡧊貞，旬亡𡆥，三月。[353]
> 癸未卜王在豐貞，旬亡𡆥，在六月。[354]
> 癸卯貞旬又祟，王亡𡆥。[355]
> 癸亥卜黃貞，王旬亡畎。[356]
> 癸巳王卜貞，旬亡畎。王固曰：吉。在六月甲午彡羌甲。隹王三祀。[357]

上引第一條為武丁時期卜旬標準辭例，是由某位貞人卜問整個殷王朝是否有災禍。第二條是庚、甲卜辭，雖然還是卜問整個殷王朝是否有災禍，但發布者已經是殷王了。第三條為武、文卜辭，指出即使整個殷王朝有災禍，王也無甚妨害。第四、五條為帝乙卜辭。第四條不是卜問殷王朝，而是卜問殷王個人有無災禍。第五條不僅貞問者是王、發布占辭者為王，而且還記上「隹王三祀」，即殷王在位年數。大體說來，前期的卜旬是對整個殷王朝負責的，後期則是對殷王個人負

353 金祖同：《殷契遺珠》，上海中法出版委員會1939年版，第197片。
354 羅振玉：《殷虛書契後編》上卷，10.9。
355 〔日〕貝冢茂樹：《京都大學人文社會科學研究所藏甲骨文字》，第2470片。
356 羅振玉：《殷虛書契續編》，6.1.5。
357 同上書，1.23.5。

責。武丁時期習見的「古王事」為處理殷王朝的軍政大事，後來則變為「古朕事」。如祖庚卜辭：

> 甲戌卜王，余令角帚古朕事。[358]

這裏的余和朕均為殷王自稱。「古朕事」即處理我所委派之事，是對殷王個人負責的。

前期卜辭多為貞人卜問殷王朝的軍政大事，關於殷王的卜問並不占很大比重。後期卜辭則幾乎全是關於殷王的占卜，就連記事性質的卜辭也唯殷王馬首是瞻。如乙、辛卜辭：

> 甲午王卜貞，玤余彡，朕桒彡，餘步，從侯喜正人方，上下馭示受又，不曾𢦏𡆥，告於大邑商，在畎。王玤曰：吉。在九月遘上甲𠷎，隹十祀。[359]

這條卜辭由王親自「卜貞」，大意是為我準備舉行彡祭，我將進行祈禱祭祀。我將統率侯喜征伐人方，上下神祇定會給予保祐，使我不會遇到災禍。我在大邑商的畎地進行禱告。王的占辭為「吉」。這次占卜的時間是殷王十祀的九月，正逢𠷎祭上甲的日子。這條卜辭自始至終充滿著王的威嚴，體現了王的意志。

王權與神權之爭，有時還採取激化的矛盾形式。如武丁卜辭：

> 癸丑卜貞，執𡆥子。[360]

---

358 商承祚：《殷虛佚存》，第15片。

359 羅振玉：《殷虛書契》，3.27.6+《殷虛書契》，4.18.1。

360 胡厚宣：《戰後京津新獲甲骨集》，第2097片。

貞人古之子被拘執，這是對古的打擊。卜辭裏有「執壴」[361]的殘辭，似為逮捕貞人壴。卜辭中的「烄婞」[362]、「烄妌」[363]等是焚人祈雨之祭。乙辛卜辭有「戊申卜其烄派毋雨」[364]的記載，卜問是否將貞人派作烄祭的犧牲。

文獻記載表明前期殷王對神靈頗為尊重。例如武丁在祭祀時「有飛雉登鼎耳而呴」[365]，使武丁很害怕。到了後期，殷王對神靈就甚不以為然了。如：

> 帝武乙無道，為偶人，謂之天神。與之博，令人為行。天神不勝，乃僇辱之。為革囊盛血，印而射之，命曰「射天」。[366]

據記載武乙在狩獵時遭雷擊而死。這在貞人看來，自然是武乙侮辱天神的報應。《殷本紀》於眾多的殷王當中獨獨記載了武乙的死因，這當是貞人以武乙之死為快，因此注意記載而得以流傳的結果。後期殷王對神靈的怠慢還可以從卜辭裏得到證明。「王宾」卜辭是貞問王要不要親自去參加祭祀。這類卜辭以乙、辛時期最多。這說明殷代末期，殷王已經不經常參加祭祀，所以周武王所列舉的紂的罪狀中就有「昏棄厥肆祀弗答」[367]一條。殷代前期偏重於祭神，特別是自然神，後期則主要祭祀祖先並特別重視父輩的祭祀，神靈的圈子大大縮小。前期卜辭裏，殷王名號僅以祖、父、兄等連上天干稱之，如祖

---

361 羅振玉：《殷虛書契》，5.36.4。

362 同上書，6.27.1。

363 〔日〕貝冢茂樹：《京都大學人文科學研究所藏甲骨文字》，第133片。

364 胡厚宣：《甲骨續存》，1.1886。

365 《史記・殷本紀》。

366 同上書。

367 《尚書・牧誓》。

甲、父乙之類。這和當時的普通貴族的稱謂並沒有什麼區別。後期殷王則冠以康、武、文等美稱，稱為康丁、武乙、文丁（卜辭稱文武丁），後來又將上帝名號拿來，稱帝乙（卜辭稱文武帝）、帝辛。這不僅反映了王權的提高，而且反映了神權也在發生變化。武丁時期的帝，基本上是自然神，到了殷代後期則逐漸轉化為人世間禍福的主宰，成為具有某種人格的至上神。殷代最後的兩個王稱帝乙、帝辛，就標誌著這個轉化的完成，也說明了王權已經和神權相結合。殷代的王權與神權之爭以王權的勝利宣告結束。

（四）

舊日的傳統和習俗是歷史發展的惰力，歷史往往在克服這種惰力的鬥爭中前進，殷代社會就是在克服神權和族權這種歷史惰力的鬥爭中前進的。

在殷代前期部族林立的情況下，王權是統一的象徵，是社會相對安定局面的保證。隨著王權的提高，在殷代後期已經控制了今山東、河南、河北的大部和安徽、江蘇的北部。在這個空前廣大的地域裏，各個部族可以較多地接觸和融合。從整個殷代來看戰爭的次數是逐漸減少的。武丁時期一直與殷敵對的羌方，到了殷代後期即臣屬於殷，故乙辛卜辭有「在羌」[368]、「田羌」[369]的記載，顯然是化干戈為玉帛了。被征服的方國多成為殷的侯伯。乙辛卜辭有「其從多田與多白正盂方」[370]的記載，即指臣屬於殷的稱為多甸與多伯的諸部族首領隨王出征。現有的考古材料表明，北至內蒙古自治區、東北，南至湖南省、江西省，西至陝西省、甘肅省，東至海濱，縱橫數千里的地區都

368 〔日〕貝冢茂樹：《京都大學人文科學研究所藏甲骨文字》，第2865片。

369 羅振玉：《殷虛書契》，2.44.5。

370 董作賓編：《殷虛文字甲編》，第2416片。

發現有殷代後期的青銅器，可見殷後期文化影響之大。殷王權的發展不僅使日臻完善的國家機構逐漸消除蒙昧野蠻的部落聯盟的影響，而且在一定程度上促進了社會經濟文化的發展。

殷代的大規模的人祭、人殉與生產力低下有密切關係，但是強大的神權則是人祭、人殉得以盛行的直接原因。殺死數十、百、千的人去進行祭祀，這是在貞人的操縱下進行的。殷墟侯家莊西北崗一座前期大墓，墓內殉290人，東側陪葬坑埋68人。小屯西地一處宮殿基址用人牲601人。據統計殷墟人祭、人殉總數當在5,000人以上。[371]據有關人祭的甲骨統計全部人祭數至少為14,197人。其中武丁時期用人9,532人，無論是總數，或是一次殺伐的人數都以武丁時期最多。[372]武丁時期是殷代神權最強大的時期，又是人祭、人殉最盛行的時期，這並不是偶然的巧合，而是神權野蠻性質的表現。正是狂熱的迷信使成百上千的人被𦉢（砍頭）、𢦔（肢解）等酷刑處死。㱿、亐等貞人則是一幕幕慘劇的導演者。此外，殷代前期，不僅大量的社會勞動力被用做神權的犧牲，而且已經創造出來的大量社會財富也都在祭祀中作了毫無價值的耗費。卜辭裏用牛羊豕祭祀的記載比比皆是，一次可達「千牛」[373]、「百牛」[374]之多，浪費的數目是驚人的。

殷代後期，人祭人殉雖未絕跡，但其數量大大減少，許多殘忍的刑法也不見於後期卜辭，俘獲的羌人已經用於狩獵和墾田。祭祀時用畜數量也有明顯減少。史載帝辛時期，「慢於鬼神」[375]，是有根據的。對鬼神的怠慢是好事，因為它保存了較多的社會勞動力，減少了

371 參見《考古》1974年第3期，第159-160頁

372 胡厚宣：《中國奴隸社會的人殉和人祭》（下），《文物》1974年第8期。

373 曹毅公：《甲骨綴合編》，第301片。

374 方法斂、白瑞華：《金璋所藏甲骨卜辭》，第670片。

375 《史記．殷本紀》。

社會財富的浪費。和神權比較起來，王權乃是使社會走向文明的積極因素。

關於殷代後期的社會政治，應當提出這樣兩個方面：一是王權同神權的鬥爭取得了成效，促進了殷王朝的發展；二是殷王只注意了對諸部族的鬥爭，而忽略了對諸部族的聯合，這是殷王朝覆滅的一個重要原因。殷代後期，文丁殺死周部族的首領季歷，[376]帝辛殺死九侯[377]、鄂侯，結果「諸侯以此益疏」，紛紛「叛殷會周」[378]。周滅殷之後正是從這兩個方面汲取了殷的歷史經驗和鑑戒。

六　神聖之源：殷墟骨臼刻辭「示屯」及其相關的一些問題

（一）

龜甲和獸骨本是凡物，但經過貞人修整鑽鑿而用於占卜，它就具備了一定的神性，成為表達神意的工具。這些對象的來源實際上是神器的來源，從一個角度看，也可以說它是神聖之源。

武丁時期習見關於「示屯」的骨臼刻辭。常見的辭例是「婦井示五屯，亙」（《甲骨文全集》，第17491片）、「乙未，婦妹示屯，爭」（《甲骨文合集》，第6552片）、「己亥，婦龐示二屯，賓」（《甲骨文合集》，第1739片）、「壬申，邑示三屯，嶽」（《甲骨文合集》，第17567片）等。約略統計，這類刻辭有500餘例。這類刻辭不僅數量多，辭

376 見《晉書·束皙傳》引《紀年》。

377 《史記·殷本紀》集解引徐廣曰：「一作鬼侯」，九侯當是殷後期歸服於殷的鬼方首領。

378 《史記·殷本紀》。

例大體一致，而且都刻於骨臼部位。所以，這類刻辭的含義很早就引起了專家們的關注。諸家考釋很多，主要有以下幾種說法：

1. 郭沫若先生說示與視字古文相通；屯[379]象有所包裹，「示屯」指卜骨經某人檢視。[380]

2. 胡厚宣先生說示為祭祀之義，說諸家所釋的屯為匹字。並指出，左右胛骨合為一匹，這種辭例的意思是指祭祀卜骨。[381]

3. 丁山先生說示與氏原為一字，說諸家所釋的屯字為夕。這種辭例指夫人當夕和公卿備一夕之衛。[382]

4. 于省吾先生說示讀置，為賜予之義。並以確鑿證據考釋了屯字的演變源流，曾認為屯在這種辭例裏讀純，為絲帛之義。「示屯」即賞賜帛若干匹。[383]後來，於先生在《甲骨文字釋林》一書中考釋屯字時已不再提及讀示為置、屯為純之說，可見其觀點自有改變。

除了以上四種解釋之外，還有其它一些說法，但證據薄弱，信之者少。以上四種解釋，各有真知灼見，足以啟迪後人。胡厚宣先生精闢地指出卜骨每兩個合為一對，與郭老指出的卜骨有所包裹、丁山先生所說示讀為氏，都是相當重要的見解。于省吾先生關於屯字的考釋則為「示屯」含義的索解奠定了文字學基礎。然而，毋庸諱言，諸家之說也還有繼續商討的餘地。例如，這類辭例當然是為了檢視卜骨的方便而刻在骨臼部位的，但「示屯」一辭是否檢視卜骨的問題就很值得再探討。假若「示屯」為檢視卜骨之義，那麼甲骨刻辭裏就應當有「示龜」即檢視龜甲的記載。但至今還未發現一例關於「示龜」的刻

379 郭沫若先生並不釋甲骨文中的這個字為「屯」，今為方便計，暫寫如此。郭老指出卜骨經包裹，是正確的。

380 郭沫若：《殷契粹編》考釋第1523片，科學出版社1965年版。

381 胡厚宣：《武丁時代五種記事刻辭考》，《甲骨學商史論叢》第3冊。

382 丁山：《甲骨文所見氏族及其制度》，科學出版社1956年版，第3-9頁。

383 于省吾：《雙劍誃殷契駢枝》初編，北京大業印刷局1940年版。

辭。另外，「示屯」若有檢視卜骨的含義，那也是貞人集團中人的職責，並沒有如這類辭例所反映的那樣，讓多達數十位婦某和其它人物參與的必要。再如，丁山先生釋諸家所說的屯字為夕，就不大可信，李孝定先生對此有所批評：卜辭夕字習見，均作半月之形，何以骨臼刻辭獨作另形，「文字變異，絕無是理」[384]。

「示屯」刻辭是研討殷代社會情況，特別是商王室與諸族關係的重要材料，但由於眾說紛紜，莫衷一是，因此也就影響了相關問題的探討。筆者不揣翦陋，試縷析如下。

（二）

先說示字。

關於示字的起源，主要有圖騰柱和神主兩種說法。或謂原始時代各族以圖騰為宗神，族居之處都立有圖騰柱，「示字本誼。就是設杆祭天的象徵」[385]。或謂「卜辭的示字應是石主的象形」[386]、「示象神主之形」[387]。我國原始時代是否有圖騰柱，不能確定，但是上古時代的人們以神主牌位來代表受祭的祖先神和其它神靈，則是可信的，甲骨文「宗」字，就是房屋之中有神主牌位的象形。

示字最初應當有這樣兩個方面的含義。第一，示是祖先神或其它神靈的標識，卜辭中習見的「大示」、「小示」等都應當作如是解。在這個意義上，示初義類於神，也可以說示為本字，神為其衍變派生之字。《說文》：「神，天神引出萬物者也。從示，申聲。」示為脂部

384 李孝定：《甲骨文字集釋》，臺北「中央研究院歷史語言研究所」1974年版，第188頁。

385 丁山：《甲骨文所見氏族及其制度》，第4頁。

386 陳夢家：《殷虛卜辭綜述》，第440頁。

387 孫海波：《甲骨文編》第1卷，哈佛燕京學社1934年版，第2頁。

字，神古音在真部，兩部屢有陰陽通轉而通諧之例。示與神的古音是相近的。《說文》謂「示，神事也」，可見示與神之古義亦相涵。具體說殷人所祭祀的某示，如「它示」（《甲骨文合集》，第14353片）、「求示」（《甲骨文合集》，第14348片）等，都可以讀為某神。第二，由於上古時代同族之人有共同的祖先神和所崇拜的其它神靈，亦即有共同的示，所以，族的意義與示也有相涵之處。《左傳・隱公八年》說：「天子建德，因生以賜姓，胙之土而命之氏。」這裏所說的賜土命氏之制，其起源應該是很早的。原始時代後期，部落聯盟日益擴大鞏固，諸族所佔據的地域為部落聯盟首領所承認，便是後世所謂「胙之土」。諸族以所崇拜的神靈或地名等為族名被承認，那就是所謂「命之氏」。古史傳說中的有熊氏、高陽氏、縉雲氏等名稱，大概就是這種情況的反映。《說文》所引視字古文一作眎，一作眡，示與氏相通，可謂確證。丁山先生考察示、氏兩字的演變過程指出，甲骨文示字「正是氏字的初形」，「示氏本來即是一個字」[388]。這種說法雖然還需更多的證明，但其卓見亦足可備一家之說。

殷代族的組織可以稱為氏，《左傳・定公四年》載：「分魯公以……殷民六族：條氏、徐氏、蕭氏、索氏、長勺氏、尾勺氏，使帥其宗氏，輯其分族，將其類醜，以法則周公，用即命於周。」如果說殷人的族有若干層次的話，那麼，按照春秋戰國時人的理解，氏當在「分族」之上，「宗」之下。它是由同姓的具有血緣關係的人所組成的社會集團。甲骨卜辭中的「示」，有些可以讀若氏，指族的組織而言。這和古代文獻裏的相關記載可以相互印證。卜辭裏面除了「示屯」之外，還有比較完整的辭例，如：

388 丁山：《甲骨文所見氏族及其制度》，第4頁。

（1）貞……亞以王族及黃示，王族出。(《甲骨文合集》，第14918片）

（2）辛未卜，王令厚示舉……（《甲骨文合集》，第34124片）

（3）貞，王曰：弘來庚示妾。(《英國所藏甲骨集》[389]，第408片）

上引（1）辭的「亞」為殷代武職名稱。這條卜辭蓋貞問田獵布置情況，是否讓王族和黃示出狩。黃示和王族並列，示必當讀為「氏」，方與辭義恰適。黃示即黃氏，為以黃為名的氏族。以下幾例中的示字，亦與此同。(2）辭的舉，卜辭習見，除作人名之外，亦有征討義。這條卜辭問王是否命令厚示（氏）參加征伐。(3）辭的曰有命令之義，妾為女奴名稱，這條卜辭問王是否命令名某者來進獻庚示（氏）之妾。

卜辭還有一些這類的例子，可以說都是示用如氏的確切證據。示字的這種用法和其本義有直接關係。丁山先生在討論以示所表示的卜辭所見諸氏的時候，僅涉及我們上面提到的（2）辭一例，其例證是不充分的，並且他將有些表示祖先神靈或祭祀的示也誤為氏，還將甲骨文祏字誤為氏，再加上他誤釋示屯為示夕，所以在很大程度上影響了其論斷的正確性。

（三）

再說「屯」字。甲骨文中的這個字作「⿰目示」形，其造字本義頗為費解。葉玉森釋其為「茅」，謂「象茅生形」[390]。董作賓釋為「矛」，

389 李學勤、齊文心、〔美〕艾蘭編著：《英國所藏甲骨集》上編，中華書局1985年版。

390 葉玉森：《殷虛書契前編集釋》卷5。

為兵器矛之象形。[391]郭沫若釋為勹，「象有所包裹而加緘縢之形」[392]。曾毅公釋為「身」，「象妊身形」[393]。以上諸說，或因字形不合，或因無法通釋有關卜辭，故而不能令人信服。于省吾先生釋其為屯，證據充分，令人首肯。[394]然而，於說並沒有追溯其造字本義，只考其流而未明其源，致使相關卜辭「無從索解，為可憾耳」[395]。

關於這個字的造字本義，唐蘭先生曾經指出，說它是「豕形之無足而倒刻寫者」[396]。唐蘭先生的說法是很精闢的見解。甲骨文中的這個字如果去掉其橫畫，即是一個滾瓜溜圓的小豬形狀。它省去了豬頭和四肢的摹寫，突出了其肥胖滾圓的特徵。古人稱小豬或為豯。《說文》：「生三月豚，腹奚奚貌也。」甲骨文裏的這個字的形狀正取其「腹奚奚貌」。康丁時期卜辭的屯字又作 和 形（《小屯南地甲骨》，第2685、2697片），與甲骨文「豕」字接近，足見屯與豕是有關的。甲骨文中的這個字的橫畫，當指截斷小豬之尾。甲骨文裏的短橫畫屢有截斷之義。《易經．遯》初六：「遯尾，厲。」高亨先生考證說：「遯借為豚。小豬曰遯。厲，危也。古人養小豬，往往割斷其尾，因豬斷尾則易肥。」[397]《齊民要術．養豬》：「其子三日便掐尾，……則不畏風。凡犍豬死者，皆尾風所致。」豚與豕無甚區別，小者為豚，大者為豕。《說文》：「豕，彘也。竭其尾，故謂之豕。」竭從曷聲，曷、害古通。[398]「竭其尾」義猶割其尾。豕被割斷其尾，

391 董作賓：《帚矛說》，《安陽發掘報告》第4期。

392 郭沫若：《殷契粹編》考釋第1523片。

393 曾毅公：《甲骨綴存》第18片考釋。

394 于省吾：《甲骨文字釋林》，第1頁。

395 李孝定：《甲骨文字集釋》，第187頁。

396 唐蘭：《天壤閣甲骨文存》，第24頁。

397 高亨：《尚書大傳今注》，齊魯書社1979年版，第304頁。

398 楊樹達：《積微居小學述林》，中華書局1983年版，第103頁。

當是古代習見的現象。因為屯的原始意義為小豕，所以在其本義被借用以後，遂加豕旁造出豘字。又因古文犬、豕每無別，所以亦有加犬旁作㹠者。㹠、豚、豘、肫古為同字。《莊子・德充符》:「適見㹠子食於其死母者。」《釋文》:「㹠子，本又作豚。」《世說新語・汰侈》:「武帝嘗降武子家……食蒸㹠，肥美異於常味。」「蒸㹠」即蒸熟的小豬。《廣韻》:「㹠，本作豚，家子也，或作豘。」《說文》:「豚，小豕也。」《方言》八:「豬，其子謂之豚。」古代文獻關於小豬的字，這從反面說明了屯的造字本義必定與小豬相關。既然甲骨文[illegible]為屯字初文，那麼說它是將要斷尾的小豬形狀，就應當是可信的。屯就是豘字象形古文。

屯字在卜辭中有不少是用其本義者，如：

（1）癸丑卜賓貞，禽來屯，𢦔。十月。(《甲骨文合集》，第824片）

（2）丙寅卜亙貞，王𢦔多屯若於下上。貞，王𢦔多屯若於下乙。(《甲骨文合集》，第808片）

（3）壬戌卜，用屯，乙丑。癸亥卜，用屯，甲戌。癸亥卜，用屯，乙丑。〔癸〕亥卜，來乙亥用屯，(《小屯南地甲骨》，第2534片）

（4）壬戌卜，用侯屯自上甲十〔示〕。(《甲骨文合集》，第32107片）

（5）貞，乎從卯取屯於……(《甲骨文合集》，第667片反面）

除（3）（4）為四期卜辭外，餘為一期卜辭。𢦔字有宰殺之義。(1) 辭問是否宰殺名禽者來進獻的小豬。(2) 辭問王在祭祀時宰殺許多仔豬為犧牲是否能得到上下神靈或下乙的歡欣。下乙為祖乙的特殊稱謂。[399]（3）辭通過反覆貞問以確定用小豬祭祀的日期。（4）辭問是否用諸侯進獻的仔豬來祭祀從上甲開始的十位先祖。用「屯」祭祀的辭例還見於《小屯南地甲骨》第3004片。（5）辭問是否命人跟從名卯者到某地徵取小豬。除了以上幾例以外，《甲骨文合集》第9461片反面的一條記載也是堅實的旁證。這條記載說，乙亥日得到了「二十屯兕五」。兕為犀牛之雌者，「屯」與之並列，必當為一種動物名稱。從我們上面的分析看，屯應即仔豬。

殷人以屯——即仔豬，為犧牲的數量不多，從反覆貞問是否用屯與哪天用屯祭祀的情況看，當時對屯應當是比較重視的，或者與殷人養豬不多的情況有關。《易經・遯》九四：「好遯，君子吉。」九五：「嘉遯，貞吉。」上九：「肥遯，無不利。」這些都反映了殷周之際的人們以豚為吉祥之物，其間原因當在於仔豬滋味「肥美異於常」。《易經・屯》九五：「屯其膏。」舊釋或謂屯為聚，似不確。其實，這裏的屯應指豘，用其本義。仔豬小而瘦時尚無虞，待到「膏」——即肥美時，則被宰殺，故此爻辭言「小貞吉，大貞凶」。北京朝陽區奶子房東漢墓曾於1974年出土一件直徑約30公分的敞口平底陶器，其中盛一隻仔豬骨架，周圍有油垢，顯然是用蒸煮熟了的仔豬隨葬的。

這裏可以順便討論一個從屯的字。

三期卜辭有[illegible]字，過去多混同於從戈從走之字。其實，這兩者雖然意義相近，但並不是一個字。它從屯而不從戈，這在字形上差別是很明顯的。前面我們已經提到，屯是豘、豚、[illegible]、肫等的本字，所以，三期卜辭裏的這個字應當釋為遯字初文。《說文》：「遯，逃也。」《廣雅・釋詁》二：「遯，去也。」《易經・遯》鄭注：「遯，逃去之名。」《釋文》：「又作遁，隱退也。」《莊子・大宗師》：「藏大小有

399 胡厚宣：《卜辭下乙說》，刊1940年北京大學《四十週年紀念論文集》。

宜，猶有所遯。」疏：「遁，變化也。」總之，遯與遁、遜等為同源字，古音、義俱同。遯，初義為離去，由此而引申為逃避，又引為隱退，再引為變化，遞變之跡猶可尋覓。卜辭中的遯為離去之義，如：

（1）翌日辛，王其遯於向亡災。（《殷契粹編》，第1016片）

（2）翌日乙，王其遯盂亡災。（《殷契粹編》，第1014片）

這兩例都是關於商王行止的貞問。

（四）

弄清楚了示和屯的本義和引申義，我們再討論一下骨臼刻辭「示屯」的含義。

這類辭例刻在骨臼部位，目的在於儲藏卜骨時便於檢索，所以，它的性質應當是與卜骨來源情況有關的。「示屯」的「屯」應讀若「純」，用如束、捆。周代金文裏純字常寫為屯；在文獻裏純、屯亦相通。《詩經・野有死麇》：「白茅純束。」傳：「純束猶包之也。」箋：「純，讀曰屯。」《史記・蘇秦列傳》：「白璧百雙，綿繡千純。」《索隱》：「純，音淳。高誘注《戰國策》：音屯。屯，束也。」屯字又引申為聚義。《廣雅・釋詁》三：「屯，聚也。」《莊子・寓言》：「火與日，吾屯也。」《釋文》：「屯，聚也。」古代村落之名亦讀屯音，即由屯的聚義而來。《說文》：「邨，地名。」段注：「邨本音豚，屯聚之義也。」康丁時期的卜辭有用屯如束、捆之義者，如：

惠新秉屯用上田，又正。

弜屯，其……新秉，又正。（《小屯南地甲骨》，第3004片）

這版卜辭除了「上田」以外，還有「濕田」之稱，表明應當是與農事相關的貞問。上引卜辭的第二條，在「其」與「新」之間，有形狀繁複之字，是一個字或是兩字，尚不能斷定，其形體表示在門前撲打之狀。這兩條卜辭大概是問新收之禾是在「上田」捆起來，或是不捆而運回門前捶打出籽粒。骨臼刻辭「示屯」的屯均用如束、捆之義。如：

（1）甲午婦井示三屯，嶽。（《甲骨文合集》，第17492片）

（2）婦杞示七屯又一修賓。（《甲骨文合集》，第13443片）

這兩例都是一期刻辭。三屯、七屯即三束、七束，猶如今語之三捆、七捆。諸家以為兩塊卜骨紮係一束，應當是正確的見解。（1）辭記載，甲午日婦井氏送詣卜骨三捆，由貞人名嶽者檢視。（2）辭記載，婦杞氏送詣卜骨七捆另一塊卜骨，由貞人名賓者檢視。「修」字，諸家說為卜骨的側視形，可信。關於「示屯」的骨臼刻辭，其辭例比較固定，記載內容是某氏族於某日送詣卜骨的數量，以及驗收和檢視卜骨的貞人名。

「示屯」意義的考定對於殷商史的研究具有一定作用。

第一，「示屯」刻辭裏有相當一部分是婦某氏送詣卜骨的記載，迄今所見者有四十多個。這些氏族的大部分應當是居於殷王朝轄地的氏族。既然稱婦某，應即王族之婦。她們所在的氏族向殷王朝進獻卜骨的事實說明這些氏族與殷王朝有著某種隸屬關係。進獻卜骨的時間在骨臼刻辭上一般都有記載，這似乎反映著當時的諸氏族有定期覲見於殷王朝的禮儀。我們從「示屯」刻辭可以窺見殷王朝和與之聯姻的諸氏族關係的某些情況。

第二，除了婦某氏之外，「示屯」刻辭還記載了以人名或地名為其名稱的氏族，如邑示、禽示、子央示等，近40個。這些氏族有的與活躍在武丁時期政治舞臺上的貴族同名，可能是這些貴族出身的氏族，如著名的武將禽（《甲骨文合集》，第4070、4937片）、小臣中（《甲骨文合集》，第5574、4931片）等，都有其氏族貢獻卜骨的記載。還有些氏族與卜辭中稱子某者同名，如子央（《甲骨文合集》，第11170片）、子畫（《甲骨文合集》，第17585片）、子漁（《甲骨文合集》，第17594片）等，當是商王室的同姓氏族。「示屯」刻辭為深入研究殷代貴族組織情況提供了重要資料。

第三，從「示屯」刻辭記載的七八十個氏族的情況中可以窺見殷代氏族的一些基本特徵。這些氏族不少已經擺脫了原始的閉塞狀況。有的氏族分居於幾地，如婦井氏就有居於兩個地區的記載（《甲骨文合集》，第3286、40579片），也有在同一地區居住許多氏族的情況，如某地就有婦井氏、邑氏等四個氏族的記載。還有的直接稱自某地進獻卜骨，如「自缶五屯」（《甲骨文合集》，第9408片）等，而不記為某氏族所進獻。

第四，「示屯」刻辭表明為數眾多的各類氏族要向殷王朝定期進獻卜骨。這種貢獻的意義並不在於經濟方面，而在於它是某氏族對殷王朝尊崇的一種象徵，也說明武丁時期的神權是維繫殷王朝與諸氏族關係的一條主要紐帶。這應當是武丁時期神權崇拜和各種祭祀達到鼎盛狀況的深刻社會因素之一。

要之，「示」於卜辭中用如「氏」。「屯」之用於甲骨文，有本義和引申義之分。本義為小豬仔，而骨臼刻辭「示屯」是其引申義，即由某氏族進貢的包裹卜骨。

七　「文王受命」：上博簡《詩論》的若干啟示

春秋戰國之際，上古文化已經進入了其黃金時期，思想家如群星升起，社會思想領域開始律動而活躍。對於「天命」的探索出現了前所未有的新局面。這其中，孔子的天命觀念可以說是當時思想界的代表。今結合新的材料對此進行一些討論。

（一）問題的提出

上博簡《詩論》第21號簡「孔子曰」之前，有分章的墨節，這表明簡文「孔子曰」後的內容應當是另外的單獨一章。簡文「孔子曰」之後的內容集中論析了《宛丘》、《猗嗟》、《鳲鳩》、《文王》等詩，皆用一字進行評價，如「《宛丘》吾善之」、「《猗嗟》吾喜之」等，而第22號簡則對於第21號簡所提到的各詩作進一步評析。兩簡皆提到《文王》一詩，簡文如下：

> 《文王》虗（吾）完（美）之。（第21號簡）
> 《文王》〔曰：「文〕王在上，於卲於天」，虗（吾）完（美）之。（第22號簡）[400]

第22號簡所提到的《詩》的內容與《詩・大雅・文王》篇吻合，所以定此處簡文的詩篇名為《文王》是沒有什麼疑問的。簡文「虗（吾）完（美）之」的「美」，原作微字的中間部分，此字或從女或從頁，[401]諸家一致將其讀為美，是正確的。[402]其意蘊不僅有讚美，而

400 馬承源主編：《上海博物館藏戰國楚竹書》（一），上海古籍出版社2001年版，第150-151頁。

401 見上博簡《緇衣》第1、18號簡等，見馬承源主編《上海博物館藏戰國楚竹書》（一），第201、210頁。

且可能有以動用法的「賢」若「善」之義。上博簡《緇衣》第一號簡「好美女（如）好茲（緇）衣」[403]，今本《禮記・緇衣》篇作「好賢如緇衣」[404]，是可為證。本簡「吾美之」，可以理解為吾讚美他，也可以理解為吾以他為「美」，或者理解為吾以他為「賢」若「善」。簡文「之」字，代表《文王》之篇。

然而，關於《詩・文王》篇前人雖然有過不少說法，但仍有一些關鍵問題沒有完全解決。假如不加辨析，我們就很難知道簡文所載孔子所說「吾美之」的深刻含意。這是我們首先應當解決的問題。

關於周文王其人，歷來就有他「受命」之說，周原甲骨中有與此相關的記載。辨明這些說法，對於我們深入理解《文王》主旨和孔子的天命觀有較為密切的關係。此即本文所要研討的第二個問題。

孔子之所以力贊周文王，這與他的「天命觀」有直接關係。換言之，可以說相關簡文是孔子「天命觀」的一種表達。那麼，孔子的「天命觀」如何呢？《論語・述而》篇說「子不語怪力亂神」[405]。《論語・陽貨》記載，孔子還說過「天何言哉？四時行焉，百物生焉」[406]的話，這些能夠代表孔子的天命觀嗎？孔子對於《文王》篇及文王其人的讚美，可以使我們比較清楚地看到孔子天命觀的一些核心內容。此為本文所要研討的第三個問題。

---

402 《周禮》中「美」字作「媺」，如《大司徒》「媺宮室」，《師氏》「掌以媺詔王」，《鄙師》「察其媺惡而誅賞」，《旅師》「以地之媺惡為之等」，《司几筵》「陳玉以貞來歲之媺惡」等，「媺」字皆讀若美，用如善。李學勤先生於其所著《〈詩論〉說〈宛丘〉等七篇釋義》一文中曾指出此點，詳見謝維揚、朱淵清主編《新出土文獻與古代文明研究》一書，上海大學出版社2004年版，第2頁。

403 馬承源主編：《上海博物館藏戰國楚竹書》（一），第174頁。

404 孔穎達：《禮記正義》，見阮元校刻《十三經注疏》，中華書局1980年版，第1647頁。

405 劉寶楠：《論語正義》，見《諸子集成》第1冊，中華書局1954年版，第146頁。

406 劉寶楠：《論語正義》，《諸子集成》第1冊，第379頁。

對於以上三點，今不揣譾陋，敬陳拙見如下，謹供專家參考。

（二）《詩・大雅・文王》篇辨惑

《文王》是《詩・大雅》首篇。全篇七章，章八句。[407]此詩主旨，依《詩序》的說法是寫「文王受命作周」之事的。從詩的內容上看，此說不錯。詩的大概意思是：首章寫文王接受天命；次章寫文王子孫眾多，「本支百世」，這是「受命作周」的主力；三章寫文王子孫之外，周還擁有許多傑出人才；四、五兩章寫滅商之後，殷商子孫遵天命而臣服於周；六、七兩章寫對於殷商子孫和天下諸侯的告誡，要以文王為榜樣服從上帝之命。關於全詩主旨的關鍵所在，我們將在本文最後說明。這裏先來探討一下兩個歷來有較大爭議的問題。

其一，對於「文王在上」的理解問題。

此詩首句言「文王在上」，可見其地位之非凡。並且我們從簡文可以看出，孔子特意拈出「文王在上」之句進行讚美，所以辨明其意也就是一個至關重要的問題。所謂「在……上」，古人有「在民上」和「在天上」兩種不同的理解。毛傳：「在上，在民上也。……言文王升接天，下接人也。」[408]孔疏據詩的下句「於昭於天」，發揮毛傳

---

407 為研討方便計，茲具引如下（各章間空一字以示區別）：「文王在上，於昭於天。周雖舊邦，其命維新。有周不顯，帝命不時。文王陟降，在帝左右。　亹亹文王，令聞不已。陳錫哉周，侯文王孫子。文王孫子，本支百世。凡周之士，不顯亦世。　世之不顯，厥猶翼翼。思皇多士，生此王國。王國克生，維周之楨。濟濟多士，文王以寧。　穆穆文王，於緝熙敬止。假哉天命，有商孫子。商之孫子，其麗不億。上帝既命，侯於周服。　侯服於周，天命靡常。殷士膚敏，祼將於京。厥作祼將，常服黼冔。王之藎臣，無念爾祖。　無念爾祖，聿修厥德。永言配命，自求多福。殷之未喪師，克配上帝。宜鑒於殷，駿命不易。　命之不易，無遏爾躬。宣昭義問，有虞殷自天。上天之載，無聲無臭。儀刑文王，萬邦作孚。」（《毛詩正義》，見阮元校刻《十三經注疏》，第503-505頁）。

408 孔穎達：《毛詩正義》，見阮元校刻《十三經注疏》，第503-504頁。所謂「在上」指

謂：「此言『於昭於天』，是說文王治民有功，而明見上天，故知『在上，在於民上也』。」[409]

朱熹《詩集傳》卷16不同意毛傳之說，指出「在上」之意是「文王既沒，而其神在上，昭明於天」[410]。清儒陳啟源批語朱熹此說，說朱氏「舍人而徵鬼，義短矣」[411]。而清儒阮元卻力辨在上即在天上，「非言初為西伯在民上時也」[412]。陳澧《東塾讀書記》則肯定「此詩毛、鄭之說實非，朱子之說實是。若拘守毛、鄭而不論其是非，則漢學之病也」[413]。

總之，所謂「在上」是在民上抑或是在天上，自漢到清，學界一直頗有爭議。平實而論，朱熹之說較憂。這是因為從周人用語來看，所謂「在上」皆指祖先神靈在天上，「嚴在上」的用法習見於彝銘就是明證。[414]另外，周武王時器《天亡簋》銘文可以為此釋的直接證據。此銘謂：「不（丕）顯考文王，事喜（饎）上帝，文王監才

「在……之上」，即在天上，或在民上。鄭箋別解「在，察也。文王能觀知天意，順其所為，從而行之」。按：在字固然可訓為察，然其本意為存在、在於，並且依《詩》的文例看，解為「在……之上」為優，故而後人理解「在」字，多不從鄭箋此說。

409 孔穎達：《毛詩正義》，見阮元校刻《十三經注疏》，第504頁。

410 朱熹：《詩集傳》，上海古籍出版社1980年版，第175頁。

411 陳啟源：《毛詩稽古編》，見《清經解》卷76，上海書店出版社1988年版，第415頁。

412 阮元：《揅經室續集》卷1，叢書集成初編本。

413 陳澧：《東塾讀書記》，生活・讀書・新知三聯書店1998年版，第118頁。

414 陳澧：《東塾讀書記》，生活・讀書・新知三聯書店1998年版，第118頁。

* 彝銘中這方面的例證頗多，可舉以下幾例。西周厲王時器《胡鍾》：「不（丕）顯祖考先王，先王其嚴才（在）上」（釋文見郭沫若《兩周金文辭大系圖錄考釋》下冊，上海書店出版社1999年版，第51頁）；宣王時器《毛公鼎》：「不（丕）顯文武，皇天弘厭厥德，配我有周，膺受大命」（釋文見《兩周金文辭大系圖錄考釋》下冊，第135頁）；西周晚期器《番生簋》：「不（丕）顯皇祖考穆穆克誓（哲）氒（厥）德，嚴才（在）上，廣啟氒（厥）孫子於下」（釋文見《兩周金文辭大系圖錄考釋》下冊，第133頁）。

（在）上。」[415]這是周武王祭禮上的話，意謂文王神靈事奉著上帝，他在天上還監視和眷顧著我們。再從《文王》詩本身內容來看，其首章明謂「文王在上，於昭於天」，「文王陟降，在帝左右」，理解為文王神靈在天上，乃文從字順，不必繞個彎子說話。假如說指的是在民上，那他怎麼能夠陟降於上下，並且「在帝左右」呢？殷周時人認為人死以後身體雖然在地上，但人的精神靈魂已經升到天上，因而《禮記・禮運》篇說人死之後，應當有叫魂的儀式：

> 升屋而號，告曰：「皋——某復——！」然後飯腥而苴孰，故天望而地藏也。體魄則降，知（智）氣在上。[416]

這裏所謂「在上」的「智氣」，即指在天上的人的精神靈魂。《墨子・明鬼》下篇亦明指「文王在上」之事：

> 今執無鬼者之言曰：「先王之書，慎無一尺之帛，一篇之書，語數鬼神之有，重有重之，亦何書之有哉？」子墨子曰：「周書《大雅》有之。《大雅》曰：『文王在上，於昭於天。周雖舊邦，其命維新。有周不顯，帝命不時。文王陟降，在帝左右。穆穆文王，令問不已。』若鬼神無有，則文王既死，彼豈能在帝之左右哉？此吾所以知《周書》之鬼也。」[417]

墨子論證的邏輯就是文王能夠在上帝左右，這就表明他的靈魂在天上，可以說對於「在上」之意，墨子的理解是十分明確無疑的。

---

415 郭沫若：《兩周金文辭大系圖錄考釋》下冊，第1頁。

416 孔穎達：《禮記正義》，見阮元校刻《十三經注疏》，第1415頁。

417 孫詒讓：《墨子閒詁》卷8，中華書局2001年版，第236-237頁。

「在上」一語，在春秋戰國時期，多有用若「明君在上」、「聖王在上」之意者，此表示明君（或聖王）之在民上，但那並不能代表殷周時人的觀念。在可信的殷周文獻中，「在上」均指靈魂（或生命、命運）在天上，如《尚書·盤庚》中篇載：「今其有今罔後，汝何生在上？」《尚書·酒誥》：「庶群自酒，腥聞在上，故天降喪於殷。」《尚書·呂刑》：「穆穆在上，明明在下，灼於四方，罔不惟德之勤。」《尚書·西伯戡黎》：「王曰：『嗚呼！我生不有命在天？』祖伊反曰：『嗚呼，乃罪多參在上。乃能責命於天？』」此篇所說「在上」猶其上文所云的「在天」。雖然《西伯戡黎》篇成書時代稍晚，但其淵源有自，亦可代表殷周時人的觀念。殷周時人鬼神觀念濃厚，卜、筮盛行，是為明證。直到墨子的時候，他還專門有《明鬼》篇「證實」鬼神的存在是不可懷疑的。陳啟源批評「朱熹」說「在上」是在天上，乃「舍人而徵鬼」。其實，「舍人而徵鬼」正是殷商社會觀念中居於主導地位的思想潮流。朱熹之說，合乎歷史實際，而陳氏之論可謂「舍是而求非」了。

總之，《文王》之篇據《呂氏春秋·古樂》篇說相傳為周公旦所作，是為周初之詩，其首句的「在上」之意應當同於那個時代的社會觀念，可以肯定其意謂文王之神靈在天上。然而，進一步的問題，即，究竟是文王活著之時其神靈就「在上」，還是其死後靈魂「在上」，對此我們留待下面再來探討。

其二，文王是否稱「王」的問題。

毛傳沒有明言文王改元稱王之事，至鄭箋才有非常明確的說法。鄭箋釋「文王受命」句謂：「受命，受天命而王天下制立周邦。」孔穎達疏遍引讖緯之書以證鄭箋之說，認為「此述文王為天子故為受天命也」[418]。關於文王是否在殷末已經稱「王」的問題，漢以後的學者

---

418 孔穎達：《毛詩正義》，見阮元校刻《十三經注疏》，第502頁。

頗有爭議。唐儒劉知幾《史通・外篇・疑古》以「天無二日，地惟一人，有殷猶存，而王號遽立，此即《春秋》楚及吳、越僭號而陵天子也」[419]為理由反對「稱王」之說，認為周文王若有盛德，必不會稱王。宋儒歐陽修舉四證進行詳論，果斷反對「稱王」之說。[420]南宋時，朱熹不堅持歐陽修此說，而是閃爍其詞，以「自家心如何測度得聖人心」，來搪塞學生的疑問。[421]清儒也有反對稱王之說的，如姚際

419 浦起龍：《史通通釋》，上海書店出版社1988年版，第59-61頁。

420 說見歐陽修《居士集》卷18：「使西伯赫然見其不臣之狀，與商並立而稱王，如此十年，商人反晏然不以為怪，其父師老臣如祖伊、微子之徒，亦默然相與熟視而無一言，此豈近於人情邪？由是言之，謂西伯受命稱王十年者，妄說也。以紂之雄猜暴虐，嘗醢九侯而脯鄂侯矣，西伯聞之竊歎，遂執而囚之，幾不免死。至其叛已不臣而自王，乃反優容而不問者十年，此豈近於人情邪？由是言之，謂西伯受命稱王十年者，妄說也。孔子曰：『三分天下有其二，以服事商。』使西伯不稱臣而稱王，安能服事於商乎？且謂西伯稱王者，起於何說？而孔子之言，萬世之信也。由是言之，謂西伯受命稱王十年者，妄說也。伯夷、叔齊，古之知義之士也，方其讓國而去，顧天下皆莫可歸，聞西伯之賢，共往歸之，當是時，紂雖無道，天子也。天子在上，諸侯不稱臣而稱王，是僭叛之國也。然二子不以為非，之久而不去。至武王伐紂，始以為非而棄去。彼二子者，始顧天下莫可歸，卒依僭叛之國而不去，不非其父而非其子，此豈近於人情邪？由是言之，謂西伯受命稱王十年者，妄說也。」（見《歐陽修全集》，中國書店1986年版，第135頁）

421 具體說法見《朱子語類》卷35。按：此卷載有朱熹與其弟子對於這一問題的問答：「『三分天下有其二，以服事商』，使文王更在十三四年，將終事紂乎，抑為武王牧野之舉乎？」曰：「文王亦不是安坐不做事底人。如《詩》中言：『文王受命，有此武功。既伐於崇，作邑於豐，文王烝哉！』武功皆是文王做來。《詩》載武王武功卻少，但卒其伐功耳。觀文王一時氣勢如此，度必不終竟休了。一似果實，文王待他十分黃熟自落下來，武王卻是生拍破一般。」或問以為：「文王之時，天下已二分服其化。使文王不死，數年天下必盡服。不俟武王征伐，而天下自歸之矣。」曰：「自家心如何測度得聖人心！孟子曰：『取之而燕民不悅，則勿取，古之人有行之者，文王是也。』聖人已說底話尚未理會得，何況聖人未做底事，如何測度得！」後再有問者，先生乃曰：「若紂之惡極，文王未死，也只得征伐救民。」（黎靖德編，王星賢點校：《朱子語類》第3冊，中華書局1994年版，第945頁）

恆《詩經通論》卷13即斷言文王曾經稱王之說「皆誣文王也」[422]。然而，在褫奪明祚的時代背景下，清儒則多反對歐陽修關於文王沒有稱王的說法。陳啟源質問道：「《詩》《書》言『文王受命』，皆言受天命也。天命之豈僅命為諸侯乎？」他認為「雖不顯言稱王，而其實已不可掩也」[423]。胡承珙《毛詩後箋》卷23也反對歐陽修的說法，說歐陽修「真眯目而道黑白者矣」[424]。清儒解釋《春秋》「春王」之意，多謂這裏的「王」即指周文王，如莊存與說：「受命必歸文王，是謂天道」，「《大雅》云『上天之載，無聲無臭，儀刑文王，萬邦作孚』，聖人之志也」[425]，就是一個典型的說法。

解決這個爭議頗大的問題，最有說服力的依據在於史實。在可靠的文獻記載和彝銘中，周文王當殷末之世即已稱王，這樣的記載是確鑿無疑的。其一，《酒誥》「惟天降命，肇我民，惟元祀。」王國維指出：「降命之命，即謂天命。自人言之，謂之受命，自天言之，謂之降命。『惟天降命』者，猶《康誥》曰：『天乃大命文王』、《毛公鼎》云『惟天庸集乃命』矣。」[426]其二是作為周族史詩之一的《詩・綿》篇歷述公亶父興周之舉，詩的末章謂「虞芮質厥成，文王蹶厥生」，朱熹《詩集傳》卷16謂此意指解決虞芮之訟使得「諸侯歸服者眾，而文王由此動其興起之勢」[427]。司馬遷在《史記・周本紀》中指出：「詩人道西伯，蓋受命之年稱王而斷虞、芮之訟。後十年而崩，謚為文王。」司馬遷已經從《詩》中看出作詩之人肯定文王受命之年即已「稱王」。此說十分明確而毫不遊移。既然文獻有如此明確的記載，

422 姚際恆：《詩經通論》，中華書局1958年版，第262頁。
423 陳啟源：《毛詩稽古編》，見《清經解》卷76，上海書店出版社1988年版，第414頁。
424 胡承珙：《毛詩後箋》，黃山書社1999年版，第1216頁。
425 莊存與：《春秋正辭》，見《清經解》卷375，上海書店出版社1988年版，第781頁。
426 王國維：《觀堂集林》，中華書局1959年版，第1141頁。
427 朱熹：《詩集傳》，第181頁。

那麼後儒為何還不承認呢？原因應當在於後儒的思想背景。可以舉儒生在漢景帝前的一場爭論來進行說明。《史記．儒林列傳》載：

> 清河王太傅轅固生者，齊人也。以治《詩》，孝景時為博士。與黃生爭論景帝前。黃生曰：「湯武非受命，乃弒也。」轅固生曰：「不然。夫桀紂虐亂，天下之心皆歸湯武，湯武與天下之心而誅桀紂，桀紂之民不為之使而歸湯武，湯武不得已而立，非受命為何？」黃生曰：「冠雖敝，必加於首；履雖新，必關於足。何者？上下之分也。今桀紂雖失道，然君上也；湯武雖聖，臣下也。夫主有失行，臣下不能正言匡過以尊天子，反因過而誅之，代立踐南面，非弒而何也？」轅固生曰：「必若所云，是高帝代秦即天子之位，非邪？」於是景帝曰：「食肉不食馬肝，不為不知味；言學者無言湯武受命，不為愚。」遂罷。是後學者莫敢明受命放殺者。

有些儒生之所以不承認文王「受命」稱王，是因為要恪守君臣大義。這正是黃生所謂的「冠雖敝，必加於首；履雖新，必關於足」，君、臣名分是不應當變易的。然而在改朝換代、新君確立之時，此君臣名分則又不可過於拘泥，否則，新君主的「合法」性又從何而來呢？清儒對此問題侃侃而談，底氣十足，原因就在乎此。說到這裏，就會出現一個邏輯推理的問題有待解決，即，持周文王只稱「西伯」而絕無稱「王」的說法，一個重要的依據在於孔子說過「服事殷，周之德，其可謂至德也已矣」[428]這樣的話，假如周文王當殷末之世即已

---

428 見《論語．泰伯》。按：宋儒歐陽修所舉「四證」的第三項即引孔子此說為根據。關於這裏所說的「至德」，宋儒認為其具體內容是指「文王之德，足以代商。天與之，人歸之，乃不取而服事焉，所以為至德也。」（參見朱熹《四書章句集注》之《論語集注》卷4引范氏說，第108頁）

稱「王」，怎麼還能算是「三分天下有其二，以服事殷」了呢？對此問題，王國維曾經有過辨析，他指出：「世疑文王受命稱王，不知古諸侯於境內稱王，與稱君、稱公無異。……蓋古時天澤之分未嚴，諸侯在其國，自有稱王之俗。即徐楚吳楚之稱王者，亦沿周初舊習，不得盡以僭竊目之。苟知此，則無怪乎文王受命稱王而仍服事殷矣。」[429]可以說，此說解決了周文王的「至德」與他「稱王」之舉是否矛盾的問題，當時「諸侯在其國自有稱王之俗」，所以周文王稱「王」也就無足為怪了。

我們前面探討了這樣兩個方面，一是可靠的文獻裏確有文王當殷末已稱王的記載，二是從邏輯上講文王稱王與其「至德」並不矛盾。然而，儘管如此，問題還沒有真正解決。因為即便如此，也還是可以提出這樣的問題，即稱王之載都是後人追記，怎樣能夠最終說明他「當時」就已經稱王了呢？這就要有直接的證據。那麼，直接的證據何在呢？最直接的證據應當就是周原甲骨文。1977年春，陝西省岐山縣鳳雛村南西周甲組宮殿遺址的西廂2號房內窯穴H11及H31號內出土甲骨一萬七千餘片，其中編號為H11：136片的甲骨載：

今秋，王由（斯）克往密。[430]

---

429 王國維：《觀堂集林》，第1152-153頁。

430 甲骨照相見曹瑋編著《周原甲骨文》，世界圖書出版公司北京公司2002年版，第90頁。摹本採自王宇信《西周甲骨探論》，中國社會科學出版社1984年版，第289頁；釋文據同書第189頁。按：關於周原甲骨的族屬和時代，專家們的討論十分熱烈。或斷定它為商人占卜，是商卜人奔周時（或武王滅商後）帶到周原的；或認為它是周人遺物，並且「絕大部分都是文王時代遺物」。見徐中舒《周原甲骨初論》，載《古文字研究論文集》（《四川大學學報叢刊》第10輯）。兩說相較，後說為優。

確如專家指出，《史記．周本紀》載周文王稱王之「明年，伐犬戎，明年伐密須」，周原甲骨所載「往密」之王必當為周文王。是時他已稱「王」，於此條卜辭可得確證焉。另外還有文王廟祭商先王的卜辭，亦為證據：

> 貞，王其祈又（侑）大甲，冊周方伯，□，甶（斯）又正。不左於受右（祐）。
>
> 彝文武丁升，貞，王翌日乙酉，其祈禹中……文武丁豐……左王。[431]

上引第一例大意是說，王向商先王大甲祈禱並侑祭，祈請保祐周文王能夠得到商的冊封。第二例大意是說，祭奠於商王文武丁的宗廟，貞問王在翌日乙酉這天是否可以祈禱「禹中」，即在祭禮上立旗，是否向商王文武丁奉獻玉器（「豐」）。這兩片卜辭中的「王」，應當就是周文王，因為在周文王之後，周武王已經沒有必要在周原為商先王立廟示敬。《左傳．僖公十年》、《左傳．僖公三十一年》記載，春秋時人有「神不歆非類，民不祀非族」及「鬼神非其族類，不歆其祀」的說法，論者或據此斷定祭大甲及文武丁的「王」當為商王。其實祭奠本族先祖是周代宗法制度下的觀念，殷商時期，未必如此。再從周文王韜光養晦的策略看，「三分天下有其二」，尚服事殷，立廟祭奠商先王等，這些都是做給商王朝看的，是一種表示臣服的姿態。[432]

---

431 周原甲骨H11：84片、H11：112片。甲骨照相見曹瑋編著《周原甲骨文》，第64、8頁。摹本採自王宇信著《西周甲骨探論》，第286-287頁。

432 關於周文王的韜光養晦之策，古書上有不少說法，近年面世的上博簡《容成氏》記載殷紂王無道而眾邦國反叛的時候文王的表現可謂典型。是篇載：「文王聞之曰：『唯（雖）君亡道，臣敢勿事乎？唯（雖）父亡道，子敢勿事乎？孰天子而可反？』受聞之，乃出文王於（以上第46號簡）夏臺之下而問焉，曰：『九邦者其可

總之，關於周文王是否稱「王」的長期爭論，在周原甲骨文出土之後，應當有一個明確而肯定的結論，即可以完全斷定他確曾在「受命」之後稱王。那麼，文王是如何「受命」的呢？這應當是另一個很值得探討的重要問題。

（三）文王如何「受命」

關於文王受命，學者向無疑義，但對於「受命」的理解，卻不盡一致。毛傳明確指出「受命，受天命而王天下」，而鄭玄卻認為是「受殷王嗣位之命」。清儒陳奐解詩多信毛傳，但於此卻同意鄭玄之說。他在解釋「文王陟降，在帝左右」一句時指出：

> 文王受命於殷之天子，是即天之命矣。[433]

顯然，他是把「殷之天子」之命理解為「天命」的。這是一種誤說。所謂的文王「受命」非受殷天子命。對此，清儒俞樾曾在《文王受命稱王改元說》一文中舉出一證，謂「唐虞五臣，稷契並列。商、周皆古建國，周之先君非商王裂土而封之也」[434]，陳子展先生指出這

來乎？』文王曰：『可。』文王於是乎素耑（端）褰裳以行九邦，七邦來備（服），豐、喬（鎬）不備（服）。文王乃起師以鄉（向）（以上第47號簡）。」（馬承源主編：《上海博物館藏戰國楚竹書》〔二〕《容成氏》，上海古籍出版社2002年版，第46-47號簡。簡文據李零先生考釋）按：此應當是戰國術士之說而傳於世者，雖然不盡可信，但亦距事實並不太遠。

433 陳奐：《詩毛氏傳疏》下冊卷23，商務印書館1933年版，第76頁。按：當代專家也有論者謂「《史記・殷本紀》所言『賜弓矢斧鉞，使得征伐，為西伯』，就是真正意義上的『文王受命』。」（祝中熹：《文王受命說新探》，《人文雜誌》1988年第3期）

434 俞樾：《達齋叢說》，見《清經解續編》卷1350，上海書店出版社1988年版，第975頁。

是「從歷史上的事實」所進行的說明，雖然並不很充分，但還是有根據的。[435]然而，儘管周非商裂土所封，但周究竟在長時間裏臣屬於商，還接受過商的「西伯」封號。假如說周完全與商平起平坐，與商並列，實非確論。

其實周文王的「受命」，並非基於與商「並列」而產生的，而是由臣屬到「並列」的發展過程。周人在講自己接受天命的時候，總是強調這天命本來是天給予「殷先哲王」的，只是殷的「後嗣王」不爭氣，德行敗壞，所以天才將大命轉授於周。這在《尚書》周初諸誥中是一條思想的主線，例如《召誥》和《多士》篇謂：

> 嗚呼！皇天上帝，改厥元子，茲大國殷之命。惟王受命，無疆惟休，亦無疆惟恤。
>
> 爾殷遺多士！弗弔，旻天大降喪於殷，我有周祐命，將天明威，致王罰，勅殷命終於帝。

不僅如此，周人還非凡強調周的「受命」是從周文王開始的，[436]《尚書・無逸》篇載周公語謂「文王受命惟中身」，《尚書・洛誥》載周公語謂「王命予來，承保乃文祖受命民」[437]，這兩例皆為明證。非

435 陳子展：《詩三百篇解題》，復旦大學出版社2001年版，第912頁。

436 按：在周人的觀念裏面，周受天命蓋有三，一是文王受天命而興周室，二是武王受天命「克殷」，三是周成王受天命治理天下。這些都可以在周代文獻裏找到佐證。周成王之後，則不大提受命之事；若提，也只是強調文武受命，而不言時王是否再受天命之事。例如，周穆王時的祭公謀父謂「皇天改大殷之命，維文王受之，維武王大克之」。此處所言，足可代表周人關於「受命」的一般看法。

437 「乃文祖受命民」，其中的「文祖」前人或指明堂，清儒皮錫瑞指出：「以此文經義論之，與明堂無涉，此云『文祖』，下云『烈考武王』，則文祖即是文王，似不必牽引明堂文祖之解。」（《今文尚書考證》卷18，中華書局1989年版，第352頁）按皮氏此說甚確，此為周公對成王之語，稱「乃文祖」即指成王之祖文王。

凡要注重的是《尚書・君奭》所載的下面一段周公的話：

> 君奭！在昔上帝，割申勸寧王之德，其集大命於厥躬。惟文王尚克修和我有夏。……文王蔑德降於國人，亦惟純佑，秉德，迪知天威，乃惟時昭文王，迪見冒聞於上帝，惟時受有殷命哉。

所說的「寧王」，由《禮記・緇衣》篇所引可知其為「文王」。從這段話裏，可以確鑿無疑地肯定「集大命於厥躬」（將天命集合賜予其身）者就是「上帝」（而非「殷之天子」），而膺受「大命」者正是「寧（文）王」。周初青銅器《何尊》銘文謂「肆玟王受此大命」[438]，《大盂鼎》銘文謂「不（丕）顯文王，受天有大令（命）」[439]，可謂最確切的證據。文王「受命」乃受天命之說可無疑矣。然而，所謂文王受命的這些說法，皆文王以後人語，那麼，文王在世時是否「受命」了呢？我們先來看《詩・大雅・文王有聲》的前兩章：

> 文王有聲，遹駿有聲，遹求厥寧，遹觀厥成，文王烝哉。
> 文王受命，有此武功，既伐於崇，作邑於豐，文王烝哉。

詩意謂文王有令聞之聲譽，受天命之後，伐崇作豐，其業績多麼偉大呀。詩句表明，文王受命在伐崇之前。此詩雖然是文王以後的詩，但亦可以推測，它淵源有自，文王在世時即有此說，所以流傳後世而形成這樣的詩句。假如說這還不算是有力證據，那麼再請看《呂氏春秋・古樂》篇的如下記載：

---

438 馬承源：《何尊銘文初釋》，《文物》1976年第1期。

439 郭沫若：《兩周金文辭大系圖錄考釋》下冊，第33頁。

> 周文王處岐，諸侯去殷三淫而翼文王。散宜生曰：「殷可伐也。」文王弗許。周公旦乃作詩曰：「文王在上，於昭於天，周雖舊邦，其命維新」，以繩文王之德。[440]

這裏的「繩」，是稱頌之意。按照《古樂》篇的說法，《大雅．文王》之篇是為周公稱頌文王盛德之作，那麼稱頌於何時呢？由這段首尾連貫一致的記載看，[441]應當就是文王未許散宜生伐殷建議後所作，此時文王尚在。說到這裏，我們已經涉及《文王》之詩作於何時的問題。[442]這裏不妨多說幾句。依《呂氏春秋．古樂》篇所說，此詩當作於文王生時，但此說與《文王》篇詩意有違。詩的第三章以降者所述顯然為周滅商以後之事。可以推測，此詩前三章作於周文王不許散宜生之議的時候，而後四章之作則在營成周還政成王之時。[443]而《呂氏

440 畢沅：《呂氏春秋新校正》，見《諸子集成》第6冊，中華書局1954年版，第530頁。

441 這段話裏的「乃」字為時間副詞，猶今語之「這才」、「就」，《呂氏春秋．古樂》篇即多此種用例，如「湯於是率六州以討桀罪，功名大成，黔首安寧，湯乃命伊尹作為《大護》」、「周公遂以師逐之，至於江南，乃為三象」（畢沅：《呂氏春秋新校正》，見《諸子集成》第6冊，第53頁）等皆可證。這類「乃」字後所述之事與其前者往往密切相連，時間上雖有先後但卻無間隔。又，墨子曾引此詩句，謂「若鬼神無有，則文王既死，彼豈能在帝之左右哉？此吾所以知《周書》之鬼也」（《墨子．明鬼下》，見孫詒讓《墨子間詁》，第239頁），雖然依此文意，可知文王死後「能在帝之左右」，但墨子只是為成就其「有鬼」之說而舉證，並不能說明墨子認為文王活著的時候就不能在帝之左右。

442 關於《文王》之詩的作者，可以取前人作於周公之說。雖然毛傳只言「文王受命作周」，而不言其作者，但後人據上引《呂氏春秋》之說，依然謂「熟味此詩，信非周公莫能作也」（呂祖謙：《呂氏家塾讀詩記》卷25，中華書局1985年版，第521頁）。當代研詩大家陳子展先生說：「《文王》周公所作……無異乎是周代的國歌」（《詩三百篇解題》，第909頁），是皆可信從者。這裏稍可補充的是，此詩始作於周公，後又有增補也。

443 按：詩的第三、四章述商之子孫服從周命參加祭典的情況與《尚書．多士》篇所述「惟三月，周公初於新邑洛，用告商王士」（《十三經注疏．尚書正義》，第219頁）的情況如出一轍。兩者製作時間，當距離不遠。

春秋》稱引之句是為詩的首章，亦即上博簡《詩論》第22號簡所稱引之句，是文王在世時周公已經在說文王上可至天在帝左右，下可返地而保佑周邦。

那麼，周文王「受命」的具體過程（亦即其「受命」的方式）如何呢？依照《詩・大雅・文王》孔疏所引緯書的說法有二：一是謂文王受「河圖洛書」，二是謂「赤雀銜丹書入豐，止於昌戶。再拜稽首，受」[444]。不管河圖洛書，抑或是赤雀丹書，都是對於天命的傳達。緯書之說，難以取信，但是，《太平御覽》卷533引《逸周書》的說法則還是比較可靠的，是篇說：

> 文王去商在程。正月既生魄，太姒夢見商之庭產棘，小子發取周庭之梓，樹於闕間，化為松柏棫柞，寤，驚以告文王。文王乃召太子發占之於明堂，王及太子發並拜吉夢，受商之大命於皇天上帝！[445]

這個記載可能是已佚的《逸周書・程寤》篇的一段逸文。內容是說，文王占其妻大姒之夢，認為其夢是「皇天上帝」授予「大命」的徵兆。據《呂氏春秋・誠廉》篇記載，商周之際的伯夷、叔齊對此曾經提出批評，說這是「揚夢以說眾，殺伐以要利，以此紹殷，是以亂易暴也」[446]。這表明文王、武王曾經廣泛宣揚受命於「皇天上帝」，所以伯夷、叔齊才熟知此事。殷周之際，周人對於占夢相當重視。周武王伐紂之前，曾經宣稱，「朕夢協朕卜，襲於休祥，戎商必

444 孔穎達：《毛詩正義》，見阮元校刻《十三經注疏》，第502頁。

445 朱右曾：《逸周書集訓校釋》卷11《逸周書逸文》，見《清經解續編》卷1038，上海書店出版社1988年版，第715頁。

446 畢沅：《呂氏春秋新校正》，見《諸子集成》第6冊，第120頁。

克」[447]，即為一例。或者這是前一事的異辭。周文王正是在大姒此夢以後，廣造輿論，說「皇天上帝」已經將商之大命授予自己，並舉行隆重的祭天大典宣稱自己「受命」的。文王能夠「陟降」於天上人間，接受上帝之命，造福祉於天下，由其占夢之事看，可謂並非虛語。清儒阮元解釋「文王陟降，在帝左右」詩句謂：這是「明言宗配上帝之事，豈有文王生前而謂其陟降在帝左右者乎？」[448]這個質問忽略了夢中神遊之事，是不能夠成立的。占夢之事表明，文王生前也可能是夢中神遊至天而得見上帝的。先秦時期，關於夢中神遊至天而接受帝命之事，《史記．趙世家》所記，甚為典型：

> 趙簡子疾，五日不知人，大夫皆懼。醫扁鵲視之，出，董安于問。扁鵲曰：「血脈治也，而何怪！在昔秦繆公嘗如此，七日而寤。寤之日，告公孫支與子輿曰：『我之帝所甚樂。吾所以久者，適有學也。帝告我：「晉國將大亂，五世不安；其後將霸，未老而死；霸者之子且令而國男女無別」。』公孫支書而藏之，秦讖於是出矣。獻公之亂，文公之霸，而襄公敗秦師於殽而歸縱淫，此子之所聞。今主君之疾與之同，不出三日疾必間，間必有言也。」居二日半，簡子寤。語大夫曰：「我之帝所甚樂，與百神游於鈞天，廣樂九奏萬舞，不類三代之樂，其聲動人心。有一熊欲來援我，帝命我射之，中熊，熊死。又有一羆來，我又射之，中羆，羆死。帝甚喜，賜我二笥，皆有

447 《國語．周語下》引《尚書．大誓》。按：《左傳》昭公七年載衛史朝語「筮襲於夢，武王所用也」（《十三經注疏．春秋左傳正義》，第2051頁），謂筮不謂卜，蓋傳聞異辭。《逸周書．文儆解》謂「維文王告夢，懼後祀（嗣）之無保。庚辰，詔太子發曰」（見黃懷信《逸周書校補注譯》，西北大學出版社1996年版，第117頁）云云，疑與此載事同。

448 阮元：《揅經室續集》卷1，叢書集成初編本。

副。吾見兒在帝側，帝屬我一翟犬，曰：『及而子之壯也，以賜之。』帝告我：『晉國且世衰，七世而亡……』」

這個記載讓我們看到秦繆公和趙簡子皆有夢中神游天庭而受帝命的事例。周文王或其妻大姒夢見「皇天上帝」受命之事，與之如出一轍。

受天命應當有一個普遍認可的儀式。該儀式很可能就是通過隆重的祭天典禮以昭示於諸方國部落。祭天典禮在周代稱為郊祭。郊祭據說起源於夏代，[449]至周代成為祭天大典。一般認為是在春季郊外祭天，雖然非必築壇，但一定要在高處為祭，此祭類似於尞祭，多焚牛犧為祭，使香味上達於天，以取悅於上帝。漢儒董仲舒說周文王受命曾舉行過郊祀。《春秋繁露・四祭》篇謂：

已受命而王，必先祭天，乃行王事，文王之伐崇是也。《詩》曰：「濟濟辟王，左右奉璋。奉璋峨峨，髦士攸宜。」此文王之郊也。其下之辭曰：「淠彼涇舟，烝徒檝之。周王於邁，六師及之。」此文王之伐崇也。上言奉璋，下言伐崇，以是見文王之先郊而後伐也。文王受命則郊，郊乃伐崇。崇國之民方困於暴亂之君，未得被聖人德澤，而文王已郊矣。安在德澤未洽者，不可以郊乎？[450]

449 《國語・晉語八》載：「昔者鯀違帝命，殛之於羽山，化為黃熊，以入於羽淵，實為夏郊，三代舉之」，韋注謂「禹有天下而郊祀也」。按照這個記載，可以說禹時即已開始郊祀。

450 蘇輿：《春秋繁露義證》，中華書局1992年版，第408頁。按：此處所引內容亦見於此書《郊祭》篇，文句略同，但此篇所說較詳。

這裏強調「受命」時必須行郊祭，就是「德澤未洽」也要進行郊祭，並謂周文王就是榜樣。此處引《詩・大雅・棫樸》詩句為證。此詩以祭天起興，其首章謂「芃芃棫樸，薪之槱之」，鄭箋謂「白桵相樸屬而生者，枝條芃芃然，豫斫以為薪。至祭皇天上帝及三辰，則聚積以燎之」[451]。其意思是聚積棫樸之木尞祭於天。尞祭習見於殷代，至周時則多見於郊天之祭。文王受命的具體形式，當如《詩・周頌・維清》篇所說，「維清緝熙，文王之典，肇禋」[452]，這裏的「肇禋」是指禋祀，即祭天的尞祭。此詩強調是由文王肇（始也）禋的。此點頗能說明文王表示「受命」而行的祭典的情況。《孟子・萬章上》篇載，戰國時，孟子講接受「天命」之事謂「使之主祭而百神享之，是天受（授）之」[453]，周文王之「受命」當即如此。

文王「受命」的時間，應在其斷虞芮之訟之後。司馬遷在《史記・周本紀》中據《詩・大雅・綿》篇之意謂虞、芮之人「有獄不能決，乃如周。入界，耕者皆讓畔，民俗皆讓長。虞、芮之人未見西伯，皆慚，相謂曰：『吾所爭，周人所恥，何往為，祇取辱耳。』遂還，俱讓而去。諸侯聞之，曰：『西伯蓋受命之君。』……詩人道西伯，蓋受命之年稱王而斷虞、芮之訟」。關於文王斷虞芮之訟以後的史事，司馬遷說：「明年，伐犬戎。明年，伐密須。明年，敗耆國。……明年，伐邘。明年，伐崇侯虎而作豐邑，自岐下而徙都豐。明年，西伯崩，太子發立，是為武王。」若從武王伐紂之年（前1045年）上推，則文王「受命」之年約在公元前1058年。若依司馬遷的說法，我們可以推測，文王先是在各方國部落間有了很高的威信，被認為是「天命」的當然接受者，此後，文王宣示大姒夢見「皇天上帝」

---

451 孔穎達：《毛詩正義》，見阮元校刻《十三經注疏》，第514頁。

452 孔穎達：《毛詩正義》，見阮元校刻《十三經注疏》，第584頁。

453 焦循：《孟子正義》，見《諸子集成》第1冊，中華書局1954年版，第380頁。

授命之事，形成輿論，然後才正式通過典禮的方式公布「受命」。這個典禮應即「薪之槱之」的尞祭，宣示正式接受天命。《詩・大雅・皇矣》篇載有文王受命的具體內容：「帝謂文王：無然畔援，無然歆羨，誕先登於岸。……以篤於周祜，以對於天下。」「帝謂文王：予懷明德，不大聲以色，不長夏以革。」「帝謂文王，詢爾仇方，同爾兄弟，以爾鉤援，與爾臨沖，以伐崇墉。」這些詩句皆以文王受帝命伐崇、伐密為中心。這是「天命」的具體內容，但最終目的則如《皇矣》篇所說「萬邦之方，下民之王」，成為天下萬邦的榜樣和普天之下所有民眾的王。

以「帝」為中心的「天國」建構是周人的創造。在周人的天國觀念中，「帝」的位置超出於祖先神靈而至高無上，這既是政治鬥爭的需要，也是思想觀念的一個發展。商王在方國部落聯盟中只是「諸侯」之長，而按照周文王的設計，周王則應當是「諸侯」之君。應運而生的至高無上的「帝」就是造成這種政治格局的最終理論根據和思想保證。關於先秦時期的彝銘文使用「帝」、「上」、「天」等觀念的情況，我們可以作出如下統計：[454]

時　代	帝	上	天	階　段
殷商	2	1	48	萌生期
西周	17	45	334	鼎盛期
春秋	3	17	51	衰退期
戰國	4	58	17	衍變期

從上面的列表中我們可以看出彝銘中採用這些觀念次數最多的是西周時期，所以我們將其稱為「鼎盛期」，而這個「鼎盛期」是肇

454 表中數位據華東師範大學中國文字研究與應用中心編《金文引得・春秋戰國卷》，廣西教育出版社2002年版，第77頁、第313-314頁、第363-364頁。

端於文王的。這在周武王時器《天亡簋》銘文中有很好的佐證。銘文謂：

> 乙亥，王又（有）大豐（禮）。王凡三（四）方。王祀於天室，降，天亡右王，衣祀於王。不（丕）顯考文王事喜（糦）上帝。文王監才（在）上。丕顯王乍（則）眚（省），不（丕）肆王乍（則）賡，丕克中衣（殷）王祀[455]。

彝銘的意思是，周武王祭奠於天（大）室，行祭天大禮，光輝卓著的先父文王正在天上事奉上帝的飲食（「事喜上帝」），文王正在天上監察著下界（「文王監才上」）。《文王》篇所云「文王在上，於昭於天」，正是銘文此意的濃縮。在周人的觀念中，能夠經常在上帝左右事奉的首位先祖就是周文王。而這正是周文王在世時即已宣稱自己陟降天地間，服務於帝之左右的結果。而這個宣稱乃是周人所始終堅信不疑者。

文王受命的意義不僅在於宣示與稱為「天子」的殷王決裂，而且在思想觀念上也是對殷人的超越。這對於認識殷周兩代的思想發展意義重大。殷商卜辭記載表明，殷人最為推崇的是祖先神。在殷人的神靈世界裏面，祖先神、帝、自然神基本上呈現著三足鼎立之勢，帝並不占主導地位。[456]不惟如此，殷人的「天國」觀念也是比較模糊的。《尚書・盤庚》篇雖然有「恪謹天命」的話，但是居於天國主導地位的並不是「帝」，而是盤庚所說的「我先後」以及諸族首領的「乃祖乃父」。《尚書・西伯戡黎》載，商末紂王在形勢危殆時，自信地說：

---

455 郭沫若：《兩周金文辭大系圖錄考釋》下冊，第1頁。

456 關於這方面的考證，煩請參閱拙稿《論殷代神權》，《中國社會科學》1990年第1期。

「嗚呼！我生不有命在天？」他所說的「天」，實指天上的「先后」，所以《尚書・微子》篇記載，後來微子即勸告他「自獻於先王」。可以肯定，殷末雖然屢以「天」為說，但在其神靈世界裏面，祖先仍居於首位。

周文王通過祭典的方式，宣示自己「受命」，實際上是將「天」置於祖先神靈之上，這就在氣勢上壓倒了殷人。「天」由此而成為有普遍意義的至上神，其地位遠遠超出某一氏族部落或方國的祖先神靈。此外，從《大雅・文王》篇裏，我們還可以看到，周文王還將「帝」確立為天國的主宰，文王陟降於天上人間，實際上是「在帝左右」服務忙碌。在殷人觀念中的「天國」裏面，先祖神靈居於主導地位，帝只是偏居於一隅。假如我們將《大雅・文王》與《尚書・盤庚》對讀一下，這種區別是不難發現的。周人所言文王到居於天上的「帝」的左右，這種情況頗類後世在灶神前的對聯「上天言好事，下界保平安」。可以說，中國古代長期綿延的天國觀念實由文王時代發軔。

總之，《文王》篇所謂「文王在上，於昭於天」，並非在文王死後人們想像其靈魂所語，而是文王在世時人們對他特異「神」性的讚頌。他是如何「受命」的呢？從《文王》詩裏，我們可以看到，首先是他能夠由人間而上達，以至於昭顯於天；[457]其次是文王在天上可以事奉上帝；最後帝才將大命授予文王。通過「受命」，文王不僅是周族的首領，是天下之「王」，而且是能夠往來於天地間為「帝」所垂青的最尊貴的大巫。這無疑大大加重了商、周勢力對比中「周」的砝碼，是周族克殷而確立天下共主地位的奠基工程。

457 關於「於昭於天」之意，毛傳謂「昭，見也」，是正確的。孔疏謂「其德昭明，著見於天……由有美德，能受天命，則有周之德為光明矣」，將昭理解為文王之德昭明，並不合詩之原意。「昭於天」，即顯見於天，其間並沒有德行之意。

(四) 孔子為什麼這樣讚美文王

我們的討論還應當回到本文開頭所提到的上博簡《詩論》第22號簡關於孔子讚美文王的問題，探求一下孔子是怎樣讚美文王的。孔子於《文王》之篇特意拈出「文王在上，於昭於天」這句詩來讚美，這說明了孔子對於文王有上天下地的神力深信不疑，對於以「帝」為中心的「天國」建構也是深以為然。

專家們談孔子的天命觀，多認為孔子「敬鬼神而遠之」，或者謂孔子實如《莊子・齊物論》篇所說「六合之外，聖人存而不論」[458]。專家論及此問題時只是強調孔子所講的「天」是義理之天、自然之天。似乎這樣說，孔子距離唯物主義思想家就會近些。那麼，孔子的鬼神觀念究竟是怎樣的呢？孔子是否將「天」作為有意志的人格神呢？對於此類問題，專家多不涉及。對於孔子「天道觀」的問題，我們應當先來看一下學者們十分關注的《論語・陽貨》篇的一個記載：

> 子曰：「予欲無言。」子貢曰：「子如不言，則小子何述焉？」子曰：「天何言哉？四時行焉，百物生焉，天何言哉？」

學者或以為「看了孔子這句話便可以知道孔子心目中的天只是自然，或自然界中的理法」[459]。退一步說，也是「由上帝之天到自然之天之過渡」[460]。或有論者提出不同意見，說這表明孔子「以自然為上帝意志的產物」，斷言這表現了「孔丘自然認識的貧乏與落後」[461]。

---

458 王先謙：《莊子集解》卷1，中華書局1987年版，第20頁。

459 郭沫若：《先秦天道觀之進展》，《郭沫若全集・歷史編》第1卷，第359頁。

460 張岱年：《中國哲學大綱》，中國社會科學出版社1982年版，第2頁。

461 趙紀彬：《論語新探》，人民出版社1976年版，第178-188頁。

這個偏頗的說法並沒有得到學者們的贊同。所以後來學者還是強調孔子的這句話表明了他所說的「天」「是自然性質的、具體感性的存在」[462]。綜合學者們的不同意見，可以概括為「自然之天」與「上帝意志」兩種。愚以為假如不計其立意偏頗的因素，那麼，後一種認識可能更接近孔子原意。任繼愈先生主編的《中國哲學發展史》（先秦）對於這段話有比較集中而精當的分析：

> 有人據此認為孔子所說之天為自然之天，自然之天無意志，故不干予四時和萬物的運行變化。這種解釋恐不符孔子原意。因為孔子用「天何言哉」譬喻「予欲無言」，正是認為天能言而不言，天和人一樣，是具有精神意志的。如果天不主宰四時和百物，那又何必說「天何言哉」。[463]

細繹孔子的「天何言哉」之語，可以看出他實際上是在強調天之偉大與神秘，只憑「天」自己的意志就可以讓「四時行焉，百物生焉」，根本用不著說什麼，其意志即可得以體現。此即《文王》篇所說「上天之載，無聲無臭」，亦即《孟子・萬章上》篇所載戰國時孟子所謂「天不言，以行與事示之而已矣」。對於天來說，其意志不用語言即可表達；對於能夠真正接受「天命」的聖人來說，也不必尋章摘句問個究竟，只要如《詩・大雅・皇矣》所說像周文王那樣「不識不知，順帝之則」，就可以承奉天命而一統天下了。在天人的交往中，語言是多餘的。孔子那段聞名的話，只能如此理解，方合其本意。

上博簡《詩論》第22號簡表明，孔子對於《大雅・文王》篇是持

462 崔大華：《儒學引論》，人民出版社2001年版，第23頁。

463 任繼愈：《中國哲學發展史・先秦》，人民出版社1983年版，第194頁。

讚美態度的，那麼，此篇所述的天國與天命觀念應當為孔子所服膺。此篇所表明的「天國」、「天命」觀念的基本點有二。其一，「帝」為天庭的主宰，帝命亦即天命。天命是偉大而不動聲色的；其二，西周時期天命觀的核心並不在於「補『天』的不足」，而是努力獲取「天」的眷顧。天本身尚未被道德化。簡言之，西周時期人們認為「帝」只信有德之人，所以要「疾敬德」。在人們心目中「上帝監民，罔有馨香德」[464]，上帝只是監視著下民，而上帝自己的「德」如何，則不大清楚。但是周人的詩篇中也偶然透露出一些新奇的看法，《文王》篇的「文王在上，於昭於天」就是一例。這裏是在表明，文王之德影響到了天上，直接影響著上帝，使上帝也道德化了。[465]孔子敏銳地抓住了這個新奇的認識，所以他強調對於這一點「吾美之」。總之，孔子對於《文王》之篇的讚美，說明「自然之天」的觀念尚未在孔子那裏出現，孔子之「天」仍然是作為最高主宰的天，但卻又是虛懸一格，最終將主宰之權落實到一定程度上人格化的「帝」，這是《文王》一詩闡述的內容，也是孔子讚美和完全同意的觀念。

孔子既讚美文王其人，也讚美《文王》之詩。我們可以由此為契機而探討孔子「天道觀」的問題。可以說，孔子思想應當分為前後兩個大的階段。[466]假如我們襲用《論語》中的「先進」、「後進」之說，

---

464 見《尚書．呂刑》，此處的斷句參考皮錫瑞《今文尚書考證》，中華書局1989年版，第441頁。

465 《大戴禮記》有《五帝德》一篇，是為將「帝」道德化的典型，此篇正是孔子這一思想的發揮。《中庸》謂「大哉聖人之道！洋洋乎！發育萬物，峻極於天」（見《禮記正義》），可以與「文王在上，於昭於天」相互發明，兩者皆指聖人之德可以影響到天帝。天帝與人，在道德方面是互動的。

466 關於孔子思想的階段性劃分，是研究儒家思想及古代思想的大問題。這篇小文不可能全面深刻研討，只是提出這一概念，略作分析，以利於我們對於上博簡《詩論》的熟悉。

不妨將孔子思想以其「知天命」為界劃分為「先進思想」與「後進思想」。《論語・為政》篇載孔子總結人生經歷，說自己「五十而知天命」。前人認為這與孔子五十學《易》有關，孔子「及年至五十，得《易》學之，知其有得，而自謙言『無大過』，則知天之所以生己，所以命己，與己之不負乎天，故以知天命自任」[467]。據《論語・雍也》和《述而》篇記載，在「先進思想」階段，孔子主要致力於禮樂的研究與仁學的創建，對於鬼神之事並不關注，持「敬鬼神而遠之」和「不語怪力亂神」的態度。50歲以後，由研《易》開始，其思想進入「後進」階段。此時，孔子入仕、出仕，跌宕起落。繼而又率弟子周遊列國，返國後致力於古代典籍的整理與研究。他以學《易》為契機，努力探尋社會與人生的發展規律，探尋事物發展背後的終極原因，將目光投向鬼神及「天國」世界。《論語・子罕》篇載，孔子率弟子在周遊列國途中於匡地被圍困時，孔子說：

> 文王既沒，文不在茲乎？天之將喪斯文也，後死者不得與於斯文也；天之未喪斯文也，匡人其如予何？

這番滿懷浩然之氣的語言，正是孔子「知天命」的最好注腳。於此我們還可以注重到的一點是，孔子以承繼傳統文化命脈為己任，他是將天命「文脈」之起源定之於「文王」的，所以才說「文王既沒，文不在茲乎」。孔子研《易》，對於文王之偉大感慨頗深，這從帛書《易傳・衷》篇的一個記載裏可以看得十分清楚：

> 子曰：易之用也，段（殷）之無道，周之盛德也。恐以守功，

---

467 劉寶楠：《論語正義》，中華書局1990年版，第45頁。

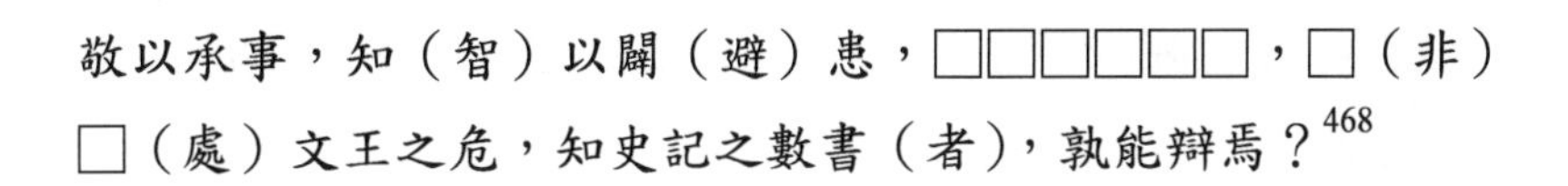
敬以承事，知（智）以闢（避）患，□□□□□□，□（非）□（處）文王之危，知史記之數書（者），孰能辯焉？[468]

這裏認為周文王是在十分危難的形勢下演《周易》的，這與傳世本《易・繫辭》「作《易》者其有憂患乎……易之興也，其當殷之末世，周之盛德邪。當文王與紂之事邪」[469]的說法完全一致。帛書《易傳・要》篇亦有類似的說法，謂：「文王仁，不得其志以成其慮，紂乃無道，文王作，諱而闢（避）咎，然後易始興也。」[470]《論語・述而》篇載，孔子自己說：「加我數年，五十以學《易》，可以無大過矣。」孔子的思想邏輯於此可以概括為「五十以學《易》」——「知天命」——「無大過」，他所企求的正是周文王經過演《易》所宣示的知「天命」而成就大業的道路。

上博簡《詩論》所載孔子對於文王的讚美，簡文雖然很簡短，但卻提示了研究孔子思想的重要內容。過去我們對於孔子天命觀的認識是不夠的，一般只以《論語》書所提到一些內容為據而發揮，而現在，簡文明確記載孔子對於《文王》之篇及文王其人的讚美，我們完全有根據，將《文王》之篇與文王「受命」所表現出來的天命觀視為孔子所讚美的內容，視為孔子其人的天命觀。這就在很大程度上擴大

468 帛書《易傳・衷》篇初發表時，原名《易之義》。1995年春，廖名春先生發現該篇尾題殘片，確認篇題為「衷」，見廖名春先生所著《帛書〈易傳〉初探》（臺北文史哲出版社1998年版）一書第12頁「自序」的相關說明。這裏所引文句，據陳松長、廖名春《帛書〈二三子問〉、〈易之義〉、〈要〉釋文》（見陳鼓應：《道家文化研究》第3輯，上海古籍出版社1993年版，第431頁）。「非處」二字為李學勤先生擬補，廖名春先生認為「其說頗中肯綮」。按：細繹前後文意，可以肯定李先生所補此二字，甚是。

469 孔穎達：《周易正義》，見阮元校刻《十三經注疏》，第89-90頁。

470 陳松長，廖名春：《帛書〈二三子問〉、〈易之義〉、〈要〉釋文》，見陳鼓應《道家文化研究》第3輯，第435頁。

了我們相關認識的範圍。《文王》篇的這兩句詩歷來為學者所重視，王夫之說：

> 《詩》云「文王在上，於昭於天」，須是實有此氣象，實有此功能。[471]

那麼，什麼「氣象」，什麼「功能」呢？所謂「氣象」當指文王上到天庭被重視之象，所謂「功能」當指文王因為被重視而被授以「天命」。王夫之認為這種「氣象」與「功能」皆來源於文王與天帝的「無私無欲」。簡文的這個記載，啟發我們把許多相關的記載聯繫起來進行分析。例如，《中庸》謂：

> 詩曰：「維天之命，於穆不已！」蓋曰天之所以為天也。「於乎不顯！文王之德之純！」蓋曰文王之所以為文也，純亦不已。[472]

這裏認為天之根本特點在於它深遠地、不停息地（「於穆不已」）賦予聖人以「命」，而像文王這樣的聖人，其根本特點在於具備可以影響天帝的純粹至誠的「德」。聖人之「德」與天帝之「命」，二者互動、聯繫。我們可以將《中庸》的這段話理解為對於《文王》之詩「文王在上，於昭於天」深刻含意的發揮。侯外廬、趙紀彬、杜國庠著《中國思想通史》第1卷說：「《中庸》按往舊造說的例子頗多。孔子講詩多一般性的說明，例如『詩可以觀，可以興，可以群（類），可以怨』，僅把詩理想化了。反之，《中庸》按詩而造說的地方就多

---

471 王夫之：《讀四書大全說》卷3，中華書局1975年版，第171頁。

472 孔穎達：《禮記正義》，見阮元校刻《十三經注疏》，第1633頁。

了，這就和孔子不同了。」[473]我們現在分析上博簡《詩論》的內容，可以說《中庸》「按詩造說」的做法實源於孔子，並非「和孔子不同」，只是發展了孔子的做法而已。

再如，《論語・八佾》篇載：

> 或問禘之說。子曰：「不知也。知其說者之於天下也，其如示諸斯乎？」指其掌。

「禘」是祭奠始祖和天帝的大祭，過去理解《八佾》這個記載多以《中庸》所說「明乎郊社之禮，禘嘗之義，治國其如示諸掌乎」[474]為解，其實，《八佾》專以「禘」祭為言，並不包括其它祭典，孔子所言之意是知道禘祭者治理天下易如反掌。為何如此呢？我們看上博簡《詩論》所載「『文王在上，於昭於天』，吾美之」就清楚了，原來孔子是在讚美「天命」，唯有資格受天命者才可以治理天下。

過去一直以為《大雅・文王》之篇主旨即在於讚美文王之德，鄭箋即明確地說「文王初為西伯，有功於民，其德著見於天，故天命之以為王」。後世學者也常以讚美文王之德為說。然而，上博簡《詩論》的相關簡文卻使我們看到《大雅・文王》之詩，其著眼點並不在

---

473 侯外廬、趙紀彬、杜國庠：《中國思想通史》第1卷，人民出版社1957年版，第374頁。上博簡《詩論》第21-22號簡有孔子曰「『〔文〕王在上，於卲於天』，吾美之」一句。沿著這條線索，考察《詩・大雅・文王》等古代典籍，可知，以「帝」為中心的「天國」建構是周人的創造。文王之所以受命稱王，是因為在周人看來，他能夠由人間而上達天庭，並在天上侍奉上帝，因此得天眷顧。孔子相信天的偉大與神威，相信文王有上天下地的神力。他對《文王》之詩的讚美，對文王的崇敬，實在是出於對天命、帝命的信仰和崇拜。長期以來，學術界流行這樣的觀點，以為孔子不太關心天命問題，現在看來，這種觀點是不對的。

474 孔穎達：《禮記正義》，見阮元校刻《十三經注疏》，第1629頁。

於讚美文王之德，而在於讚美天命、帝命。這些雖然與文王之德有關，但目的是說「天」、說「帝」，與讚美文王並非完全是一個思路。德與天命二者間有著密切關係，有德者才被授以天命，但是德與天命究竟還不是一回事，讚美德與讚美天命究竟還是有所區別的。孔子以其天命觀為基礎，正是從讚美天命這個角度來評論《文王》之詩的，《文王》一詩主旨的關鍵之處就在於此。關於孔子對於天命的讚美，上博簡《詩論》的另外兩個記載可以與第22號簡的這個記載相互印證。這兩個記載見於《詩論》的第二號簡和第七號簡。其中第二號簡的簡文如下：

寺（詩）也，文王受命矣。訟坪（平）德也，多言後。[475]

這段話的意思是說，《詩》的主旨在於講文王受命。正如《大雅・緜》詩所謂周文王平虞芮之訟，即其德的表現。《大雅》之詩的主旨就在於反覆強調文王之德對於後世的影響（「多言後」）。這段簡文把文王受命與平虞芮之訟聯繫起來，可以為我們前面所討論的文王受命時間問題，提供一個旁證。第七號簡的簡文亦論天命問題：

「懷爾明德」害（曷），城（誠）胃（謂）之也。「又（有）命自天，命此文王」，城（誠）命之也，信矣。孔子曰：「此命也夫？文王隹（雖）谷（欲）已，得虖（乎）？此命也。」[476]

這段簡文的意思是，《文王》篇果真有（帝告訴文王我要）「懷爾

---

475 馬承源主編：《上海博物館藏戰國楚竹書》（一），第127頁。

476 馬承源主編：《上海博物館藏戰國楚竹書》（一），第134頁。

明德」(「賜饋予你明德」）這樣的話嗎？確實是這樣說的呀。果真有「又（有）命自天，命此文王」(命令來自於上天，將天命交付給這位文王）的意思嗎？確實是可信的呀。孔子說：「這就是天命啊！文王就是想不接受天命，也是不能夠的呀。這就是天命啊！」

總之，《詩論》第二簡至第22號簡的內容完全可以和第二號簡和第七號簡的內容吻合，表明孔子既讚美文王，更讚頌了天命之偉大。這對於我們認識孔子的天命觀是很有啟發意義的。

八　「時命」與「時中」：孔子天命觀的重要命題

春秋晚期，在偉大的思想家孔子那裏，對於「天命」的追尋，已經進入了一個新的階段。他的許多思想既總結了夏商以來的天命觀，又依照當時的社會思想的發展提出了新認識。這主要表現了他的時命與時中的思想上。

孔子的時遇、時運思想，表明他已經將「時」的概念與其天命觀念聯繫一起進行深入探討。「時命」一詞雖然出現得較晚，但其基本思想在孔子的理論系統中早就已經形成，孔子關於「時」的言論多蘊涵其意。《中庸》所載的「時中」之論是其時命觀的一個重要命題。先秦時期的天命觀念在商周之際有一個重要變化，那就是由天命的不可移易，變為天命的可以以人之「德」而轉移。天命觀的這個變化雖然是一個巨大進展。可是，這一變革並沒有從根本上觸動天命的權威。天命還是高懸世人頭上的鐵板一塊，人們在它面前並無自由可言，只能俯首貼耳地絕對順從，他所強調的是以個人的高尚德操博得天命的眷顧。孔子的「時命」觀念，給生命個體開闢了總體的「天命」觀念下面的一定的自由維度。這應當是先秦時期天命觀念的又一次重大進展。

歷史在時空中展延。人們對於時空的認識，起初是比較感性而浮淺的。特別是對於時間的概念，往往以四季、晝夜以及曆法作為代替。思想家們對於時間概念認識的深化，大致是在春秋戰國時期，孔子是為其中的代表。孔子不僅在一般的意義上使用「時」的概念，而且將「時」與「命」聯繫起來，進行深入思考。研究孔子及儒家思想的學者，較少關注其時命觀念。這是因為「時命」一語出現得較晚，是戰國後期才行於世的說法，而孔子的時代還無這一用語出現。另一方面，這也與《論語》中的兩個記載有一定關係。一個記載見於《子罕》篇，謂「子罕言利與命與仁」，還有一個記載見於《公冶長》篇所載子貢之語「夫子之言性與天道，不可得而聞也」[477]。這兩條材料，多被理解為孔子不言「天」，甚至諱言「天」。由於這些原因，孔子的時命觀念自然也就隱而不見。隨著近年研究的深入，專家已經指出，孔子不僅言天，而且非常重視「天」。「天」、「天命」、「天道」等都是孔子思想中的重要命題。《中庸》篇裏面記載的孔子所提到的「時中」，亦是孔子時命觀的另一種表達。上博簡《詩論》的相關材料也為專家的這些認識提供了不少佐證，《詩論》第25簡關於《兔爰》篇的論析就是其中的例證之一。總之，孔子的天命觀裏面，「時命」是一個重要部分，特別是今得上博簡《詩論》的寶貴材料，對於這個問題更值得深入探討。今不揣淺陋，試析如下。

(一)孔子的「山梁雌雉」之歎

孔子論「時」，多指時間、光陰、季節、時候等義，如：「使民以時」、「行夏之時」、「少之時，血氣未定」[478]等，可是孔子亦將時遇、

477 以上兩條材料見朱熹：《四書章句集注》，第109、79頁。

478 以上所引孔子語依次見《論語》的《學而》、《衛靈公》、《季氏》等篇，引文見朱熹《四書章句集注》，第49、163、172頁。

時命的觀念用「時」字來表示。這是很值得我們注意的。例如《論語・鄉黨》篇載：

> 色斯舉矣，翔而後集。曰：「山梁雌雉，時哉！時哉！」子路共之，三嗅而作。

這段文字雖然費解，但其大概意思還是可以明白的。它是說，山梁上一群雌雉見人們在窺望它，就趕緊飛翔盤旋，見到人們沒有惡意，才又飛回，齊聚在樹上。孔夫子說：「山梁上的那些雌雉，它們很懂得『時」呀！很懂得『時』呀。」子路朝著這些鳥拱手致意，拋下食物讓它們吃，它們三次嗅過，不敢吃，這才飛走。[479]此章的「時」，雖然可以解釋為「時候」，但距離孔子之意恐較遠。錢穆先生以「時宜」解之，[480]應當是比較準確的。其實，如果更精確地說，這裏的「時」字的含意，應當指的時運。山梁雌雉髮現有危險就飛翔而起，後來又待感覺平安了才集於樹木，地上有了食物嗅而不食，以防被擒。這些都是雌雉掌握時遇的結果。更進一步還可說，雌雉遇到了孔子和弟子這些善良的人，免遭被擒殺的噩運。說明雌雉的時運不錯。孔子說的「時哉，時哉」應當包括時運、時遇等等意蘊。

船山先生一反常人對於此章的認識，謂此章是在批評雌雉之傻。他說：

> 「時哉」云者，非讚雉也，以警雉也。鳥之知時者，「色斯舉矣，翔而後集」。今兩人至乎其前，而猶立乎山梁，時已迫

479 關於此章意蘊歷來多歧釋，或以為有缺文。今主要依楊伯峻《論語譯注》和錢穆《論語新解》之說寫出此章大意。

480 錢穆：《論語新解》，第256頁。

> 矣，過此則成禽矣。古稱雉為耿介之禽，守死不移，知常而不知變，故夫子以翔鳥之義警之，徒然介立而不知幾，難乎免矣。人之拱己而始三嗅以作，何其鈍也！[481]

這個解釋強調雌雉不知時變，兩人立乎前而不知警惕，似乎是很遲鈍的表現。船山先生從另外一個角度所進行的解釋，亦有一定道理。細繹這個解釋，若可以成立的話，那也無礙乎關於「時」為時運的解釋。依照船山先生的這個思路，可以說，雌雉雖然「耿介」，雖然「知常而不知變」，但畢竟沒有被擒捉，這也應當是其時運好的原因。孔子實際上是肯定時運對於雌雉的重要。如果按照一般的解釋，引申而言，雌雉尚且會把握時運，人就更應當如此。無論如何理解，都可以說這是《論語》中記載的一條孔子以「時」喻時運之意的重要材料。

（二）「時中」與「天命」

孔子關於「時」的一個非常重要的概念就是《中庸》所載的「時中」之論。[482]這是很能夠表現孔子時命思想的記載。是篇謂：

> 仲尼曰：「君子中庸，小人反中庸。君子之中庸也，君子而時中；小人之中庸也，小人而無忌憚也。」[483]

---

481 王夫之：《讀四書大全說》卷5，第356頁。

482 先秦儒家的中庸思想集中見於《禮記・中庸》篇，是為孔子的孫子子思所著，從儒家學說發展趨勢看，它和《大學》篇一樣，也應當是孟子以前的儒學著作。依宋儒所排列的儒學傳承系列，《中庸》之篇當是子思發揮孔子及曾子的學說撰著而成。孔子對於中庸推崇備至，說：「中庸之為德也，其至矣乎！民鮮久矣。」（《論語・雍也》）皆可證孔子對於中庸思想的重視，推測孔子曾經以中庸思想授徒，應當是可信的。《中庸》篇所引述孔子論中庸之語，當源自孔子。

483 朱熹：《四書章句集注》，第18-19頁。

關於「時中」，向以唐儒孔穎達的影響最大，他說道：「『君子之中庸也，君子而時中』者，此覆說君子中庸之事，言君子之為中庸，容貌為君子，心行而時節其中，謂喜怒不過節也，故云君子而時中。」[484] 依照這個解釋，「時中」便是君子能夠做到時時節制自己，使自己的言行喜怒，既不過分，也無不及，從而符合中庸之道。如此，則「時」是一個時間副詞，用來修飾「中」。「時中」的中，則是名詞，指中庸之道。「時節其中」，實際上是附加了「節制」之意，屬增意解經。關於「中」字意思的理解，應當是解釋《中庸》篇裏面的「時中」意蘊的關鍵。

孔穎達之後，解釋此處者以宋代大儒朱熹用力最勤。朱熹的解釋大致分為兩種。第一種是，以為這裏的「時」字為隨時之意，《宋子語類》卷58載：「問：『孔子時中，所謂隨時而中否？』曰：『然。』」「隨時而中」，朱熹在注解《中庸》時，便以「隨時以處中」解釋「時中」意即隨時都符合中庸之道。與孔穎達此說是相近的。但他理解「時中」的「中」字之意強調當為「射中」之「中」，而不是指中庸之道，則又是與孔疏不同的地方。第二種是，朱熹在另外的地方，又以為「時中」為權衡時宜。謂「權是時中。不中，則無以為權矣」，又謂：「『時然後言，樂然後笑，義然後取』，似乎易，卻說得大了。蓋能如此，則是『時中』之行也。」朱熹還指出，「時中之道，施之得其宜便是」[485]，時中就是權衡時宜。在另外的地方，朱熹還指出，「中」與正確不是一個概念，「蓋事之斟酌得宜合理處便是中，則未有不正者。若事雖正，而處之不合時宜，於理無所當，則雖正而不合乎中。此中未有不正，而正未必中也」[486]。朱熹所謂「施之得其

484 孔穎達：《禮記正義》卷52，見阮元《十三經注疏》，第1626頁。

485 《朱子語類》卷37、44、74，第989、1126、1884頁。

486 《朱子語類》卷67，第1670頁。

宜」、「斟酌得宜」云云，都是權衡的意思。其實，「時中」一語裏面，沒有權衡之意，權衡云云，亦增意解經。朱熹或謂「其曰『君子時中』，則執中之謂也」[487]，其所釋「執」之義，亦然。

總之，我們分析這兩種解釋，當以他的前一種解釋近是，「時中」的「中」字，當讀若射中之「中」。「時中」意指時運而中，或者說是「中時」，指符合時運。這裏的「時」實指天命。對於此點，可以分析如下。

「時中」的意義顯然與「中庸」密切相關。對於「中庸」意義的理解，自朱熹以來，向以程顥程頤所謂「不偏之謂中，不易之謂庸。中者，天下之正道，庸者，天下之定理」[488]為標準。其實，從孔子所論來看，中庸不僅是「不偏」「不易」之道，而且更重要的是對於孔子的「時中」觀念的表達。孔子指出，君子的中庸在於君子能夠做到「時中」，而小人的反中庸，則在於小人「無忌憚」。顯然，「時中」是與「無忌憚」相對而言的。「無忌憚」是什麼意思呢？朱熹申述孔疏的說法，認為是小人不知道「中」的道理，所以肆欲妄行，而無所忌憚。這個解釋可能是不夠準確的。

愚以這個問題應當從《論語・季氏》篇所載孔子關於「三畏」的論析中找答案。此篇載：

> 孔子曰：「君子有三畏：畏天命，畏大人，畏聖人之言。小人不知天命而不畏也，狎大人，侮聖人之言。」[489]

我們再把孔子論「中庸」的那段話拿來進行對比：

---

487 朱熹：《四書章句集注》，第15頁。

488 同上書，第17頁。

489 朱熹：《四書章句集注》，第172頁。

仲尼曰：「君子中庸，小人反中庸。君子之中庸也，君子而時中；小人之中庸也，小人而無忌憚也。」

這兩段話的對比可以使人們看到。孔子所說的「小人不知天命而不畏」，應當與《中庸》所載仲尼語「小人而無忌憚」，的意義是一樣的。所謂「無忌憚」，應當就是對於「天命」的無知和不敬畏。孔子將這一點列為小人特點之首，孔子對於「天命」十分重視，這一點自不待多說。按照孔子的說法，君子對於中庸採取「時中」的態度，而小人則採取「無忌憚」的態度。如此說來，「無忌憚」既然是對於「天命」的蔑視，那麼與之相對的「時中」之意應當就是對於「天命」的敬重，用孔子的話來說就是「畏天命」(意即敬畏天命)。如果這個分析不錯，我們可以肯定，孔子所提出的「時中」觀念是與其天命觀有關係的。「時中」的含意之一，應當在於中「時」，即符合時運、符合天命。《中庸》所載孔子提出的「時中」這一命題正是孔子「時命」觀的一個表達。

時運者，天命也。依孔子看來，天是最富於威嚴與智慧的。所以他說：「天何言哉？四時行焉，百物生焉，天何言哉？」[490]天可以什麼也不說，四時與百物就會按照天的意志運行和生長，其權威於此可見。《論語・堯曰》篇載有孔門弟子所記孔子關於堯舜歷史的論述，很合乎孔子「祖述堯舜」[491]的一貫思想脈絡。其中論堯舜間的權力禪遞，就很有天命時運的特色。是篇載：

堯曰：「諮！爾舜！天之歷數在爾躬。允執其中。四海困窮，

490 《論語・陽貨》，見朱熹《四書章句集注》，第180頁。

491 《中庸》語，見朱熹《四書章句集注》，第37頁。

> 天祿永終。」舜亦以命禹。曰：「予小子履，敢用玄牡，敢昭告於皇皇后帝：有罪不敢赦。帝臣不蔽，簡在帝心。」

所謂「天之歷數」，依朱熹所說，即「帝王相繼之次第，猶歲時氣節之先後也」，「歷數」蘊涵有輪番相序之義，與「時運」的意思是完全一致的。特別是此處強調「歷數」乃「天之歷數」，是為天所賜予的命運。堯、舜為孔子特別敬重的上古聖王，《堯曰》篇所講他們權力的遞禪在於「天之歷數」，實際上代表了孔子對於「時命」的認識。由此亦可證我們前面所指出的「時中」即敬畏天命之意為不誣。總之，孔子講時遇，講時中，已經蘊涵了時運之義。這是孔子對於宇宙和人生的非常重要的觀念。

（三）孔子學說中的「天命」與「時命」

孔子對於「天」（包括「天命」「天道」等）與「性」有很精深的研究，並且曾經以此授徒。《論語·公冶長》篇載：

> 子貢曰：「夫子之文章可得而聞也，夫子之言性與天道不可得而聞也。」

過去理解這個記載多謂從中可以看出孔子只重視現實社會與人生問題，只強調倫理道德哲學，而對於形而上的理論性頗強的「性」與「天道」問題，則放諸「六合之外」，只是存而不論。金景芳、呂紹綱、呂文郁等先生指出，子貢的這句話只能「證明性與天道是一個很難瞭解的問題，即便是孔子生時，群弟子中以言語見稱的子貢，亦曾以『不可得而聞也』而興歎」[492]。李學勤先生很同意這個解釋，並且

492 金景芳、呂紹綱、呂文郁：《孔子新傳》，長春出版社2006年版，第95頁。

指出「聞」並不只是感官的聽，而且指思考和理解。子貢所語之意，是指「孔子關於性與天道的議語高深微妙，連他自己也難於知解」[493]。

孔子的時命觀念，可以說是他的「天命」觀的延伸。關於這一點，除了在《論語》、《禮記》等書有跡可尋以外，還比較集中地見於《莊子》一書。[494]《莊子》內篇的《人間世》載「孔子適楚」之事，謂：

> 孔子適楚，楚狂接輿遊其門曰：「鳳兮！鳳兮！何如德之衰也！來世不可待，往世不可追也。天下有道，聖人成焉；天下無道，聖人生焉。方今之時，僅免刑焉。福輕乎羽，莫之知載；禍重乎地，莫之知避。已乎已乎，臨人以德！殆乎殆乎，畫地而趨！迷陽迷陽，無傷吾行！吾行卻曲，無傷吾足！」

這件事又見諸《論語．微子》篇，內容大同而簡約。是篇載：

> 楚狂接輿歌而過孔子曰：「鳳兮！鳳兮！何德之衰？往者不可諫，來者猶可追。已而，已而！今之從政者殆而！」孔子下，欲與之言。趨而辟之，不得與之言。

---

493 李學勤：《孔子之言性與天道》，見楊朝明主編《孔子文化研究》第1輯，曲阜師範大學編印2007年版，第1-5頁。

494 莊子思想歷來多被認為與儒學相關，據推測，莊子的師傳可能出於顏氏之儒。觀《莊子》書，可見其思想的大旨與儒家理論多有相通之處。例如，「內聖外王之道」本為儒術主線之一，可是關於這一重要命題的言辭卻出自《莊子．天下》篇。《莊子．齊物論》有「六合之外，聖人存而不論；六合之內，聖人論而不議」之說，表明莊子很能理解孔子思想的精義。《莊子》書中的孔子形象，儘管亦莊亦諧，甚至不乏揶揄，但大體來說，還是讚譽有加，並且往往與孔子思想若合符契。

這個記載與《人間世》篇所載的不同之處主要有三：一是，這裏所說的「今之從政者殆而」，顯然是《人間世》篇所載那一派關於混亂不堪的社會現實的說明的濃縮。二是，附加了孔子欲與楚狂交談而被拒的敘事。三是，把「來世不可待，往世不可追」改變成為「往者不可諫，來者猶可追」。《人間世》篇的態度「來世不可待」，持完全消極的認識；[495]而《微子》篇的「來者猶可追」，則是一種積極的態度。儒、道兩家對於社會未來的態度的區別也許正在於此。從孔子的表現看，他很想與隱士對話，但隱士卻避而不談。孔子對於隱士的理論和作為是有保留的支持。應當說他對於現實社會的批評與隱士是基本一致的，而在所持的態度上則有別。孔子和隱士一樣，對於社會現實亦持批判的態度，認為他那個時代「天下無道」。隱士面對這樣的社會取明哲保身的做法，避世而求全，孔子則取積極進取的態度，欲挽天下既倒之狂瀾。隱於田野山林的隱士，看不慣黑暗社會現實，安貧樂道，不與世俗同流合污。儘管不少人對於隱士逃避社會責任、不顧君臣大義的做法頗有微詞，但孔子還是尊重他們，力求深入理解他們。孔子的這種態度，與其時命觀念頗有關係。《微子》篇載楚狂事，將《人間世》篇的「來世不可待」，改成「來者猶可追」，這不一定就是隱士思想的變化，而應當看做是時命觀念方面儒、道兩家有所區別的結果。

孔子的時命觀念充滿了前進的精神與堅強的意志，與隱士的避世不可同日而語。儘管有時候，孔子也會發牢騷，甚至說出要「乘桴浮

495 關於「來世不可待」，《莊子》成玄英疏謂「當來之世，有懷道之君可應聘者，時命如馳，故不可待」，其意是指，時命變動無常並且很迅速，是不可待而得之的。這種對於前途的瞻望固然不無合理之處，但態度仍屬消極。鍾泰先生曾經指出：「蓋悲孔子雖有道而卒不見用於世也，然悲孔子者，亦正以自悲。」（鍾泰：《莊子發微》，上海古籍出版社2002年版，第103頁）悲觀的態度正是其避世的思想基點。

於海」、「居九夷」之類的話來，[496]但是他還是在積極奮鬥，宣導「殺身以成仁」，他堅定「仁」的理想，「造次必於是，顛沛必於是」，在世人的眼中，就是被視為「喪家之犬」那樣悽惶地奔走，也在所不惜。[497]隱士的基本理論在於世道昏暗所以隱以待時，孔子弟子子路批判這種理論說：「不仕，無義。長幼之節，不可廢也；君臣之義，如之何其廢之？欲潔其身，而亂大倫。君子之仕也，行其義也。道之不行，已知之矣。」[498]這應當是孔子所同意的說法。隱居和出仕，這其間有著是否合乎「大倫」的義或不義的區別。按照孔子的邏輯，時世昏暗，正是應當更加努力奮鬥（而不是隱居躲避）的理由。

《莊子．秋水》篇載有孔子周遊列國時受困於匡的事情。記載說孔子因為宋人的誤會而被圍困數重，但是孔子毫不驚慌，而是依然「絃歌不輟」。子路問孔子何以能夠如此，孔子給他講關於「時」的道理以作答。孔子說：

> 來！吾語女。我諱窮久矣，而不免，命也；求通久矣，而不得，時也。……夫水行不避蛟龍者，漁父之勇也；陸行不避兕虎者，獵夫之勇也；白刃交於前，視死若生者，烈士之勇也；知窮之有命，知通之有時，臨大難而不懼者，聖人之勇也。由處矣！

---

496 見《論語．公冶長》、《論語．子罕》。

497 見《論語》的《衛靈公》、《里仁》等篇。《韓詩外傳》卷九載有人說孔子如喪家之狗，「子貢以告孔子。孔子無所辭，獨辭喪家之狗耳。曰：『丘何敢乎？』子貢曰：『污面而不惡，葭喙而不藉，貝易以知之矣，不知喪家狗何足辭也？』」子曰：「賜，汝獨不見夫喪家之狗歟？既斂而槨，布器而祭，顧望無人，意欲施之。上無明王，下無賢士方伯，王道衰，政教失，強陵弱，眾暴寡。百姓縱心莫之綱紀，是人固以丘為欲當之者也。丘何敢乎」。

498 《論語．微子》。

這裏所強調「窮之有命」與「通之有時」相對成義，「命」就包含著時遇，而「時」又為命運所安排，所以說孔子的時命觀念裏面，可以說其核心內容在於時、命二者。時中有命，命中有時，時與命雖各自有所側重，但總的來看，兩者則是相融相合的。此處記載孔子受困於宋之事，孔子在被圍數匝的困境中，依然「絃歌不輟」，支配他的不僅有堅強的意志和勇敢的精神，而且有著濃厚的「時命」觀念。在孔子看來，「時命」的命乃是一個超乎人的認知和實踐範圍的、外在的絕對權威，可是其權威性質已經為「時」所限制，在歷史的運轉過程中發生著一定的變化。

戰國時期，「時」與「命」的關係是思想界的熱門話題，郭店楚簡《唐虞之道》篇謂「聖以遇命，仁以逢時」，可以說是當時比較典型的說法。戰國時人講《易》每謂某卦涉及「時」的意蘊「大矣哉」，表明對於「時」的重視。時之被重視，其理論依據在於它是「天命」的一種具體化的話語。《易・乾卦・文言》謂：

> 夫大人者，與天地合其德，與日月合其明，與四時合其序，與鬼神合其吉凶。先天而天弗違，後天而奉天時。天且弗違，而況於人乎？況於鬼神乎？

關於「天」與「人」的關係，《易傳》強調了「先天」與「後天」，不管如何，聖人、大人、智者之舉都是與天命相符合的，也說明「天命」與「時命」的一致性質。孔穎達疏謂「『先天而天弗違』者，若在天時之先行事，天乃在後不違，是天合大人也。『後天而奉天時』者，若在天時之後行事，能奉順上天，是大人合天也」，正說明了這個意蘊。

關於《易傳》所講的「奉天時」，我們還要多說幾句，因為它和

《詩論》簡的相關簡文有著直接關係。

奉字之義，本為雙手敬捧而進獻，所以它自來就有敬之意蘊含於其中，如奉命、奉書、侍奉、奉見、奉陪等皆然。《商君書・定分》篇謂「皆務自治奉公」，所謂奉公，就是敬奉公事，以公事為重。《孔子家語・六本》載子夏語謂「商請志之，而終身奉行焉」，所謂奉行，意即敬奉敬誨而實行。《戰國策・燕策》二「奉教於君子」，奉字亦含敬意。

《易・乾・文言》謂「後天而奉天時」，此意猶言敬天命。與偽古文尚書《泰誓》篇所謂「惟天惠民，惟辟奉天」之語意正相符合。從明代開始，皇帝誥敕文辭中每有「奉天承運」云云，究其源，皆當來自先秦時期的奉天之說。下面我們還要談到，《詩論》簡所說的「奉時」，其含意與奉天命是相近的。先秦時期，運用「時命」一語分析世事人情者，首推《莊子・繕性》篇。是篇講隱士問題指出：

> 古之所謂隱士者，非伏其身而弗見也，非閉其言而不出也，非藏其知而不發也，時命大謬也。當時命而大行乎天下，則反一無跡；不當時命而大窮乎天下，則深根寧極而待。此存身之道也。

「時命」合適的時候，就「大行乎天下」，反之，則深藏不露，寧以待時。所謂「時命」，即此時之天命，含有時世、命運、機遇等義。「時命」不以個人意志為轉移，人們只能如《莊子・徐無鬼》篇所說「遭時有所用」，而不能夠逆時而動。

再進一步說，人們應當如何對於時命呢？《莊子・山木》載孔子有「無受天損易，無受人益難」的話，其所說的「天」即指時命，人們若安於時命就會通達，而人世間的爵祿之得卻令人難以抗拒。所以說，要安於時命，還須排除功名利祿的干擾。道家所說的人們應當清心寡欲的道理，是否合乎孔子思想，是一個值得考慮的問題。愚以為《山木》所載的這段話不能夠代表孔子思想。孔子主張積極入世，努力去改造和影響世界，而不是脫離和逃避現實。這段話只不過是在用孔子之口講道家的理論而已。

總之，關於孔子的天命與時命觀念，我們可以得出如下幾點認識：其一，孔子堅信並讚揚天命之偉大與誠信。其二，天命與聖人、智者相通。這與《尚書・臯陶謨》所謂「天聰明，自我民聰明。天明畏，自我民明威」，是一致的。其三，人應當敬畏天命，遵奉天命。其四，天不斷給人以機遇，這種機遇就是「時命」。孔子認為人應當抓住時命，積極進取。

（四）上博簡《詩論》第25號簡的「奉時」問題

上博簡《詩論》第25號簡評析《又（有）兔》一詩謂：「《又（有）兔》不奉時。」其中提到了「奉時」的問題，這應當是理解孔子授徒所論「時」的觀念的一個重要材料。我曾有小文予以分析，[499] 今專門討論孔子的「天命」與「時命」的問題，對於「奉時」一語特再加以申述。

專家一致認為簡文所說的《有兔》即今本《詩經・王風》的《兔爰》篇。這個認定是正確的。此篇三章，每章首句皆作「有兔爰爰」，可以推測其篇最初的名字稱為「有兔」，後來才改為「兔爰」[500]。今

---

499 晁福林：《從上博簡〈詩論〉對於〈詩・兔爰〉的評析看孔子的天命觀》，《孔子研究》2007年第3期。

500 詩三百篇的篇名前人多認為是詩作者自題，並多取詩首句或詩中文句為題，字數從一字到五字不等。但亦不可一概而論，或有後人加以改定者，《有兔》變為《兔爰》即為一例。

所見專家考釋一致將簡文的「奉」讀若逢。這樣讀有兩點是完全可以成立的，其一，是奉與逢，古音皆屬東部，具有通假的音讀條件。其二，《兔爰》一詩中確實充滿了生不逢時之歎，與簡文的評析文辭「不奉（逢）時」密合無間。過去，我也曾經如此認識。[501]然而，再考慮這個問題，感覺並非如此。這主要在於，《兔爰》一詩雖然有生不逢時之歎，但這只是詩作者所展現的思想，並不能夠說是孔子評述這首詩的著眼點，換句話，就是孔子並不贊成《兔爰》所表現出來的這種哀歎。如果孔子拈出《兔爰》一詩授徒，就是要指出此詩表現的是一般人都會瞭解的生不逢時之歎，那就太低估了孔子的認識水準。要說明這一點還需從對於《兔爰》一詩的研討說起。關於此詩的主旨，歷來也沒有什麼疑義。《詩序》謂：「《兔爰》，閔周也。桓王失信，諸侯背叛，構怨連禍，王師傷敗。君子不樂其生焉。」這裏提出的「君子不樂其生」而作是詩是可信的。只是定於周桓王時詩，並無確證。或謂作於周平王時，亦無確證。從詩中看其作者當見過周代的繁華興盛，又見過混亂動盪。兩種社會局面形成強烈對比，所以才會有對於「生之初」與「生之後」的強烈對比所發出的慨歎。在百罹齊備、百憂俱集、百凶並現的時局面前，詩作者欲求常寐不醒，不欲耳聞目見，實有可以理解之處。此詩主旨，當代學者定為「沒落貴族的哀吟」[502]，是正確的。

現在擺在我們面前的問題在於孔子論此詩是持何種態度呢？如果按照專家所釋，以「不奉（逢）時」來理解，那麼《詩論》簡的評析

---

501 見拙稿《上博簡〈孔子詩論〉「樛木之時」釋義——兼論〈詩・樛木〉的若干問題》，《古籍整理研究學刊》2002年第3期。

502 高亨：《詩經今注》，上海古籍出版社1980年版，第101頁。另外，程俊英、蔣見元解釋此詩，也認為「此詩作者斤斤於個人沉浮，乏憂世之意，心胸狷隘，厭不樂生」（《詩經注析》上冊，中華書局1991年版，第207頁），亦是精到之見。

就是對於《兔爰》詩作者的生不逢時之歎的贊成，而這種贊成並不符合孔子及其弟子積極入世這一根本理念與態度。如前所述，孔子的天命觀念與時命觀念都強調抓住時命，積極進取，而不是消極避世，更不是悲觀厭世。在當時人的心目中，孔子是一位「知其不可而為之者」[503]，他惶惶然奔走於列國之間宣傳自己的主張，表現出為理想而奮鬥的精神。晉國大夫家臣佛肸叛亂的時候，欲請孔子加盟，子路反對孔子前往。孔子與子路有一段很有意思的對話，《論語・陽貨》篇載：

> 佛肸召，子欲往。子路曰：「昔者由也聞諸夫子曰：『親於其身為不善者，君子不入也。』佛肸以中牟畔，子之往也，如之何！」子曰：「然，有是言也。不曰堅乎，磨而不磷；不曰白乎，涅而不緇。吾豈匏瓜也哉？焉能繫而不食？」

子路的諫勸是有道理的。孔子自己曾經說過：「危邦不入，亂邦不居。天下有道則見，無道則隱。邦有道，貧且賤焉，恥也；邦無道，富且貴焉，恥也。」[504]，如今竟然要到叛亂者佛肸那裏，正是入於危亂之地，其事讓弟子擔心，實為理之所必然。然而，按照孔子的入世理念，此事又是很合情理的。孔子絕不會像匏瓜那樣只能看不能食地擺擺樣子，而是要真正去實踐去奮鬥，做一番事業。依照孔子「磨而不磷」、「涅而不緇」的邏輯，越是危亂之地，越能表現出英雄本色。觀《泰伯》篇的這個記載，可以說孔子積極入世的態度，於此躍然紙上矣。至於何時不入危邦、不居亂邦，何時又知難而上不懼危亂，按

503 《論語・憲問》。

504 《論語・泰伯》。

照孔子的時命觀，這就要看時命機遇了。再來看《詩論》關於《兔爰》的評析，若謂「不奉（逢）時」，則是對於詩作者態度的一種理解，或者說是一種肯定。這樣簡單地理解或復述詩旨，並不合乎《詩論》論詩的慣例。《詩論》論詩皆站在比較高的角度對詩篇作出評析，而不會只對詩旨作簡單的復述。《兔爰》一詩的生不逢時之歎，詩中表達得至為明顯，讀詩者莫不知之，何須孔子講解？再者，孔子積極入世的態度與詩中所表現的避世厭世之態度迴異，孔子又有什麼必要對其加以復述和肯定呢？

再從另外一個角度看，《兔爰》一詩的寫作時間不管定於周桓王，抑或是定於周平王的時期，作者所慨歎的都是王朝局勢的混亂不堪，於是進而採取閉目塞聽、消極逃避的態度，其怨天尤人之氣甚熾盛，而積極進取的態度則毫無蹤影。孔子有濃重的王權觀念，對於周王朝情有獨鐘，這在《詩論》多有體現，可以說是《詩論》論詩的主導思想之一。[505]《兔爰》一詩所展現的生不逢時之歎，充滿著怨天情緒。對於尊奉周王、尊奉天命甚篤的孔子來說，《兔爰》所展現出來的這兩種情緒都是不能夠容忍的，依孔子的邏輯當被斥退至「小人」之列。[506]就此而言，《詩論》評《兔爰》一詩，也不應當以「不奉（逢）時」為辭來解釋。孔子評析此詩所謂的「不奉時」，指的是此詩表現的是不遵奉「時命」（亦即天命）的小人之態。

（五）讓「天命」動起來——先秦天命觀的一個重要進展

先秦時期的天命觀念（專家或稱之為「天道觀」）在商周之際有

505 這一問題的相關討論，詳請參閱拙稿《從王權觀念的變化看上博簡〈詩論〉的作者及時代》一文，見《中國社會科學》2002年第6期。

506 《論語・季氏》篇載孔子語謂「小人不知天命而不畏也，狎大人，侮聖人之言」，《兔爰》詩所展現的正是這種「小人」之態。

一個重要變化，那就是由天命的不可移易，變為天命的可以以人之「德」而轉移。郭沫若《先秦天道觀之進展》一文對此有詳細論述。然而，他謂周初諸誥「凡是極端尊崇天的說話是對待著殷人或殷的舊時的屬國說的，而有懷疑的說話是周人對著自己說的。這是很重要的一個關鍵。這就表明著周人之繼承殷人的天的思想只是政策上的繼承，他們是把宗教思想視為愚民政策」[507]。這個著名論斷的意旨在於強調周人的「敬德」思想，這是合理的。可是，說法尚有可疑處，其一，極端尊崇天的話，見於《大誥》、《康誥》、《酒誥》、《梓材》等篇，不能說這些皆是對殷人所講。其二，說周人已經把天命觀視為愚民工具，這就意味著周代統治者自己並不怎麼相信天命，這與周人言必稱天命的實際情況是有距離的。與這個論斷相比，郭沫若先生所指出的周人「用盡了全力來要維繫著那種信仰（按：指對於天的信仰）」[508]的說法應當說是更為精闢的。可以說，從周初開始的周人的天命觀到了春秋時期，非但沒有削弱，反而還在增強，這從大量的周代彝銘及文獻資料中可以得到證明。

商周之際的天命觀經歷過一個大的變動，那就是周人將殷的天命有常，改變為天命無常，天命可以賦予殷，也可以賦予周。天命觀的這個變化是一個巨大進展。然而，這一變革的本質並沒有從根本上觸動天命的權威。「天」還是那個「天」，「天命」依然還是那個「天命」，只是它可以將所授予的對象改變而已。天命還是高懸世人頭上的鐵板一塊，人們在它面前毫無自由可言，只是俯首貼耳地絕對順從。《詩經》所載西周晚期的詩篇中出現了對天的抨擊，如「上帝板板，下民卒癉」[509]、「疾威上帝，其命多闢」、「天降喪亂，滅我立

507 郭沫若：《先秦天道觀之進展》，《郭沫若全集・歷史編》第1卷，第334-335頁。

508 同上書，第342頁。

509 《詩・板》是刺周厲王的作品。詩中的「上帝板板」的板，依清儒馬瑞辰說，板

王」[510]等。這些詩句表明在西周末年社會動盪的形勢下，人們胸中有一股對於天的怨氣，天被視為頑固的、呆板的、降災降禍的至上神靈。人們雖然不滿意天，但天的權威性並沒有被動搖。天命在商周間的遊移，不是對於其權威的削弱，而是從另一個角度所進行的強化。周人敬德配天的觀念所強調是個人對於天命的絕對服從，強調的是以個人的高尚德操博得天命的眷顧與青睞。「天命」作為高懸於人們頭上的一塊亙古不變的鐵板，讓人們時時處處小心頂禮膜拜，似乎壓得人們喘不過氣來。孔子提出的「時命」觀念，首先是讓「天命」動起來。「時」以其時間觀念的特質，在與「命」合而用之的時候，便突出了「命」的歷史性質，使「天命」這一概念從單純的天之權威，改變成為歷史發展過程中的權威。通過對「天命」的歷史性的賦予，實質上是使天命權威在歷史性質面前受到挑戰，在一定程度上削弱了其權威性。

我們分析西周—春秋時期天命觀的進展，用得著一句俗話，那就是「堡壘容易從內部攻破」。要動搖根深蒂固的傳統的天命觀，如若只從人們自己一方強調「敬德」，是無濟於事的。最好的辦法是在「天命」觀本身做文章，從天命自身（而不是人自身）找出破綻來。孔子的「時中」、「時命」等思想就是對於傳統的「天命」觀的一個衝擊。這個衝擊是從天命觀內部所發起的。孔子並不否定天命，而是通過重新詮釋，而賦予「天命」以新的姿態。這個新面貌，就是「時命」。

字本當作版。其義歷來訓為反。此訓雖然不誤，但本義卻與之有一定距離。愚以為「板」，即《孟子》所載「舉於版築之間」的版，為築牆時橫置的擋泥土的木板，本有鉗制之意，所以「上帝板板」，意指上帝鉗制民眾。以之喻周厲王，正相符合。

510 依次見《詩經》的《板》、《蕩》、《桑柔》等篇。

「天命—時命」之變，通過歷史性的賦予，天命不再是因靜止而凜然的龐然大物，原來，它也和人世一樣在不斷變化，可以讓人在天命面前有所選擇。在天命面前，個人有了一點點兒的自由，那就是我可以在合乎自己發展的時候，應時而動，也可以在不適合的時候，蟄居而待時。凝固靜止的天命只要動起來，也就閃現出了空隙，也就賦予人以一定的自由的維度，儘管這維度還非常有限，但它畢竟可以供人們選擇，讓人的意志在天的面前得以伸一下腰身，喘一口氣。「時命」可以說就是運動起來的天命。對比而言，按照時命觀念，人是主動的，而天命卻在被動地運動著，或多或少地給人們提供時遇、機遇，供人們所選擇。人們在「時命」面前，總比在鐵板一塊的凝固而絕對的天命面前要舒服不少。關鍵在於「運動」，在於變化。只有運動，才使得鐵板一塊的天命閃露出空隙，給世人留出了一點空間。儘管這一點空間非常有限，但它畢竟給人以自由選擇的餘地。孔子的「時」的觀念，給生命個體開闢了總體的「天命」觀念下面的一定的自由維度，它關注的不在於天命的絕對，而是個體的相對自由，是個體的存在狀態，他所說的「君子之於天下者，無適也，無莫也，義之與比」[511]，就展現了這種人在天命面前相對自由的精神狀態。就共時性而言，時命顯然已經表現著「天命」的不公。它可以讓某些人「窮」，又可以讓另一些人「通」，同是「天命」，何以不同如此？這一問題實質上留給了人們批判與否定「天命」觀的不小的空間。戰國時期道家學派，對待「時命」觀念，往往捨「命」而重「時」，強調「與時俱化」、「與時消息」。雖然孔子沒有走出「天命」這個圈子，但他所提出的「時」與「時命」的命題卻在實際上開啟了由「命」向「時」邁進的途徑。人們對於「時命」的取捨，對於時命的俯就抑或

511 《論語・里仁》。

是逃避，實際上展現了個體的存在過程。「天命」向「時命」的轉變，開啟了人們真正對於天命可以怨恨、可以批判的大門。貧士、隱士的不逢時、不遭時之歎，固然是在說自己命運的不濟，但同時這歎息聲中也透露出對於天命不公的聲討。對比西周時期充斥著的「配天」之論，孔子以降的「時命」觀，不啻為一個巨大進展。如果說「命」體現著過程的必然，那麼「時」則透露著過程的偶然。

孔子提倡人們奉時，其實，孔子自己就是遵奉時命而積極進取的樣板。對於這一點，孟子看得非常清楚。孟子曾以「聖之時者」讚揚孔子，後儒對於「聖之時」的意蘊每每求之過深，其實還應當說是趙岐注《孟子》所說的「孔子時行則行，時止則止」[512]，最為近是。所謂「聖之時」，就是能夠審時度勢，有時命則行動，沒有時命則停止。「聖之時」，就是能夠抓住時命的聖人。但這只是說到孔子行止有時、因時應變這一個方面，而對於孔子知「時命」而積極進取這一點則沒有涉及。其實孟子所云似有深意在焉。孟子所說的「聖之時」的時與天關係密切，正如王夫之所謂：「曰『聖之時』，時則天，天一神矣。《易》曰『化不可知』，……化則聖也，不可知則聖之時也。化則力之至也，不可知則巧之審中於無形者也。」[513]王夫之不僅強調了孔子對於時世的出神入化的功夫，而且明確指出「時則天」，可謂卓識。孟子和孔子一樣，充滿著天生我材必有用的豪邁之氣。孔子周遊列國被困於匡的時候曾經非常自信地說：「文王既沒，文不在茲乎？天之將喪斯文也，後死者不得與於斯文也；天之未喪斯文也，匡人其如予何？」[514]他以繼承文王以來的道統而自豪。孟子因不受重用而離開齊國的時候，曾謂：「五百年必有王者興，其間必有名世者。由周

512 焦循：《孟子正義》卷20，中華書局1987年版，第672頁。

513 王夫之：《讀四書大全說》卷9，第653頁。

514 《論語・子罕》。

而來，七百有餘歲矣。以其數則過矣，以其時考之則可矣。夫天，未欲平治天下也；如欲平治天下，當今之世，舍我其誰也？吾何為不豫哉？」[515]在孟子的心目中，孔子和他自己都是得天應時而生的聖者，可以為平治天下而大顯身手。孔子以天命為己任，孜孜不倦地奮鬥，創立儒家學派，整理夏商周三代文化遺產，開創一代學風，正是抓住了天賜良機。孟子說孔子是「聖之時者」，實寓有得天應時之意。如果把「聖之時者」僅僅理解為時代的弄潮兒，理解為「時髦聖人」，那是很不夠的。

近來已有專家關注到孔子的「時」的觀念的研究。過去學者曾斷定孔子沒有提出「時」的觀念作為行為準則，認為推崇「時」始於孟子。針對此說，廖名春先生在研究《易經・乾卦》的時候指出，「這種重『時』的思想，在九三爻中尤其突出」，「可以說，《乾》卦六爻，雖然沒有一個『時』字，但沒有哪一爻不是在說『時』。『時』是《乾》卦的核心精神」，[516]此論甚是，令人信服。孔子研《易》甚精，馬王堆漢墓帛書關於孔子論《易》的多篇著作，足證「韋編三絕」之說絕非虛語，《易傳》內容貫穿著孔子的研《易》思想，他關於「時」的思想融入其中，應當是自然而且必然的事情。

九　從上博簡《詩論》第25簡看孔子的天命觀
——附論《詩》之成書的一個問題

上博簡《詩論》第25號簡提到「《腸腸》小人」，其中的篇名應當是《大雅・蕩》篇，而非《詩・君子陽陽》篇。《蕩》篇首章與後七

515 《孟子・公孫丑下》。

516 廖名春：《〈周易・乾〉卦新釋》，《社會科學戰線》2008年第3期。

章在詞語、文意等方面皆有重大區別，後七章係漢儒混入者。其首章方是真正的《蕩》篇的一部分。從這章內容看，它抨擊和咒罵天命，正是孔子所謂的「不畏天命」的「小人」之貌。簡文為判定今傳本《蕩》篇的後七章屬於另篇提供了重要旁證，並且，對於認識《詩》的成書有較為重要的參考價值。博簡《詩論》第25簡的「《腸腸》小人」之語，專家解釋有異，今試提出新說供專家參考。本文論證的主旨是要說明，這條簡文和孔子的天命觀有關。此論牽涉問題甚多，茲試析之。

(一) 簡文「《腸腸》」指的不是《君子陽陽》篇

關於簡文所指《詩》篇，專家所論，今所見者有兩說：一是馬承源[517]、許全勝所說[518]，指的是《大雅・蕩》篇。此篇開首即謂「蕩蕩上帝」，是原以「蕩蕩」二字為篇名。傳抄時脫去重文符號而只餘一個「腸」字為篇名。「腸」、「蕩」音可通。是簡文《腸腸》即當讀若《蕩蕩》，指的今本的《蕩》篇。二是李學勤[519]、李零[520]、廖名春[521]、黃懷信[522]等說是篇為《君子陽陽》。劉信芳雖然同意此說，但提出了一個問題，即「《君子陽陽》何以為『小人』？思之未得」，所以持謹慎的闕疑態度。[523]上述兩說於文字音轉釋讀上都是沒有什麼問題的，

517 馬承源主編：《上海博物館藏戰國楚竹書》(一)，第155頁。

518 許全勝：《〈孔子詩論〉零拾》，見上海大學古代文明研究中心、清華大學思想文化研究所編《上博館藏戰國楚竹書研究》，上海書店出版社2002年版，第365頁。

519 李學勤：《〈詩論〉與〈詩〉》，見《清華簡帛研究》第2輯，清華大學思想文化研究所2002年版，第30頁。

520 李零：《上博楚簡校讀記》，《中華文史論叢》2001年第4期。

521 廖名春：《上海博物館藏詩論簡校釋》，《中國哲學史》2002年第1期。

522 黃懷信：《上海博物館藏戰國楚竹書〈詩論〉解義》，社會科學文獻出版社2004年版，第103-104頁。

523 劉信芳：《孔子詩論述學》，安徽大學出版社2003年版，第237頁。

讀暘為「蕩」或「陽」，都是可以的。然而，就兩篇詩作文意看，則後一說不大靠得住。今先來討論這一問題。

《君子陽陽》篇見於《詩．王風》，原詩不長，具引如下：

君子陽陽，左執簧，右招我由房。其樂只且。
君子陶陶，左執翿，右招我由敖。其樂只且。[524]

詩中的「君子」歷來以為指的是樂官（如旄人、磬師、鐘師、笙師之類），這個判斷是正確的。東周時期，樂官流散，「大師摯適齊，亞飯干適楚，三飯繚適蔡，四飯缺適秦，鼓方叔入於河，播鼗武入於漢，少師陽、擊磬襄入於海」[525]。蟄居於洛陽的東周王朝，當然也有樂官流失的情況存在。東周王朝雖然是保存周王禮樂最多的地方，但是樂官的地位卻已是今非昔比。他們在失意與哀歎的時候，以樂官舊業而苦中作樂，其思想情感應當是複雜的。清儒姚際恆說此詩為「作樂者亦作詩以摹寫之」[526]，應是比較可信的說法。這兩章詩，首章寫音樂，次章寫舞蹈。可以意譯如下：

君子其喜洋洋，左手拿著笙簧，右手招呼我一起演奏房中樂。

524 聞一多說，此詩分為兩章乃「寤歌（對歌）」的表現方式所致（《聞一多〈詩經〉講義》，天津古籍出版社2005年版，第63頁）。可以推測，此詩所寫對歌者，乃兩位樂師。關於詩首章的「招」字，文物局古文獻研究室、安徽阜陽地區博物館阜陽漢簡整理組《阜陽漢簡〈詩經〉》作「撓」（見《文物》1984年第8期）其安字有擾亂意。其意則指，一位樂師右手打著節拍，以其演奏房中樂的方式擾亂另一樂師之心緒，讓他也參加演奏。兩字相比，漢簡之「撓」略勝於傳世本的「招」。詩中的「房」，指房中樂，清儒牟庭認為其為閨房（《詩切》，齊魯書社1983年版，第713頁），疑非是。

525 《論語．微子》。

526 姚際恆：《詩經通論》卷5，中華書局1958年版，第94頁。

他好快樂喲！

君子其樂陶陶，左手拿著羽翿，右手招呼我一起舞蹈。他好快樂喲！

同為樂官，本應一起執笙簧羽翿翿樂舞，但寫詩者卻並未馬上參加，其心中的情緒應當有所變化，開始時對於作樂者的「其喜洋洋」、「其樂陶陶」當存在著一些不滿意的地方，所以詩的「其樂只且」之語，其中不乏一定的譏諷之意。但是作詩者並未就此停止考慮，而是持讚美作樂者，並且向其學習，自己也加入到樂舞的行列中去。

現在，讓我們的討論回到簡文上。

如果說此篇詩即是《詩・君子陽陽》篇的話，那麼，為何說它指斥了「小人」呢？而對於此一問題的回答，專家所論原因是《詩・君子陽陽》篇「寫在位君子只顧招呼為樂，不求道行，故簡文稱之為『小人』」[527]，或謂此篇詩「是寫得意之態，簡文以為『小人』」[528]，或謂「這樣的『君子』，在儒者看來，只能算是一種輕狂之人」[529]。這些解釋自有其道理在，其中的關鍵是把詩中的「君子」理解為在位者。統治者只顧自己玩樂，而「不求道行」，自然其行徑算不得「君子」，而只能是「小人」的勾當。可是，自古以來，釋此詩者皆說詩中的「君子」指樂官而言，猶孔疏所謂「君子祿仕在樂官」[530]，非是一般的執政卿大夫者流。若肯定其為執政者，恐怕是找不出證據來的。所以，說簡文批評為「小人」的詩篇非是《詩・君子陽陽》篇的理由，此為其一。

527 李零：《上博楚簡校讀記》，《中華文史論叢》2001年第4期。

528 李學勤：《〈詩論〉與〈詩〉》，見《清華簡帛研究》第2輯，第30頁。

529 黃懷信：《上海博物館藏戰國楚竹書〈詩論〉解義》，第104頁。

530 孔穎達：《毛詩正義》卷4，見阮元校刻《十三經注疏》，第331頁。

再從孔子歷來對於樂官的態度上看，也可以肯定他是不會輕易指斥其為「小人」的。孔子曾經向魯國的樂師言及音樂演奏過程的奧妙，[531]再聯繫到他「在齊聞《韶》，三月不知肉味」[532]之事，很難想像孔子會輕易地指斥樂官們為「小人」。這應當是理由之二。

也許有人質疑，簡文指斥「小人」，會不會是說這些樂官得意忘形而有「小人」之態呢？前人於此有所論及，已經指出這些樂官實即樂工，他們居亂世，面臨著禮崩樂壞的局面，宏大歌舞的場面已逝而不再，所以，相招以樂舞，以燕樂（即房中樂）自娛而娛人，「不任憂責，全身自樂而已。君子居亂世，如是而已」[533]。樂官們表演歌舞之樂，實即職業使然。《詩序》謂此詩「閔周」，或許正是從這個意義上指出東周王朝統治者苟且偷樂之可悲。詩中雖有少許的譏諷之意，但並未達到深惡痛絕的地步，作詩者的態度仍然是友善的。所以說，即令是「閔周」，這也是由詩意引申開去的說法，距離詩的意蘊已有較大距離，更不是指斥樂官們為「小人」。這是理由之三。

另外，孔子關於「小人」的概念，是與「君子」相對應的，主要指品德醜惡者，少數指下層群眾。[534]從《詩・君子陽陽》篇所描寫的

---

531 《論語・八佾》篇載：「子語魯大師樂。曰：『樂其可知也：始作，翕如也；從之，純如也，皦如也，繹如也，以成。』」

532 《論語・述而》。除了此例之外，尚有其它事例亦可說明此點，如孔子曾經「學鼓琴師襄子」（《史記・孔子世家》），《索隱》云：「《家語》師襄子曰：『吾雖以擊磬為官，然能於琴』。蓋師襄子魯人，論語謂之『擊磬襄』是也」。孔子還曾「訪樂於萇弘」（《孔子家語・觀周》），萇弘雖非樂官，但卻是一位熟稔音樂的周大夫。

533 《二程集》第4冊，中華書局1981年版，第1056頁。按：《詩序》謂此詩表現了「君子遭亂，相招為祿仕，全身遠害而已」，二程之說，實為對於此論的說解，代表了後儒的一般看法。連反對《詩序》甚為激烈的朱熹雖然將「房」解為婦人所居之「東房」，但是肯定此婦人「安於貧賤以自樂……可謂賢矣」（《詩集傳》卷4），亦不將此詩視為淫詩（見《朱子語類》卷81）。

534 這類證據，於《論語》中頗多，且多出自孔子之語，如謂「君子周而不比，小人比而不周」（《為政》）；「君子喻於義，小人喻於利」，「君子懷德，小人懷土；君子

人物情況看，這兩者皆無法與之相符，若僅以沉醉於音樂歌舞即謂之「小人」，恐非孔子意願。孔子自己曾為美妙音樂所陶醉，就是對這種說法的有力反證。若謂詩中的「君子」之稱就是一種嘲諷，恐怕也說不通。以「君子」之辭嘲諷者以《詩・伐檀》篇最著，然《君子陽陽》篇是由衷地讚美，談不到諷刺挖苦。這是理由之四。

總之，從以上四個方面看，《詩・君子陽陽》篇自有其意，但其中並無諷刺或抨擊「小人」的內涵。簡文「《腸腸》，小人」，其所指不應當是《詩・君子陽陽》篇，而應當是《大雅・蕩》篇。

（二）《大雅・蕩》篇解析

關於《大雅・蕩》篇，馬承源已經指出，它的後七章，應屬另篇而為漢儒所誤入者，因為這七章皆為斥責「殷商」之辭，對於一個王朝而言，不當稱之為「小人」。若謂「小人」指斥責者而言，那麼，這七章皆托文王之語，周文王更不應當被視為「小人」。《大雅・蕩》篇的首章與後七章完全隔膜，無論如何曲解為說，總嫌牽強。今得簡文「《腸（蕩）腸（蕩）》，小人」，更可證此後七章原本不在《蕩》篇，而是錯簡混入者。下面具體討論一下這後七章：

> 文王曰諮，諮女殷商。曾是強禦，曾是掊克。曾是在位，曾是在服。天降滔德，女興是力。
>
> 文王曰諮，諮女殷商。而秉義類，強禦多懟。流言以對，寇攘

懷刑，小人懷惠」（《里仁》）；「君子坦蕩蕩，小人長戚戚」（《述而》）；「君子成人之美，不成人之惡。小人反是」（《顏淵》）；「未有小人而仁者也」，「君子上達，小人下達」（《憲問》）；「君子固窮，小人窮斯濫矣」，「君子求諸己，小人求諸人」（《衛靈公》）；「君子學道則愛人，小人學道則易使也」（《陽貨》）；「君子有勇而無義為亂，小人有勇而無義為盜」（《陽貨》）；皆為其例。

式內。侯作侯祝，靡屆靡究。

文王曰諮，諮女殷商。女炰烋於中國，斂怨以為德。不明爾德，時無背無側。爾德不明，以無陪無卿。

文王曰諮，諮女殷商。天不湎爾以酒，不義從式。既愆爾止，靡明靡晦。式號式呼，俾晝作夜。

文王曰諮，諮女殷商。如蜩如螗，如沸如羹。小大近喪，人尚乎由行，內奰於中國，覃及鬼方。

文王曰諮，諮女殷商。匪上帝不時，殷不用舊。雖無老成人，尚有典刑。曾是莫聽，大命以傾。

文王曰諮，諮女殷商。人亦有言：顛沛之揭，枝葉未有害，本實先撥。殷鑒不遠。在夏后之世。

這七章應當是後世史官所述周文王斥責殷商之辭。詩的內容每與文獻所載殷末情況相符，如詩謂酗酒情況與《尚書》諸篇及彝銘所載殷商酗酒之俗相合；[535]詩中所謂「小大近喪，人尚乎由行」與《尚書・微子》「殷罔不小大好草竊奸宄」合；「鬼方」事與史載殷高宗伐鬼方事合；「殷不用舊」、「雖無老成人」與《尚書・盤庚》「圖任舊人共政」、「人惟求舊」、「無侮老成人」合。此七章旨在於斥責殷商末年之政，意猶觀火，無須多辯。然而《大雅・蕩》的這後七章，後儒多以為是借古諷今，表面上是說「上帝」，其實是指周厲王，指的是借斥商紂王來痛諫周厲王，獨歐陽修持異義，他說：

毛、鄭惟於《板》及此詩以上帝為君王意，謂斥厲王者，皆非

535 《尚書・酒誥》篇斥殷人「庶群自酒，腥聞在上」，《尚書・微子》載微子之語「我用沈酗於酒，用亂敗厥德於下」，《大盂鼎》銘文記殷人「率肆於酒」，皆為其例。

也。《蕩》自二章以下，每言「文王曰諮，諮女殷商」者，自是詩人之深意，而鄭謂厲王弭謗，穆公不敢斥言王惡，故上陳文王諮嗟殷紂以切刺之者，亦非也。厲王之詩多矣，今不暇遠引，如《蕩》之前《板》也。……《蕩》之後《抑》也……斥王之言多矣，豈凡伯、衛武公敢斥而獨召穆公之不敢也？[536]

歐陽修的這個質疑是很有道理的。果如《詩序》所言《蕩》詩為「召穆公傷周室大壞」而作，那麼，他就不會借斥商紂王來拐個彎子批評周厲王。然而，歐陽修對於《蕩》篇詩序的懷疑精神並沒有繼續走下去，最後還是回覆到召穆公「傷之尤深」為說。其實，後七章，每章首句皆謂「文王曰諮，諮女殷商」，意甚明顯，實不必迂迴地拐到斥周厲王這一點上。可以推測，這七章與首章本非同篇，是漢儒寫定時才錯簡牽合一體的。上博簡的這條簡文稱其篇為「小人」，無論如何也和這後七章意思不類。由此可以旁證其本非《蕩》篇詩句，而應當為錯簡混入者。我們還可以推測，這後七章本當為一篇。依《詩》取首字為篇名的慣例，蓋當名之為《諮》，依內容排次，應當排在《大雅・文王》篇之後。亦當為歌頌文王之詩。[537]

《詩・大雅・蕩》的首章與後七章風格與語言迥異。看其原文，此點並不難理解：

蕩蕩上帝，下民之辟。疾威上帝，其命多辟。天生烝民，其命

536 歐陽修：《詩本義》卷11，四部叢刊本。

537 陳子展說《蕩》詩「疑是武王假『遵文王』，車載『文王木主』，詫為文王的話去伐紂，聲討紂王的一篇有韻的檄文」（《詩三百篇解題》，第1030頁）。此論雖然不誤，但尚無確證如此。文王指斥殷紂非必為假託者，也可能其在世時已偶有此語而為史官所記者如此。然而，此問題不大，無論如何，其篇當列入《詩・文王之什》。不在《文王》篇後，亦當在《大明》篇之後。

匪諶。靡不有初，鮮克有終。[538]

這些詩句的內容不難理解，可以意譯如下：放蕩的上帝，枉為下民之君。暴戾的上帝，其命令常常邪辟。天生眾民，天命是不可信的。沒有人不善始，但卻很少有人能夠善終。《蕩》詩中的「諶」，意為誠信。所謂「其命匪諶」，指的是何人之「命」不可信呢？《傳箋》與《詩序》皆謂指的是周厲王，詩中明謂是「上帝」，卻視而不見，偏偏說是周厲王，漢儒解詩硬加牽合有如是者，於此可見。朱熹一反《傳箋》和《詩序》之說，認為其意實指「天生眾民，其命有不可信者」[539]，然而，古代解詩者蓋因為此處涉及「天」，不便多說，所以幾乎都不怎麼說天命不可信，而只是強調人不可信，強調天生眾民，總是「以誠信使之忠厚」，而民眾則「更化於惡俗」[540]，「蜚（非）得明王扶攜，納之以道，則不成君子」[541]。清儒王夫之明確指出此句不是說人，而是強調了「天」。他說：

> 「天生烝民，其命匪諶」，人弗諶之乎？曰：天固不可諶也。故曰：「天難諶。」斯天也，非徒人也。……天不恃克終以為德，則是天固不可諶也。[542]

538 此章的「蕩」字，歷來有兩說，或指廣大，或指驕縱。胡承拱《毛詩後箋》卷25考訂諸說，謂「『蕩蕩上帝』，斷非美辭，自不得訓為『廣大』」。馬瑞辰《毛詩傳箋通釋》卷25謂當讀若「潒」，指「流水放散」，引申指「法度廢壞之貌」。陳啟源《毛詩稽古篇》謂「蕩，古之狂也」（《皇清經解》，卷80）。今從此三說，釋為放蕩。

539 朱熹：《詩集傳》卷18，上海古籍出版社1980年版，第203頁。

540 《詩・蕩》鄭箋，見阮元校刻《十三經注疏》，第552頁。

541 《韓詩外傳》卷5，《韓詩外傳集釋》，中華書局1980年版，第185頁。按：清儒解詩名家胡承拱、馬瑞辰等皆從韓詩此說。

542 王夫之：《詩廣傳》卷4，見《船山全書》第3冊，嶽麓書社1992年版，第464頁。

歷來儒者所以不敢指出此處意指天不可信，蓋為古代天命觀所囿而致。船山先生一針見血地揭示主旨，實在難能可貴。由此，我們可以理解，詩中所謂「靡不有初，鮮克有終」，應當與前面的「其命匪諶」聯繫起來分析，[543]實際上是指出，人不能善始善終的根本原因，就在於「天命匪諶」，是不可信賴的「天命」所造成的結果。此章詩的主旨是揭露天命之邪辟和欺詐，指出天命就是在讓人上當受騙。可以肯定，《蕩》詩此章，不僅指斥「上帝」，而且指斥「天」，其大膽程度在先秦時期是少見的。

（三）簡文何以斥《大雅・蕩》篇為「小人」

前面提到，劉信芳先生曾經對判定簡文所指係《君子陽陽》篇之說提出了一個質疑，即《君子陽陽》何以為「小人」呢？這樣的問題，我們對於《蕩》篇同樣可以提出：《蕩》何以為「小人」呢？馬承源、許全勝雖然正確地指出了簡文所指非是《君子陽陽》篇而應當是《蕩》篇，還進一步指出今本《蕩》篇後七章當屬錯簡而混入者，但卻沒有進一步分析其何以為「小人」的問題。對此，是應當進行補充說明的。

愚以為要說清楚此問題，必須先來探討一下西周春秋時期社會上的天命觀的情況。

大致來說，從周初諸誥的記載看，周初人認為天命是可以轉移的，天曾經選擇商湯「簡代夏作民主」，周王又受命「簡畀殷命」[544]，周初人也說過一些天命不可信的話，[545]但那是在強調天命可以轉移，

543 前人分析這兩句，常常與前面的詩句割裂，認為，人之初，性本善，只是後來染於惡俗或不得聖人教誨，所以才未能善始善終。如此分析並不符合詩的本意。

544 《尚書・多方》。

545 如《尚書・君奭》篇謂「天不可信」、「天難諶」，《詩・大明》篇謂「天難忱

不要執拗於天命一定在我。這並非在懷疑天命，而是指出了天命之威嚴，只有明德慎罰可以作「民主」的人才可以受天命而擁有統治天下的權力。這並不影響周初人對於天命的篤信。這類說法裏面，尚有另外一層意思在焉，那就是強調指出天與上帝明察秋毫，明辨善惡，並且通過獎善而罰惡。這樣的天命更加明智、更加道德化和理性化。所以，這類說法，不僅不是對於天命的懷疑，而且是對於天命的更高水準的讚揚，是給天命增添了光彩和更加神聖的光環。但是到了西周後期和春秋時期，情況有了變化。一方面，人們繼續篤信天命，下面兩例，可謂典型：

> 周德雖衰，天命未改。鼎之輕重，未可問也。
>
> 善之代不善天命也……

這上一句話是《左傳・宣公三年》所載周大夫王孫滿抨擊楚王問鼎之語。後一條是《左傳・襄公二十九年》所載鄭大夫裨諶之語。這些話還都是篤信天命的表述。然而，社會上還有另外一種聲音：

> 天方薦瘥，喪亂弘多。……不弔昊天，不宜空我師。……昊天不傭，降此鞠訩。昊天不惠，降此大戾。……昊天不平，我王不寧。
>
> 天之扤我，如不我克。……民今之無祿，天夭是椓。

(信)斯」等，皆從天命可以轉移的角度立說，並非從根本上對於天命的懷疑。郭沫若曾說「懷疑天的說話是周人對著自己說的。……周人根本在懷疑天，只是把天來利用著當成了一種工具」(《先秦天道觀之進展》,《郭沫若全集・歷史編》第1冊，第335頁)。按：這個甚有影響的說法，可能是有問題的。天和天命都不應當看做是周人的「工具」，而應當是周革殷命的根本理論依據所在，且周人並沒有「根本在懷疑天」。

天命不徹，我不敢傚我友自逸。

浩浩昊天，不駿其德。降喪飢饉，斬伐四國。旻天疾威，弗慮弗圖。舍彼有罪，既伏其辜。若此無罪，淪胥以鋪。……如何昊天，辟言不信。如彼行邁，則靡所臻。

出自北門，憂心殷殷。終窶且貧，莫知我艱。已焉哉，天實為之，謂之何哉？

彼蒼者天，殲我良人。如可贖兮，人百其身。[546]

提出以上說法的詩篇的時代是在兩周之際到春秋時期這個階段。這些說法裏面，天不再是絕對的權威，而是成了另外的形象，天的品德是不善的（「不弔」）、不公平的（「不傭」、「不平」）、不仁慈的（「不惠」）、狡詐的（「不徹」）。不僅天的品德壞透了，而且其影響也極壞。它降下災荒（「瘥」）、喪亂、大禍（「鞠訩」、「大戾」）、飢饉、貧窮（「終窶且貧」），民眾的貧困和艱難全是天降之災（「天夭是椓」）。它殺掉好人（「殲我良人」），讓好人受罪（「若此無罪，淪胥以鋪」），並且還寬宥壞人（「舍彼有罪」），真是善惡不分、是非不辨。這些語言是對於天和天命的徹底批判和無情咒罵，與西周前期通過強調「天不可信」而進一步讚美天和天命的做法已經是大異其趣了。當時有頭腦的人還是看出了問題的關鍵所在。《雨無正》篇說：「凡百君子，各敬爾身。胡不相畏，不畏於天。」這是其作者的希望之辭，他希望那些「君子」要自尊自重，要對別人尊重，特別是要敬畏於天。「那些」不畏於天者，正是對於天命抨擊、反對、攻訐的人。

我們的討論可以回到關於「小人」的問題上了。

---

546 這些詩句依次見《詩經》中《節南山》、《正月》、《十月之交》、《雨無正》、《北門》、《黃鳥》等篇。

前面已經提到，孔子所界定的小人，大多是依倫理道德來決定的。於此我們還應當強調一點，那就是孔子還將對於「天命」的態度的區別作為一個劃分君子與小人之域的重要界限。他說：「君子有三畏：畏天命，畏大人，畏聖人之言。小人不知天命而不畏也，狎大人，侮聖人之言。」[547]在這個「三畏」的重要標準中，第一項就是「天命」。宋儒朱熹解釋「三畏」時道：「畏者，嚴憚之意也。天命者，天所賦之正理也。知其可畏，則其戒謹恐懼，自有不能已者。而付畀之重，可以不失矣。大人聖言，皆天命所當畏。知畏天命，則不得不畏之矣。」[548]可見，「天命」不僅位置在第一，而且是後兩「畏」的統帥，其邏輯結構正如朱熹所謂「大人、聖言，皆天命所當畏」。可以說，在孔子的心目中，「不畏天命」乃是斷定其為「小人」的極重要的標準。說到這裏，《詩論》簡文所載孔子何以稱《蕩》篇為「小人」的原因，就不難理解了。《蕩》篇所載之辭以咒罵天命、抨擊天命為主旨。這種對於天命大不敬者如果不是「小人」，什麼樣的人還會是「小人」？依照孔子的「三畏」之說，這種人正是不折不扣的「小人」。如果不斷定其為「小人」，照孔子的思想邏輯說，那才是咄咄怪事呢。簡文的評析僅用「小人」二字，也是孔子對這樣的「小人」的無比痛恨與蔑視的一種表現。如果說，從兩周之際開始，思想界出現了騷動不息的一股痛斥天命的潮流的話，那麼孔子對於天命的尊奉，也就是「守舊」態度的表現，亦是他敢於反潮流的「違眾」[549]精神的表現。

我們還可以舉出《小雅・何人斯》一篇來說明這個問題。此篇揭露和痛斥屢進讒言撥弄是非的無恥小人。上博簡《詩論》第27號簡評

547 《論語・季氏》。

548 朱熹：《論語集注》卷8，《四書章句集注》，第172頁。

549 《論語・子罕》篇載孔子語。

論此詩說：「《可（何）斯》，雀（誚）之矣。離其所愛，必曰（吾）奚舍之，賓（殯）贈氏（是）也。」意思是說：讓那反覆無常的為鬼為蜮的讒譖小人去死吧，如果說我一定要送他些什麼的話，我將贈送一首送葬之歌。[550]對於小人的憎恨之意，溢於言表。這裏特別值得注意的是《何人斯》篇所述小人惡行亦有「不畏於天」一項，見於其詩的第三章。上博簡《詩論》第27簡對於《何人斯》的評析，與第25簡痛斥《蕩》篇所載對於天大不敬者為「小人」的思路是完全一致的。這對於我們理解孔子的君子小人觀和天命觀是很有啟發意義的材料。

（四）從一個角度看《詩經》成書問題

如果以上的分析可以說明《詩．大雅．蕩》篇的思想主旨及何以被斥為「小人」的話，那麼，在此基礎上，還有兩個問題有待討論：一是既然《蕩》篇為「小人」之詩，那麼它為什麼還會保存在《詩》中呢？孔子為何不將其刪除呢？二是這個簡文對於我們認識《詩》的成書問題有無啟發呢？如果有的話，應當在什麼地方呢？

我們先來討論第一個問題。

《詩經》諸篇多出自卿大夫之手，所以《國語．周語》有「公卿至於列士獻詩」之說，《晉語》六亦有「在列者獻詩」之說。即便有「行人振木鐸徇於路以采詩」[551]，但所採集的諸地民歌並不會直接入《詩》，也需由卿大夫之手潤色整理而成詩。最初的《詩》的詩歌在當時都是各種禮儀場合演唱的歌詞，是與音樂配合為一體的。卿大夫自己所創作的詩歌當然也在其中，表現卿大夫個人情緒的詩作自然會保存在詩中。周王朝厲、幽之時和兩周之際出現了不少通過譴責

550 關於第27號簡的這段簡文及《小雅．何人斯》篇的較詳考析，請參閱拙著《上博簡〈詩論〉之「雀」與〈詩．何人斯〉探論》，《文史》2003年第3期。

551 《漢書．食貨志》。

「天」表現對於王權不滿和卿大夫無所適從情緒的詩作，如《節南山》、《雨無正》等。《蕩》篇很可能出現於此時並保存在孔子之前的《詩》中。既然孔子尊王、尊天命，那麼，孔子在為弟子編選《詩》作為教本的時候，何以不將這些詩篇排除，而仍然列在《詩》中呢？這個原因，可以從兩個方面考慮。

一方面，孔子要保存《詩》的歷史面貌。這些詩雖然不合乎孔子的思想觀念和倫理道德標準，但它畢竟是那個時代情緒的反映，既然詩「可以興，可以觀，可以群，可以怨」[552]，那麼，這些詩就是過去時代的「怨」的樣板，孔子讓弟子瞭解歷史（詩的歷史與時代的歷史），從這個角度看，這類詩自然有其保存的價值。從這裏，我們也可以體悟到孔子編選《詩》時實有「存真」的理念在焉。孔子曾謂「《詩》三百，一言以蔽之，曰『思無邪』」[553]，關於這其間的含義，朱熹說：「凡《詩》之言，善者可以感發人之善心，惡者可以懲創人之逸志，其用歸於使人得其情性之正而已。然其言微婉，且或各因一事而發，求其直指全體，則未有若此之明且盡者。故夫子言《詩》三百篇，而惟此一言足以盡蓋其義，其示人之意亦深切矣。」[554]所謂「思無邪」，並非每篇詩必皆合乎聖道，而是指詩人直抒胸臆，可以使其「性情千古如照」[555]。或許正是從這個十分客觀的角度，孔子在編選《詩》的時候，依然將不合己意的《蕩》之類的篇章收入而予以保存。

另一方面，從培養弟子的辨別能力看，這類詩是可以作為反面教

552 《論語・陽貨》。

553 《論語・為政》。

554 朱熹：《論語集注》卷1，《四書章句集注》，第54頁。

555 程樹德：《論語集釋》卷3（中華書局1990年版，第67頁），引鄭氏說。

材使用的。這種情況猶清儒魏源所謂「存以示戒」[556]之意。《詩》中可以保存各種思想的詩作，這是孔子存歷史之真的卓見。但孔子並不是主張放任自流，而是強調要「思無邪」，讀詩者不要有邪念，而應當有正確的觀點對詩進行分析。簡文批評《蕩》篇為「小人」，就是一種引導，就是讓弟子認識不畏天命的「小人」的本質。孔穎達《毛詩正義・序》謂：「夫《詩》者，論功頌德之歌，止闢防邪之訓，雖無為而自發，乃有益於生靈……聞之者足以塞違從正。」[557]《蕩》之類的詩，正可以起到使讀之者「塞違從正」的作用。

由這兩點考慮，《蕩》之類的篇章被編入《詩》應當是不難理解的。這對於我們認識《詩》的成書應當有一定意義。

現在我們來討論前面提到的第二個問題。《詩》的彙集和編定流傳，應當是西周春秋時代的事情。宋儒王柏論《詩》之成書，曾有「《詩》凡三變」之語。他說：

> 《詩》凡三變矣。《正風》、《正雅》，周公時之詩也。周公之後，《雅》、《頌》龐雜，一變也。夫子自衛反魯，然後樂正，再變也。秦火之後，諸儒各出所記者，三變也。夫子生於魯襄公二十有二年。吳季札觀樂於襄之二十有九年，夫子方八歲。《雅》、《頌》正當龐雜之時。[558]

其所謂的「三變」，大致是對的。但謂周公之後「《雅》、《頌》龐雜」，則未必全是。《左傳・襄公二十九年》所載季札評論《大雅》

556 魏源：《詩古微》卷2《毛詩義例》中，見《皇清經解續編》第5冊，上海書店出版社1982年版，第661頁。

557 阮元校刻：《十三經注疏》，第261頁。

558 王柏：《詩疑》，樸社1935年版，第26頁。

謂：「廣哉，熙熙乎！曲而有直體，其文王之德乎！」是可見季札時的《大雅》音樂以「直體」為特徵。所謂「直體」，意即音樂正直而豪邁，猶後世的「進行曲」。季札所見的《大雅》與周公時詩應當沒有什麼大的區別。上博簡《詩論》「《腸（蕩）腸（蕩）》，小人」的評語表明，孔子時《蕩》篇只是對於「小人」的抨擊之詩，此篇裏面還沒有歌頌文王之德的內容（反之，如果有歌頌文王之德的內容在，孔子也就不會有「小人」的斥責之評語在焉）。馬承源曾指出，《蕩》和《民勞》、《板》等七篇之入《大雅》係「漢儒整理時所混雜」，如今，我們可以補充其說，謂《蕩》篇後七章的文王諮責殷商之辭亦當作如是觀。[559]簡文表明，孔子之時，那種所謂的「龐雜」局面尚未出現。關於《詩》的成書，我們可以推測，周公以後、孔子之前，《詩》為采風之官收集整理而存於周王朝以及各諸侯國官府，孔子時選出一些詩篇作為教本，是為《詩》的初次編選整理成冊。孔子之後，各派儒者所記，基本保持一致。秦火之後，漢儒所記者，與孔子所編定的《詩》的面貌已經有了距離，不僅有遺失和錯簡，而且字句的錯訛之處也不少。漢儒進行整理而使《詩》得以流傳，是為一大貢獻，但錯訛之處亦隨之流傳下來。今日釋《詩》，不可不注意到這個情況。上博簡《詩論》為戰國中期的文字記載，未及秦火，對於瞭解先秦時期的《詩》的情況非常重要，其與今傳本的文字異同處，更值得重視。《詩論》第25號簡的「《腸（蕩）腸（蕩）》，小人」，對於認

559 顧頡剛在評析王柏《詩疑》的學術價值時曾指出王柏能夠指出《詩經》諸篇錯簡及文句的分化和竄亂的痕跡。他認為，王柏之說，「雖未必確是如此，但古書經多次的傳寫，脫誤錯亂是常有的事。《詩經》雖不至像《尚書》一樣地破碎，但也絕不會和漢以前的《詩》三百篇毫無出入」（《〈詩疑〉序》，見王柏《詩疑》，第15頁）。馬承源所說《蕩》篇「原當列入《少夏》（按：即《小雅》）中，而為漢儒整理時所混雜」，愚則未敢以為必是。此論關涉到變風、變雅等聚訟不已的複雜問題，在今無確證的情況下，暫以闕疑較妥。

識《詩》成書問題的意義，應當首先就在於此。

十　上博簡《詩論》與《詩經·兔爰》考論——兼論孔子天命觀的一個問題

上博簡《詩論》第25簡評析《詩·兔爰》篇「不奉時」之語，不應當理解為此詩表現的是生不逢時之歎，而應當理解為是對於此詩不遵奉「天命（時命）」的批評。由此我們可以加深對於孔子天命觀的認識。孔子從恭敬的角度指出人們應當順從天命，但他更強調在天命時遇面前要自強不息，積極奮鬥，《兔爰》篇所顯露的那種冷漠對待社會，只求一己之福的態度是不可取的。

上博簡《詩論》第25簡係殘簡，其所保存的簡文共評論四首詩，其評論第二首詩謂「《有兔》不奉時」。今傳本《詩經》篇名中沒有稱為《有兔》者。專家一致肯定，簡文的《有兔》即《王風·兔爰》篇，因為此詩諸章首句皆謂「有兔爰爰」。《詩》三百篇中多有以詩句的開首二字為題者，故而簡文所說的《有兔》當即《王風·兔爰》篇。專家還進而解釋說，簡文「奉」讀若逢。《兔爰》篇有「我生之初，尚無為；我生之後，逢此百罹」，並謂「逢此百憂」，「逢此百凶」等，此皆生不逢時之歎，故而簡文說它「不奉（逢）時」。應當肯定，專家判斷此詩為《兔爰》篇是正確的，相關解釋，亦信而有徵，不謂無據。然而細繹簡文之意，愚以為對於簡文的解釋尚有另外一個思路可以提出討論。

（一）簡文「奉時」與時命觀念

從諸家的相關解釋看，讀簡文「奉」為逢，是為關鍵。因為只有讀「奉時」為逢時，才可以與《兔爰》篇「生不逢時」的意蘊吻合。

奉、逢，古音皆屬東部，聲紐亦近，從上古音讀上看，兩字通假是可以的。然而，愚以為簡文「奉」字仍以不通假讀若「逢」為妥，理由有如下兩個方面：

首先，兩者本義距離較遠，《說文》訓奉為「承也」，訓逢為「遇也」。一為路遇，一為奉承，意思不近。在引申意中，奉有進、持、獻、送等意，逢有逆、見、迎等意，兩者亦相距較遠。再說，奉字的使用是比較早的，說它是商周時的慣用字亦不過分（關於其用例，我們下面再進行具體說明），值得注意的是，在先秦文獻中，尚未見奉字通假為逢之例。可見，音相同（或相近）者非必相通假。

其次，《詩論》25號簡的奉字作[illegible]形，可以楷寫作「𢍜」。這個字在簡帛文字中又見於郭店楚簡《老子》乙本第17號簡，簡文謂「攸之邦，其德乃𢍜（奉）」[560]，傳世本和帛書本《老子》此條作「修之於國，其德乃豐」。可證簡文𢍜字非讀若「豐」不可，而不可能讀若逢。西周時期的彝銘中有一個從豐從雙手形的字，可以楷寫作「[illegible]」，它與𢍜是很接近的。這個字讀若「封」[561]，亦不用如逢。總之，在先秦時期的甲、金和簡帛文字中，這個字從來未見有讀若「逢」之例。[562]

在簡帛文字中存在著大量的音同（或音近）而字通的情況。若硬要說此處的簡文「奉」讀為逢，當然亦無不可。不過，這樣硬性的通假並不存在著邏輯的必然性。在一般情況下，應當說，只要依本字讀而文意通暢的時候，還是以不通假為憂。

---

560 荊門市博物館編：《郭店楚墓竹簡》，第8頁（圖版）、第118頁（釋文）。

561 這個字在《散氏盤》中多有所見，皆讀若「封」，可謂確證。

562 馬王堆漢墓帛書《老子》乙本卷前古佚書《經法・四度》篇有「後不奉央」之句，「奉央」讀為「逢殃」，然而，這是漢代讀奉為逢之例，尚不足以說明先秦時期此字的必當有的讀法。

那麼，我們研究《詩論》簡文，將「𢍏」讀若「奉」，可以讀得通嗎？簡文「奉」字如果和其後的「時」連讀，能夠文意通暢嗎？

答案應當是肯定的。奉字本義為雙手捧持之形，它和承字互訓。《說文》謂「承也。從手、從廾，豐聲」，「奉」即指雙手捧持以示敬。「奉」字春秋時慣用之語，有擁戴輔助之意。《左傳・隱公元年》述魯隱公攝行國政，而尊桓公為君之事謂「隱公立而奉之」，三年載宋穆公託孤事於大司馬孔父事謂，「請子奉之，以主社稷。寡人雖死亦無悔焉」，孔父對曰：「群臣願奉馮也。」十一年載「奉許叔」事，「奉」亦為擁戴輔助之義。奉還有其它用法，桓公六年「奉牲」「奉盛」「奉酒醴」，謂進獻犧牲、粢盛、酒醴，這裏的「奉」用如後世所謂的奉獻。奉字在使用時多表示尊敬地奉持或接受。

要之，奉字之意用若「敬奉」、「奉獻」，這並不難理解，可是，它和「時」字可以連用嗎？我們先來看一下「時」字的意蘊。

「時」在先秦時期除了表示季節時間之意以外，亦指機遇。它在儒家思想中是一個重要概念。「時」作為機遇的意蘊是如何出現的呢？儘管機遇有偶然因素的影響，但更多的卻是為必然的、不為人知曉的因素所決定。那麼，這種必然的因素是什麼呢？依儒家的看法，那就是「天命」。《論語・鄉黨》載，孔子曾慨歎山梁雌雉翔集謂「時哉時哉」。何晏《論語集解》謂「言山梁雌雉得其時，而人不得其時，故歎之」。皇侃《論語義疏》謂「時哉者，言雉逍遙得時所也。所以有歎者，言人遭亂世，翔集不得其所，是失時矣」。孔子所慨歎的「時」，應當就是天時，山梁間的雌雉得天時，故而翔集、逍遙自在。《莊子・秋水》篇載有孔子的一段話：

> 我諱窮久矣，而不免，命也；求通久矣，而不得，時也。當堯、舜而天下無窮人，非知得也；當桀、紂而天下無通人，非

> 知失也；時勢適然。夫水行不避蛟龍者，漁父之勇也；陸行不避兕虎者，獵夫之勇也；白刃交於前，視死若生者，烈士之勇也；知窮之有命，知通之有時，臨大難而不懼者，聖人之勇也。由，處矣，吾命有所制矣。

《莊子》書雖多寓言，但此處所載孔子語與孔子的一貫思想相吻合，應當語出有自，不會完全是虛擬編造。在這段話裏，孔子將「時」與命對等，時與「命」的意義應當是相同的，若合起來，便是後來行用頗廣的「時命」一語。[563]可以說，孔子思想中的「時」的觀念中包含著命定的必然的因素。這種觀念發展到了孟子的時候，就成為「天時」之語。無論是時命也好，天時也好，其思想的出發原點都是「天命」，是「天命」決定了人的時運，決定了人的機遇。儒家的這種時命觀在郭店楚簡的《窮達以時》篇中表現得頗為突出。是篇舉舜遇堯、傅說遇武丁、呂望遇周文王、管仲遇齊桓公等事例，指出他們從默默無聞到事功卓著，關鍵都在於遇到了聖王的提攜幫助。那麼，能否遇見聖王的原因何在呢？此篇強調「堣（遇）不堣（遇），天也」。遇到聖王的提攜幫助（亦即「時遇」）乃天所決定。此乃「天命」，是為人事所不及的。故而此篇謂：

> 又（有）天又（有）人，天人又（有）分（份）。察天人之分（份），而智（知）所行矣。又（有）其人，亡其世，惟（雖）臤（賢）弗行矣。句（苟）又（有）其世，可（何）慬

---

563 關於「時命」之意，《莊子・繕性》篇所謂「當時命而大行乎天下，則反一無跡；不當時命而大窮乎天下，則深根寧極而待；此存身之道也」，頗可以代表先秦士人的一般看法。

（難）之又（有）才（哉）？[564]

簡文所說的「世」，實時世。個人在社會時世中的際遇，乃為天命所定，所以應當瞭解「天人之分（份）」，認識天與人各自的名分，恪守天命而不非分僭越。這種由天所規定的、所賜予的個人命運，亦即「時命」。《楚辭・七諫・哀命》篇謂「哀時命之不合兮，傷楚國之多憂。內懷情之潔白兮，遭亂世而離尤」[565]，在這裏，作者借屈原之意，擬屈原之語，言悲哀時命不與君合，憐傷楚國無有忠臣而致使國家多憂。所說的時命，即天所賜予的命運。要之，戰國時期的「時」的觀念，包含著時遇、時命等意蘊。

「天命」與「時命」這兩個概念是什麼關係呢？首先，從其所蘊涵意義的範圍看，如果說「天命」是全部的、一貫的概念，那麼，「時命」則是天命的一部分，多指特定的存在境域。其次，從價值取向上說，天命多指人們觀念中的必然的、長久的規律，而時命則多指偶然的、暫時的際遇，表示這種意蘊的就是戰國時期行用的「時勢」一語。

簡文的「奉時」，其意蘊首先應當是指遵奉時命（亦即天命）。「奉時」一語，東周時期已經出現，《司馬法・定爵》篇即有「順天奉時」之說。奉時，亦即「奉天時」，《易經・乾卦・文言》關於這個問題的議論，頗為值得注意。是篇指出：

夫大人者，與天地合其德，與日月合其明，與四時合其序，與鬼神合其吉凶。先天而天弗違，後天而奉天時。天且弗違，而

---

564 荊門市博物館編：《郭店楚墓竹簡》，第25頁（圖版），第143頁（釋文）。

565 《楚辭・七諫》雖為東方朔所作，但其中皆追憫屈原之辭，處處皆模擬屈原之語境和用語，表明東方朔認定屈原有此思想。

况於人乎？况於鬼神乎？

這裏所說的「奉天時」，孔穎達疏謂：「若在天時之後行事，能奉順上天，是大人合天也。」統治者必須遵奉天命的思想在中國古代一直延續，後代多將此意概括謂「奉天承運」，以說明皇權天授的意蘊。要之，所謂「奉天時」，就是敬奉天命，不違於天。

總結以上的討論，愚以為簡文「奉時」之意，應當是與戰國時期的「時命」觀及「奉天時」的思想觀念相一致的。總言之，「奉時」意即遵奉天命所給予的時遇。這是「奉時」一語的主要意義。此外，它還有其它方面的意義。關於這些，為敘述方便計，我們將在本文第三部分探討。

（二）《有兔》篇的思想關鍵何在

既然簡文的「不奉時」之語系為《詩・有兔（兔爰）》篇所發，那麼討論《兔爰》篇的主旨就是我們必須探討的問題。《詩經・王風・兔爰》之詩共三章，每章七句。為了研討方便，現將此篇具引如下：

> 有兔爰爰，雉離於羅。我生之初，尚無為，我生之後，逢此百罹。尚寐無吪。
> 有兔爰爰，雉離於罦。我生之初，尚無造，我生之後，逢此百憂。尚寐無覺。
> 有兔爰爰，雉離於罿。我生之初，尚無庸，我生之後，逢此百凶。尚寐無聰。

可以將其意譯如下：

狡兔自由自在，野雉落入網羅。我生之初沒有發生變故，我生之後卻多災多禍。還是睡過去吧，什麼都不要說。

狡兔自由自在，野雉墮入網羅。我生之初沒有遇到災禍，我生之後卻多憂多患。還是睡過去吧，不必有什麼知覺。

狡兔自由自在，野雉闖進圈套。我生之初沒有徭役困擾，我生之後卻多險多惡。還是睡過去吧，什麼都不要聽到。

關於此詩寫作的時代，詩序謂在周桓王時，後人多不信從。前人謂從詩意看寫詩者當「猶及見西周之盛」[566]，此時當為「自鎬遷洛者所作」[567]。這應當是可信的說法。兩周之際兵禍連綿，社會動盪不已。《兔爰》詩中所述「百罹」、「百憂」、「百凶」合乎這個歷史時期人們所見到的社會情況。寫此詩者所見的「西周之盛」應當是宣王中興的局面，此即《史記．周本紀》所載，「宣王即位，二相輔之，修政，法文、武、成、康之遺風，諸侯復宗周」。《兔爰》一詩的作者得沐「文武成康之遺風」，得見太平盛世，都符合他詩中所述其「生之初」無災無禍的安寧、祥和景象。

從《兔爰》詩中可以看出，其作者確有生不逢時之歎，這是詩作者年輕時的太平盛世與近老時的兵禍連綿形成強烈對比的結果。擺在

566 朱熹《詩集傳》卷4，第45頁。清儒陳啟源在朱熹之說上發揮，批評詩序所謂此詩作於周桓王時之說，指出「如朱子之言，則作詩者必生於宣王時，又能追憶，其意已非童幼無知，計其作詩時，應八九十歲，尚從徵役，無是理也」(《毛詩稽古編》)。我們可以按照這個思路估計此詩作者年齡，若詩作者於周宣王末年20餘歲，則歷幽王在位之11年，到周平王前期其年齡當在50歲左右，按照其社會經歷，可以知人論世，寫此詩應當是比較合理的。

567 崔述：《讀風偶識》卷3，見《崔東壁遺書》，上海古籍出版社1983年版，第553頁。陳子展先生總結前人說法得出結論謂「《兔爰》一詩，當是作者生及宣王承平，經過幽王喪亂，平王播遷，從鎬京到洛邑以後所作」(《詩三百篇解題》，第253頁)。

作者面前的罪羅、憂患、凶險，使他感觸最深的是生不逢時。《兔爰》每章皆以雉、兔對比起興，裏面可能有君子罹憂（「雉離於羅」）、小人得志（「有兔爰爰」）之喻，但主旨應當是說萬物皆在自然過程中完成其歸宿和命運，作者慨歎自己不能如狡兔般飄逸而幸福，而像野雉那樣自投羅網。推其原因就是自己命運不濟，生不逢時。如果生在宣王中興的盛世，豈不是滿眼繁華，幸福無限了嗎？前人述《兔爰》詩旨，多從詩序所提出的「閔周」之說，認為是詩作者替周王朝的衰敗及「東周之中興無復可望」而慨歎，[568]是為憫傷周王朝「國勢危蹙」而作，[569]實際上是拔高了他為國擔憂之心緒，忽略了此處的「閔周」只是表面現象，「閔」己之生不逢時才是核心內容。而且，這個「閔周」之象，乃是詩序所編造的一個假象，從詩中體會不到一點對於周王朝憫傷的意思，詩中反覆申述的就是作者自己的生不逢時之歎，以及自己心中的鬱悶，看不出他有多少對於周王朝的擔心與憂慮。前人或謂《兔爰》篇的作者為「老成忠貞之士」、為遭遇亂世的「君子」，實過譽之稱。或謂詩作者見國勢日蹙，悲哀至極，痛不欲生。此說亦非是。宋儒黃震曾經批評此說，謂：

> 蓋寤則憂，寐則不知，故欲無吪、無覺、無聰，付世亂於不知耳。近世釋以為欲死者，過也。[570]

《兔爰》篇的作者雖然有生不逢時之歎，但所表現的情緒，毫無奮發圖強之意，更無鳴雞起舞之志，而是採取了完全消極的逃避態度，閉目塞聽，連想都不願意想一下（「無覺」），「付世亂於不知」。在亂世

568 劉玉汝：《詩纘緒》卷5，四部叢刊初編本。

569 張耒：《張右史文集》卷52，四部叢刊初編本。

570 黃震：《黃氏日鈔》卷4，見影印版四庫全書本。

中的這種態度，實為不負責任的自私之舉，不值得同情和褒獎。

（三）孔子的「時命（天命）」觀念

既然作為「天命」一部分的「時命」裏面也有必然的因素，是人們偶然際遇中的必然，那麼對待它的態度就成為人生在世的關鍵問題之一。我們要深入認識簡文何以批評《兔爰》之篇「不奉時」的問題，必須先認識清楚孔子及其弟子的「時命（天命）」觀念，亦即他們對於「時命（天命）」的態度。這可從以下幾個方面分述之。

首先，要敬奉天命。孔子曾以「五十而知天命」而自慰，[571]還說若「獲罪於天」便「無所禱也」[572]，將天視為最高主宰。孔子始終堅信天命，堅信自己對於天命負有責任。在匡地遭到危難時，他說：「文王既沒，文不在茲乎？天之將喪斯文也，後死者不得與於斯文也；天之未喪斯文也，匡人其如予何！」[573]後來，他和弟子被宋司馬桓魋率軍圍困時，孔子謂：「天生德於予，桓魋其如予何？」[574]孔子對天命有高度的責任感，把天作為道德倫理的最高訴求對象。孔子稱「中庸」為天下之「至道」，而這「至道」，即天命的表現，所以《中庸》篇開宗明義地說道「天命之謂性，率性之謂道」，又說「道也者，不可須臾離也，可離非道也」。在孔子及其弟子的心目中，天命實即客觀自然規律，其正確和偉大不容否認和歪曲。正確對待天命，是君子、小人的分水嶺。所以孔子說「君子中庸，小人反中庸。君子之中庸也，君子而時中；小人之中庸也，小人而無忌憚也」。這一點也正是儒家天命觀的核心內容，即堅信天命，積極認識天命。

---

571 見《論語・為政》。

572 《論語・八佾》。

573 《論語・子罕》。

574 《論語・述而》。

其次，要順從天命。在孔子和儒家弟子心目中，天不僅賜福於人，而且也會以禍示警，苦難與災禍也會降臨世間。如何在亂世中生活，便是擺在人們面前的重要問題。孔子曾多次贊許那些用大智慧在亂世中避禍的賢者，他稱許南容「邦有道不廢，邦無道免於刑戮」還將自己的侄女嫁給他。衛國大夫甯武子多智謀，在亂世中存身以濟大事，孔子讚揚他「邦有道則知（智），邦無道則愚。其知（智）可及也，其愚不可及也」[575]。孔子提倡「危邦不入，亂邦不居，天下有道則見，無道則隱」[576]。這裏所強調的並非消極避世，而是宣導正確地審時度勢，以睿智、可行的態度對待混亂的社會。用孔子的話來說就是「邦無道，危行言孫」[577]，在語言上要謙虛恭順。要像蘧伯玉那樣「邦有道，則仕。邦無道，則可卷而懷之」[578]。孔子曾謂顏淵曰：「用之則行，舍之則藏，惟我與爾有是夫！」[579]在亂世中存身以待時，顯然是智慧之舉。

最後，要自強不息。孔子雖然主張於亂世中避禍，但並不是要人們取消極態度，與惡勢力同流合污，而是保持操守，積極努力為社會進步做出自己的貢獻。在「邦無道」的時候，孔子所說的「危行」就是德行高峻而非隨波逐流。孔子說：

> 士而懷居，不足以為士矣。
>
> 歲寒，然後知松柏之後凋也。
>
> 志士仁人，無求生以害仁，有殺身以成仁。[580]

---

575 《論語．公冶長》。

576 《論語．泰伯》。

577 《論語．憲問》。

578 《論語．衛靈公》。

579 《論語．述而》。

580 《論語．憲問》、《論語．子罕》、《論語．衛靈公》。

他所強調的是士應當勵志修行以為世用，若只是「懷居」安逸，便非真正的「士」。松柏於寒冬時猶青，正喻指著士窮見節義，世亂識忠臣。在孔子看來，這方面的榜樣除了為堅持原則而餓死首陽之下的伯夷、叔齊之外，還有衛大夫史魚。孔子讚美他說：「直哉史魚！邦有道，如矢。邦無道，如矢。」[581]孔子所提倡的就是於亂世中保持操守，就是要捍衛「仁」的原則。「殺身以成仁」，這是儒家所提倡的大勇的最高境界。孟子發展了孔子的說法，謂：「生，亦我所欲也；義，亦我所欲也，二者不可得兼，舍生而取義者也。」[582]這裏特別強調的是「捨身而取義」。仁、義二者，是儒家所宣導的最高倫理準則。這個標準，實際上成了君子、小人的分水嶺，所以孔子說「君子上達，小人下達」[583]，意即朱熹所謂「君子循天理，故日進乎高明；小人殉人欲，故日究乎污下」[584]。要達到君子之域，必須上達於天，遵奉天命，做到「不怨天，不尤人」[585]。所謂「不尤人」，就是要「躬自厚而薄責於人」[586]，嚴以責己，寬以待人。對於處亂世而消極逃避的隱士，孔子並不完全贊成其作為，認為這些人是「避世之士」，孔子說：

> 鳥獸不可與同群，吾非斯人之徒與而誰與？天下有道，丘不與易也。[587]

581 《論語・衛靈公》。

582 《孟子・告子上》。

583 《論語・憲問》。

584 朱熹：《論語集注》卷7，《四書章句集注》，第155頁。

585 《論語・憲問》。

586 《論語・衛靈公》。

587 《論語・微子》。按：孔子這種積極救世的精神於《論語》書中多有記載。例如，孔子所說：「夫仁者，己欲立而立人，己欲達而達人。」「若聖與仁，則吾豈敢？

孔子認為不應當絕人逃世而自潔其身，「天下若已平治，則我無用變易之。正為天下無道，故欲以道易之耳」[588]。雖然處於亂世，但救世救民之仁心，還是必須保持的。孔子曾經多次表明，他自己在任何情況下都要固守德操，這一點在戰國時代人們的心目中留有深刻的印象，所以楚國隱士說他「臨人以德」，「福輕乎羽，莫之知載；禍重乎地，莫之知避」[589]。孔子的這種態度，強調人的社會責任，是其積極的天命觀念的表現。

總之，孔子及儒家弟子的天命觀雖然肯定天命，要求人們順從天命，但那是存身以待時的不得已的辦法，其總體思路還是讓人取積極的人生態度，這是因為天命本身就是積極的，用《易傳》的話來說就是「天行健」，那麼君子人格在形成的時候，必須仿照「天行健」而「自強不息」。對於自己面臨的時遇，如果是混亂的世道，不是取避世之態，也不是得過且過，而是要保持自己的高貴品格，自強不息地去改造世界。

（四）《詩論》簡何以斥《兔爰》篇「不奉時」

如前所述，《詩・兔爰》之篇所表現的是對於亂世的趨避心態和對於天命時遇的極度不滿。而孔子及儒家弟子的「時命（天命）」觀念則強調積極入世而自強不息，實現人格的完美，努力完成天之使命。在這種觀念下，《詩論》析《兔爰》之篇不是指出它有生不逢時之歎，更不是讚美其對於天命時遇的不滿，而是痛斥其不遵奉「天命

抑為之不厭，誨人不倦，則可謂云爾已矣。」（《雍也》）「居之無倦，行之以忠。」（《顏淵》）「苟有用我者，期月而已可也，三年有成。」（《子路》）「如有用我者，吾其為東周乎？」「吾豈匏瓜也哉？焉能繫而不食？」（《陽貨》），皆為其證。

588 朱熹：《論語集注》卷9，《四書章句集注》，第184頁。

589 《莊子・人間世》。

（時命）」，指責它對於亂世不取自強不息的正確態度。這在邏輯上是必然的結果。

應當引起我們注意的是，《詩論》第25簡評析《有兔》之前所評的《腸（蕩）腸（蕩）》一詩，評語是「小人」。《詩・蕩》篇咒罵天命，孔子按照其「小人不知天命而不畏」的理念，斥此篇為「小人」之語。《詩論》第25簡在評析《蕩》篇之後緊接著就評析《兔爰》篇，謂其「不奉時」（不遵奉天命），這與簡文前面評析《蕩》篇之意一脈相承，都是孔子以其天命觀的理念為指導來論《詩》。反過來說，亦是以評詩來表現其天命理念。我們還可以從《詩論》簡用陳述句評詩的慣例的角度來看這一問題。如果這裏的簡文讀若「《有兔（兔爰）》不奉（逢）時」，那麼，孔子就是在肯定《兔爰》篇的生不逢時之歎，肯定此篇所表現的對於天命時遇的不滿情緒。而這些卻正是與其天命理念背道而馳的，並且是與第25簡對於《腸（蕩）腸（蕩）》一詩的評析相矛盾的。我們將簡文讀為「不奉時」，而不是通假讀若「不逢時」，這也是一個有力證據。

我們還可以聯繫到《詩論》第25簡在評論《有兔》一詩之後的情況進行說明。此簡所評析的後兩首詩是《大田》（只論其「卒章」）和《小明》，此兩詩皆見於《小雅》。《大田》末章謂準備好祭品，「以享以祀，以介景福」是對於天命賜福的尊敬，《小明》篇謂「神之聽之，介爾景福」，亦天命神明賜福之意。總括此簡所評析四詩，前兩篇斥不遵奉天命之狂，後兩詩則贊遵奉天命而得福之舉。此簡所選四詩，前後對照，更有利於闡釋孔子天命觀的內涵。可以說，《詩論》第25簡所評四詩，其遵奉天命的理念是一致的，而不是前後矛盾的。

《詩論》簡中對於「時命」的評析，還集中見於關於《詩・樛木》篇的簡文：

《梂（樛）木》之時……害（曷）？曰：童（終）而皆臤（賢）於其初者也。（第10簡）
《梂（樛）木》之時，則以其錄（祿）也。（第11簡）
《梂（樛）木》，福斯才（在）君子，不〔亦能時虖（乎）〕？（第12簡）

這三簡的意思是說，《梂（樛）木》詩所說的時遇，意味著最終的結果要好於其初，君子掌握了時遇就會獲得爵祿。簡文認為《梂（樛）木》詩所謂幸福賜予君子，正是因為君子能得時遇的緣故。這些簡文所體現的正是遵奉「天命（時命）」的理念。此亦可以間接看出第25簡斥《兔爰》篇所體現的內容為「不奉時」，必當是斥其不遵奉「天命（時命）」的意思。

總之，從《詩論》簡所析各篇的情況看，聯繫天命問題者，都貫穿著孔子的天命理念，其所論《兔爰》者，不應有異於此。我們認識了簡文之意，再來看《詩序》及後儒關於此詩旨在於「君子」、「閔周」的斷言，就可以明顯看到不妥之處。孔子對於《兔爰》一詩「不奉時」的評析，實質上批評了《兔爰》篇所顯露的那種冷漠對待社會，只求一己之福的錯誤態度。這對於我們研究此篇的主旨和認識孔子相關思想都有重要啟示。

十一　周太史儋讖語考

讖語之興，蓋在西周時期，至春秋戰國愈益增多，延及秦漢遂蔚為大觀。過去對於讖語含有的迷信內容研究得很少，往往以荒誕無稽為由而簡單地擯棄之。其實讖語的產生多與那個時代的社會觀念有密切關係，研究讖語的內容、性質及其與當時社會思潮的關聯，應當是思想史、社會史乃至政治史的一項重要課題。不同時期的讖語，其特點亦各不相同。兩周之讖與周朝史官很有關係，《國語・周語》所載周朝史官伯陽父、內史過皆為宣言讖語的嚆矢式的人物。此外，周烈王時期的太史儋見秦獻公時所說讖語也頗為引人注目，它不僅對於說明周代讖語的情況很有幫助，而且能從中看出秦獻公時期秦國積極圖謀稱霸以及戰國中期霸王觀念轉變的某些特點。前人對太史儋的讖語說解雖多，然眾說紛紜，矛盾糾葛，實有辨析的必要。今試提出一些看法，供專家參考。

（一）

關於太史儋其人，史載僅謂他是周烈王時期的周太史。《史記・老子韓非列傳》說秦漢間人「或曰儋即老子，或曰非是，世莫知其然否」。曾有學者力主太史儋就是老子，[590]但證據還不足以服人。《史記・老子韓非列傳》雖然錄有兩種異說，謂老萊子或太史儋就是老子，但司馬遷還是肯定作為周守藏室之史的老聃才是老子。司馬遷指出孔子曾至周問禮於老子，又謂太史儋見秦獻公為孔子死後129年之事，可見他是斷定太史儋並非老子的。周太史儋的讖語見於《史記》和《漢書》。各處記載的文字略有不同：

《史記・周本紀》載：周烈王二年「周太史儋見秦獻公曰：始周與秦國合而別，別五百載復合，合十七歲而霸，王者出焉」。

《史記・秦本紀》載：秦獻公十一年，「周太史儋見獻公曰：周故與秦國合而別，別五百歲復合，合（七）十七歲而霸王出」。

《史記・封禪書》載：秦靈公作上畤，下畤，「後四十八年，周太史儋見秦獻公曰：秦始與周合，合而離，五百歲當復合，合十七年

590　錢穆：《先秦諸子繫年・老子雜辯》，商務印書館2001年版，第233-261頁。

而霸王出焉」。

《史記・老子韓非列傳》載：「自孔子死之後百二十九年，而史記周太史儋見秦獻公曰：始秦與周合，合五百歲而離，離七十歲而霸王者出焉」。

《漢書・郊祀志》載：秦靈公作上畤、下畤，「後四十八年，周太史儋見秦獻公曰：周始與秦國合而別，別五百載當復合，合七十年而伯王出焉」。

從這些記載，我們可以推測太史儋讖語的來源。從內容上不難看出，《漢書・郊祀志》是完全以《史記・封禪書》的記載為藍本。司馬遷寫太史儋的讖語所依據的應當是秦國的《秦記》。他在《史記・六國年表序》中說周室所藏史記已滅於秦火，「獨有《秦記》，又不載日月，其文略不具」，然而卻是他敘述六國史事的主要依據，他所說的「余於是因《秦記》，踵《春秋》之後，起周元王，表六國時事」，可以為證。《史記・老子傳》謂「史記周太史儋見秦獻公曰」，這裏所說的「史」，當即秦國的《秦記》。《秦記》為秦國的國史，沒有在諸侯國流傳，所以先秦諸子書中乏載太史儋讖語之事。司馬遷之所以能夠獨傳此事，與他以太史公的身份可以利用漢王朝所得秦的檔案材料有直接關係。

從上面這些記載我們還可以看到，諸處關於太史儋獻讖語的時間是基本一致的。周烈王二年和秦獻公十一年皆為前374年。秦靈公作上畤、下畤之年為前422年，其後四十八年亦當前374年。《史記・老子傳》的說法與諸說稍有異。孔子卒於魯哀公十六年（前479年），下距秦獻公十一年為106年，與《史記・老子傳》所說的129年不同，但相差不多。總之，太史儋獻讖語的時間可以肯定是在周烈王二年（前374年）。這個時間正處於秦國積極進取的時期。秦獻公於前384年繼位，不久就遷都櫟陽（今陝西富平縣東南），又在蒲、藍田等地設縣，銳意向東發展。秦獻公還「止從死」，革除殉葬舊習，頗欲有一番作為。太史儋此時至秦獻讖語適應了秦獻公雄心勃勃圖謀發展的需要。這個讖語由秦國史官記載下來，表明了秦獻公及以後秦國統治者對它的重視。

有一個需要我們探討的問題是：太史儋是像奔走於諸侯國之間的士人那樣投靠秦獻公，還是作為周的使臣出使秦國的呢？回答這個問題需要從當時周王朝的情況入手。周烈王及其前後的一個時期，周王朝雖然已經趨於頽勢，但仍以天下共主的地位而自居，諸強國間還沒有一個表露出要吞滅周王朝並取而代之的意向。韓、趙、魏三個大國在前403年得周天子之命而廁身於諸侯之列，這也不過是太史儋獻讖於秦三十年前的事情。太史儋赴秦時，周王朝尚未出現「東西周分治」的局面，周王朝分裂為兩個小朝廷，是六七十年以後的事情。周封三晉為侯在周烈王之前，周命秦為侯伯則在周烈王之後。請看《史記・周本紀》關於緊接烈王之後的周顯王史事的記載：

> 烈王崩，弟扁立，是為顯王。顯王五年，賀秦獻公，獻公稱伯。九年，致文武胙於秦孝公。二十五年，秦會諸侯於周。二十六年，周致伯於秦孝公。三十三年，賀秦惠王。三十五年，致文武胙於秦惠王。四十四年，秦惠王稱王。其後諸侯皆稱王。四十八年，顯王崩。

從這個記載至少可以看出兩個問題。首先，加強與秦的聯繫是這個時期周王朝最為注目的事情；其次，無論是命秦為侯伯，抑或是送胙肉給秦，都說明周依然以君臨天下的姿態出現。從這兩個方面看，太史儋應當是作為周的使臣出使秦國的。他所獻的讖語中充溢著周王朝老大自居的意味，這與當時周秦關係的情況完全吻合。

（二）

文獻關於太史儋讖語的記載有顯而易見的不同之處。除語句的差別，史實上也有差異。另外，這些史實的具體所指，後世多有異說，究竟如何理解方符合原意，迄今尚無定論。這些是很值得探討的問題。

我們先來分析讖語的前一部分。

太史儋所說秦與周「合而別，別五百載復合」，包括了三件事情，一是「合」，二是「別」，三是「復合」。這三件事情具體指的是什麼呢？漢唐間的學者對這個問題有許多異說，我們可以歸納如下，以便分析。

首先，秦與周最初的「合」指何而言？一種說法認為在秦受周封之前為「合」。《史記・周本紀》集解引應劭說謂「周孝王封伯翳之後為侯伯，與周別五百載」，顯然在伯翳受封之前為「合」。《漢書・郊祀志》顏注所引應劭說與《史記・周本紀》所引稍有不同，其謂「始，周孝王封非子為附庸，邑諸秦。平王東遷洛邑，襄公以兵衛之，嘉其勳力，列為侯伯，與周別五百載矣」。細繹此說，應劭似認為從周孝王封非子至秦襄公列為諸侯，這一個階段才為「合」。正義對這一點講得更為明確，謂周始與秦國合者「謂周秦俱黃帝之後，至非子未別封，是合也」。另一種說法認為秦受周封並不是「別」，而是「合」。《索隱》謂「周封非子為附庸，邑之秦，號曰秦嬴，是始合也」[591]，這個說法沒有指明「秦祖事周」的具體時間，從其「未別封」的提法看，應當在非子受封之前。據《史記・秦本紀》載，蜚廉孫孟增曾經「幸於周成王」，但未受周封，中井積德氏所指當即孟增。孟增雖非秦族直系之祖，但卻和秦祖同出於蜚廉，說他是秦祖亦無不可。

---

591 〔日〕瀧川資言：《史記會注考證》卷4引，上海古籍出版社1986年版。

其次，秦與周的「別」指何而言？一種說法認為是指非子受封。《史記・周本紀》正義謂「別者謂非子末年周封非子為附庸，邑之秦」。另一種說法認為是指秦仲受周封。集解引韋昭說謂「周封秦為始別，謂秦仲也」。還有一種說法認為秦襄公受封為諸侯，才為「別」。《史記・封禪書》索隱說有一位名叫大顏的學者指出「周平王封公為諸侯至昭王五十二年西周君獻邑，凡五百一十六年為合」。細繹其意可知，他所說的「合」實為「復合」，襄公列為諸侯即為「別五百載」的「別」的開始。唐代顏師古注《漢書・郊祀志》亦持此說，他指出「周平王封襄公，始列為諸侯，於是始與諸侯通。又《周本紀》及吳、齊、晉、楚諸系家皆言幽王為犬戎所殺，秦始列為諸侯，正與此志符合，是乃為別」。

最後，「復合」指何而言？一種說法認為是秦昭王時西周君獻邑於秦，是為周秦復合。《史記・周本紀》索隱謂「自秦列為諸侯，至昭王五十二年西周君臣獻邑三十六城以入於秦，凡五百一十六年，是合也。云五百，舉其大數」。集解引應劭說、《漢書・郊祀志》顏注皆與此同。另一種說法認為周承認秦孝公的霸主地位是為復合。正義謂「周顯王致胙於秦孝公，復與之親，是復合也」。集解引韋昭說與此同。

漢唐間學者們的這些異說雖然很多，但它們有一個共同的弱點，那就是僅以秦、周間的史實來與太史儋的讖語相印證，而不考慮讖語的性質和時代背景，而這恰恰是理解讖語內容的關鍵。

我們仔細分析便會發現一個饒有興趣的問題，那就是《史記》所載太史儋的讖語是當時的實錄，抑或是事後很久而由秦國史官所作的附會之言？若是後者，那麼這個讖語的性質當然便是統治者為欺世盜名而蓄意製造的謊言；若是前者，則性質便另當別論。讖語皆有神秘色彩，並且往往是適應某種政治需要而出現的，有些讖語儘管荒誕不經，但卻有相當強烈的政治傾向蘊涵其中。造讖者絕大多數是揣摩人們的心理與需要而獻讖語的，並不作無的放矢式的信口開河。文獻所載讖語的情況十分複雜。有些讖語是實錄；有些則是後人附會，而當時並無其事；還有的是實錄與附會的混合。據《史記・趙世家》載，秦國讖語之興是在秦穆公的時候。秦穆公病七日而寤，對人說他到了上帝那裏，上帝告訴他：「晉國將大亂，五世不安；其後將霸，未老而死；霸者之子且令而國男女無別。」此事雖然由於不見於《左傳》而有令人可疑之處，但是從當時秦穆公急切要稱霸的情況和讖語內容看，這個讖語不像是後人臆造，而應當出於實錄。秦獻公時期秦國政治由長期的動盪而趨於穩定，正是國勢大發展的前夜，太史儋的讖語是很適合秦獻公口味的。從其內容上看，它也應當是當時的實錄，但其中某些具體說法也可能有後人的潤色的成分在內。還有一點要說明的是，儘管太史儋獻讖語於秦必須適合秦獻公的心意，但他畢竟有「周太史」這個金字招牌，所以他的讖語要以周秦關係為主線，並且要適當強調周的作用，貌似抬高周王朝，實是抬高太史儋自己。

明乎此，關於這段讖語的某些解釋似可豁然開朗。這其中最重要的一點便是關於秦與周「復合」的問題。許多學者斷定「復合」指秦滅周而言，現在看來這種說法是錯誤的。因為作為實錄而言，太史儋獻讖語時還不可能預見到周為秦滅。他獻讖語的時候天下稱為頭等強國者尚非秦國，在政治舞臺上耀武揚威的還是魏、趙、齊等國，秦國勢力雖然正在崛起，但一時還非號令於諸侯的霸主。如果單從讖語內容上看，以秦滅周為「復合」固然可以說得通，但是從其時代背景上看以秦滅周為「復合」的意思則是太史儋和秦獻公的時代所不可能出現的。相比而言，《史記・周本紀》正義關於「復合」的解釋則比較可信。

我們再來分析秦與周始「合」的問題。太史儋從自己「周太史」

的身份出發，他所強調的應是秦歸屬於周，而不會侈談什麼秦與周同出一源的問題。《史記．周本紀》集解引應劭說和索隱之說，都以為周孝王封非子為秦與周的始合，這是正確的說法，而正義卻誤以為非子受封為「別」而非「合」，究其致誤的原因就在於忽略了太史儋的身份。作為周的使臣，太史儋理所當然地認為周要高秦一頭，若說周秦同源，那麼周的權威便會隨之而降。從當時周秦關係看，說秦歸屬於周為「合」，並沒有損害秦的威信。在太史儋獻讖語以後很久，秦還以能得到周的褒獎和胙肉為榮耀。所以說太史儋以秦屬周為「合」並不會逆秦獻公之意。

關於秦與周之「別」，應當說是比較容易考索的，因為它有兩個先決條件。一是它距秦與周的「復合」有「五百載」的時間，由「復合」之時上溯五百年，就應當是「別」的時間；二是讖語謂「周與秦國合而別」，其意表明「別」與始「合」的時間相距並不太遠。據《史記．周本紀》正義說「周顯王致胙於秦孝公，復與之親，是復合也」。送胙肉給秦孝公是周顯王九年（前360年）的事情，由此上推五百年，正值西周後期秦仲為秦族首領的時期。《史記．周本紀》說：「秦仲立三年，周厲王無道，諸侯或叛之。西戎反王室，滅犬丘大駱之族。周宣王即位，乃以秦仲為大夫，誅西戎。西戎殺秦仲。秦仲立二十三年，死於戎。」此處言周厲王無道，「諸侯或叛之」，可是並不言秦仲叛周，並且從西戎滅大駱之族的情況看，當時的秦國很可能為周所繼續扶助。所以說在周厲王時期秦仲當為受周所重用者。秦仲受周封為大夫為周擊西戎而死，其子秦莊公亦職司討伐西戎之事，被命為西垂大夫，延及襄公更受封有岐以西之地。總之，秦與周別而獨當一面，為周王朝征伐西戎自秦仲始，以秦仲時為秦與周的始別是比較合適的。若假定周宣王即位之年秦仲卒，則秦仲繼立便當在前850年左右。由此下至秦與周的「復合」，雖然不足五百之數，但是相差無幾，若以成數計之，統言之「五百載」也可以說得通。如果我們肯定「別」即是秦仲受周封，那麼這事距周孝王封非子為周「附庸」之事並不太遠。讖語把這兩件事合起來說是「周與秦國合而別」乃是順理成章的事情。

（三）

下面讓我們來研究讖語的第二部分。

太史儋說秦與周「合十七歲而霸，王者出焉」。這裏面所說的「十七歲」之數，諸載有異，《史記・秦本紀》作「七十七歲」，《史記・老子傳》和《漢書・郊祀志》作「七十歲」。《史記・周本紀》集解引徐廣解釋「合十七歲」謂「從此後十七年」；《索隱》謂自周入邑於秦至秦始皇獨攬大權「正十七年」；正義謂「合十七歲而霸王者出，謂從秦孝公三年至十九年」。三說雖然關於「十七歲」的起訖所指各不相同，但在肯定「十七歲」之數上則是完全一致的。集解、索隱、正義多以異文來考釋《史記》的相關記載，可是在「十七歲」之數上卻沒有一家提出有異文，可見他們所用的本子皆作「十七歲」。《漢書・郊祀志》本作「七十歲」，顏注謂「七十當為十七，今《史記》舊本皆作十七歲」，可見唐代雖有「七十」之載，但顏師古所見「舊本」是皆作「十七」的。明乎此，我們就可以說這裏的年數之載以「十七歲」之說為正，另外兩說為唐代及其以後的傳寫之偽。

前人讀這句話多作一句，謂「合十七歲而霸王者出焉」，其實在「霸」、「王」之間應當斷句。這不只是一個句讀問題，而且涉及對於文句內容的理解，因此很有必要辨析清楚。

這句話裏的「霸王」是指一人，或是指兩人以至多人？「霸王」具體所指為何人？前人對這兩個問題也有不同的說法。《史記・周本紀》集解引韋昭曰：「武王、昭王皆伯，至始皇而王天下。」他將秦武王、秦昭王列為霸，將秦始皇列為王，肯定「霸王」不是一人。正義說：「周顯王致胙於秦孝公，是霸也；孝公子惠王稱王，是王者出也。」此說也肯定「霸王」不是一人，但其具體所指與韋昭說不同。《索隱》之說則肯定「霸王」為一人，謂「霸王，謂始皇也」。《漢書・郊祀志》顏注謂「伯王者，指謂始皇」。中井積德氏之說與《索隱》和顏注說相同，也肯定「霸王指始皇一人」[592]。

要解決上面提到的兩個問題，首先應當討論霸王的概念。就春秋和戰國中期以前的社會觀念而言，「霸」與「王」並不連稱。當時所謂的「霸」實指侯伯而言，因此在文獻中「霸」又寫作伯，意指諸侯之長。在「霸」之上有作為天下共主的周天子在，所以稱「霸」者多不稱王，而稱「王」者，則多少已有對周天子不恭的意向。春秋霸主多以「尊王攘夷」來自我標榜，到了戰國前期，周天子的威信雖然下跌，但在傳統觀念中其地位依然是任何一個諸侯所不可比擬的。諸侯們從心眼裏對周天子是老大的不服氣，可是又不願意輕易地冒天下之大不韙而將周天子取而代之。在這種情況下，戰國時期的各國諸侯就不再像春秋霸主那樣口中老是念叨「尊王」之類的詞句了。以春秋時期「霸主」的概念例之，作為一詞的「霸王」之義便只能是諸王之伯，亦即諸王之長。此詞的最為人們悉知的是秦漢之際項羽之稱「西楚霸王」。項羽稱「霸王」的一個前提是先封立了18個王，然後自己稱「霸王」，其含義實指諸王之伯，因為在王之上還有「義帝」在。項羽所稱「霸王」在實際上和春秋戰國時期的侯伯類似。

「霸（伯）王」之義既然是王者之長，那麼在王者之上還應當有更高的權威存在。入戰國以來，由於周天子地位日益下降，所以各國諸侯在實際上並不把他放在眼裏，並不情願把周天子擁戴為最高權

---

592 〔日〕瀧川資言：《史記會注考證》卷4引。

威，憑空為自己找一個「婆婆」；另一方面在於太史儋獻讖語的時期，各諸侯大國尚未普遍稱王。戰國七雄中除楚國外，最早稱王的是魏惠王，其時已在周烈王七年（前369年）。周顯王三十五年（前334年）魏、齊兩國「會徐州相王」，此後，齊才稱王。周顯王四十六年（前323年）魏、韓、趙、燕、中山「五國相王」[593]，諸國才普遍稱王。太史儋獻讖語時，儘管稱王已是諸國政治發展的必然趨勢，但太史儋時還沒有眾多的「王」出現，因此作為諸王之長的「霸王」也是不可能出現的。綜上所述，可以肯定太史儋讖語裏的「霸王」並非一詞，所以說在其中間應當斷開，霸者為霸，王者為王。在這一點上韋昭和《史記．周本紀》正義之說還是正確的。

讖語裏的「霸」和「王」具體指的是什麼人呢？

韋昭以為秦武王、秦昭王為伯（霸），其說不可從。秦武王曾謂：「寡人欲容車通三川，窺周室，死不恨矣。」[594]可見他並不以擁戴周王為事。秦昭王更是以咄咄逼人之勢，行吞併天下之業，終於使周亡於其手。從其作為看，秦武王、秦昭王志在君臨天下，是不會以「霸王」為滿足的。再從太史儋獻讖語時的情況看，當時雖然秦勢日趨強盛，但距離併吞天下還有相當遙遠的路程，太史儋不會預見到秦能夠最終統一六國。依當時形勢看，太史儋可能估計到秦會脫穎而出，成為諸侯間的強國，也會估計到周王朝終將要依仗強秦從而命秦為侯伯，並且預料這種情況在不久的將來就會出現，所以有「合十七歲而霸」之說。斷定「十七歲」，可能是姑妄言之，然謂秦不久可以稱霸，則是符合形勢發展的預見。秦的稱霸就是太史儋讖語所謂周與秦的「復合」之後不久的事情。

---

593 《戰國策．中山策》。

594 《史記．秦本紀》。

讖語裏的「十七歲」之說，也不可排除這樣一種可能，那就是太史儋以後的秦國史官的附會。如果是這種可能的話，那麼《史記・周本紀》正義的解釋便是相當恰合的。正義謂：「從秦孝公三年至十九年周顯王致胙於秦孝公，是霸也。孝公子惠王稱王，是王者出也。」為什麼要從秦孝公三年算起呢？這是因為秦孝公二年時周顯王曾經「致胙」於秦，此年即為秦與周「復合」的標識。翌年，秦孝公開始任用商鞅變法，十餘年間取得巨大成功，故《史記・秦本紀》載秦孝公十九年（前343年）「天子致伯」，承認秦孝公為諸侯霸主。從秦孝公三年算起，至十九年正合「十七歲」之數。

說到這裏不禁使人想起春秋時期鄭國裨灶以善於發布讖語而著稱的事情。魯昭公十七年（前525年）他向子產預言「宋、衛、陳、鄭將同日火」，建議鄭國祭神以禳除火災。子產不聽。翌年，這些國家果然發生了火災。子產對裨灶預言正確之事講過一段很有名的話，謂「天道遠，人道邇，非所及也，何以知之？灶焉知天道？是亦多言矣，豈不或信？」[595]子產認為裨灶說的次數多了，自然會有言中者。從這個例子可以知道，預言吉凶得失的讖語亦有言中者。宣言讖語的人在對形勢進行認真分析的基礎上，作出一些比較準確的預報，應當不是神秘莫測而不可理解的事情。這樣看來，太史儋讖語所謂「合十七歲而霸」就也有可能為當時太史儋的預言，雖係姑妄言之，但卻與史實相符合。

下面我們再來分析讖語裏的「王者」所指為何人的問題。正義謂這個「王者」指秦惠王，也是正確的。所謂「王者出焉」，意謂王者就出現在這個時候。什麼時候呢？按照太史儋的說法，那便是秦國稱霸不久的時候。在這裏，太史儋對於形勢的分析是完全正確的。他估

---

595 《左傳・昭公十八年》。

計到隨著國勢的日益強盛，秦國先要稱霸，然後還要稱王。在戰國中期，不惟秦國如此，就是一般的諸侯國也是走的這一條道路。當然，太史儋不可能推知「秦惠王」，也不可能推知秦獻公之孫將會稱王，但是在獻公的時代，秦國距稱霸和稱王的時間都不太遙遠則還是能夠被推知的。

（四）

根據上面所進行的研究和討論，我們可以對太史儋的讖語作一個綜述。

太史儋於周烈王二年（前374年）以周王朝使臣的身份至秦國，向秦獻公進獻讖語。讖語指出當初周孝王封秦祖非子為秦與周的始合，因為它標誌著秦納於周王朝的麾下。延至周厲王、宣王時期，秦仲為秦重用，後被封為大夫，征伐西戎而死，這就是秦與周的始合而又別。讖語預言從秦與周之別下延五百載，秦與周將復合，意即秦將再次納入周的麾下。復合後17年，秦將稱霸，秦國之稱王者也將在這個時候出現。太史儋的讖語若以史實驗之，大體上是符合的。周顯王九年（前360年）周送胙肉予秦，是為秦與周復合的標誌。此後過了17年，到周顯王二十六年（前343年）周天子命秦孝公為侯伯，秦始稱霸。秦孝公之子秦惠王為秦國始稱王之君，然其稱王的條件則是在秦孝公時期準備好了的。

這個讖語以闡述周、秦關係為線索，強調了這樣兩個方面的問題：一是秦自獻公開始將日趨昌盛，以至稱霸、稱王；二是周王朝依然有天下共主的派頭，其影響不可忽視。讖語的這兩個主題顯然都為秦獻公所欣賞。秦獻公、孝公時期政治發展情況印證了太史儋的預言。

十二 宋太丘社考

《史記・六國年表・秦表》於秦惠文王二年載「宋太丘社亡」。依《六國年表》通例，諸小國史事皆附於滅掉此國的大國欄內，如鄭附於韓、蔡附於楚然。在《六國年表》裏，宋國史事皆附於齊，然而「宋太丘社亡」則載於秦。梁玉繩《史記志疑》卷9曾對這個記載提出疑問：「《表》附宋於齊則此是宋事，何以不書於齊表，而附於秦乎？」這個問題提得很有道理，但其中緣由梁氏並未作解。他在《史記志疑》「自序」中說「百三十篇中，愆違疏略，觸處滋疑」，依其意，蓋謂《六國年表》關於「宋太丘社亡」的記載乃是太史公的一個「愆違疏略」之處。其實在這裏，《六國年表》所載並不誤，只是史事隱晦、難於索解而已。研究宋太丘社的問題不僅可以說明商周以來部分商族遷徙的情況，而且能夠從一個側面說明戰國時期人們祭祀觀念的變化。然而，要弄清楚此事，所牽涉的問題很多。今從以下幾個方面試作剖析，希望能對研究這個歷史之謎有一些幫助。

（一）宋太丘社即桑林之社

關於宋太丘社的記載除《史記・六國年表》外，又見於《史記・封禪書》，其文謂「周之九鼎入於秦。或曰：宋太丘社亡，而鼎沒於泗水彭城下」。將太丘社與九鼎聯繫在一起為戰國秦漢間方術士的謬說，學者們對此早有定論。然宋太丘社之亡，當是戰國秦漢間傳聞甚廣的事情。《封禪書》索隱謂：「亡，社主亡也。《爾雅》云『左陵太丘』。郭璞云『宋有太丘』。」按：「左」字誤，當為「右陵太丘」，今本《爾雅》可證。據郭璞所云，太丘當為宋國地名，只是其具體方位今已無法確考。略可推測者是，太丘當即大丘，或者說是宋國第一大丘。這個「丘」，很可能就是商丘。《左傳・昭公元年》載「遷閼伯於商丘，主辰，商人是因。」商族很早就遷徙到商丘居住，作為殷商後裔的宋國即以商丘為其核心地區。據顧楝高《春秋大事表》，今河南商丘市西南有商丘，周三百步。宋國及其附近地區稱丘的地方頗多，比較著名的就有雍丘、茬丘、市丘、幣丘、谷丘、貫丘、楚丘、陶丘等。太丘即令不是商丘，也當是宋國的一處稱丘者。以情理度之，既然以「太丘」稱之，那就應當是宋國的第一大丘。此丘非商丘無以當之。假若推測太丘即是商丘，應該不是毫無根據的謬說。對這一點可以聊做印證的是《爾雅》的一個記載。《爾雅・釋丘》篇謂：「左澤定丘，右陵泰丘。」邢疏謂：「丘之東有水澤者名定丘。丘之西有大阜者名泰丘。」《文選・西京賦》注：「大陵曰阜。」這樣看來，丘之西有阜陵者稱為泰丘，即「右陵泰丘」之義。商丘以西處，阜陵甚多，如內陵、寧陵、襄陵等。根據「右陵泰丘」之說，商丘即當又稱為泰丘，亦即太丘。

所謂「太丘社」，最初應當是太丘，亦即商丘的神社。值得注意的是殷商最著名的神社稱為桑林之社。《尚書大傳》說：「湯禱於桑林之社」，《呂氏春秋・順民》篇說：「湯乃以身禱於桑林」，《呂氏春秋・慎大》篇謂周武王滅商以後，「立成湯之後於宋以奉桑林」，可見桑林之社在周初為殷商社稷的一個象徵。桑林之社在春秋戰國時期還存在，所以《墨子・明鬼》篇述春秋後期的燕簡公事謂「燕之有祖，當齊之有社稷，宋之有桑林，楚之有雲夢」。那麼，桑林的位置何在呢？《左傳・昭公二十一年》載宋國華氏之亂時，「宋城舊鄘及桑林之門而守之」，桑林就在宋都郊外，地在商丘之中。這種情況表明，桑林之社就是商丘的神社，太丘社也可以說就是桑林之社的另一種稱呼。

（二）神社往往屬於某族且可以隨之移動

神社的起源很早。春秋戰國時期的神社有以下幾個特點：首先，它是政治權力的一種象徵，並且有等級的差別，所以《禮記・祭法》說：「王為群姓立社曰大社，王自為立社曰王社，諸侯為百姓立社曰國社，諸侯自為立社曰侯社，大夫以下成群立社曰置社。」其次，除了作為政治權力的一種象徵之外，族屬與神社也很有關係。例如作為殷商後裔的宋人之社就稱為亳社，《左傳・襄公三十年》載「鳥鳴於亳社」，不久宋國就發生大災。古代亡國之族到了新的國家，也是把社神帶去。殷商滅亡後，殷民六族被封給魯公伯禽，被帶到魯國，所以魯國除有周社以外，還有「亳社」，成為在魯國的殷商後裔祭祀社神的處所。《左傳・定公六年》載「陽虎又盟公及三桓於周社，盟國人於亳社」，證明不同族屬的人祭祀不同的社神。這顯然是符合自春秋以來「鬼神非其族類，不歆其祀」[596]的觀念。最後，神社已有多種形式出現，有些神社的神主是可以移動的。《論語・八佾》篇說：「哀公問社於宰我，宰我對曰：夏后氏以松，殷人以柏，周人以栗。」可見社神的神主多以木為之。神主也有石質者，《淮南子・齊俗訓》謂「殷人之禮，其社用石」。《周禮・小宗伯》謂出兵打仗的時候要立「軍社，奉主車」。這裏所說的「軍社」，就是把社神的神主帶在軍隊中，載在君主的「齊（齋）車」之上，即是「奉主車」。鄭注謂：「社之主，蓋用石為之。」

既然神社有作為國家政治權力象徵的社稷之意，既然神社與族屬有關並且可以移動，那麼，宋太丘社有沒有移動的情況呢？答案是肯定的。《史記・六國年表》把它列在秦表，就表明它是從宋國遷到秦國去的，並且根據《史記・秦本紀》的記載，可以推測太丘社從東向西遷徙之後又以「蕩社」為稱。

596 《左傳・僖公三十一年》。

(三)「蕩社」和「宋太丘社」之間存在著相互衍變的關係

《秦本紀》載秦寧公二年(前714年)「公徙居平陽,遣兵伐蕩社。三年,與亳王戰,亳王奔戎,遂滅蕩社」。集解引徐廣曰:「蕩音湯。」《索隱》謂:「西戎之君,號曰亳王。蓋成湯之胤,其邑曰蕩社。」徐廣和小司馬氏的解釋是可信的,唯謂蕩社為邑名,則不確切。成湯建都於亳,於《史記・殷本紀》有明文。在這裏,既稱「亳王」,又稱「蕩」(湯)社」,足證其為「成湯之胤」,必為商族的一支。商王朝建立後,商族活動的中心在今河南省中部地區,但其支裔卻向外發展。周革殷命之後,商族亦向外遷徙。居於「蕩社」的一支作為成湯後裔的商族是何時遷居此地的,史無所載。對於這個問題可以略作推論的是其所在的位置。「蕩社」在今陝西省西安市東南不遠處,距離周都鎬京甚近。由此看來,這支商族有可能是周初所遷殷遺民的一部分。《詩經・大雅・文王》篇說周滅殷之後,商族的人「侯服於周,天命靡常。殷士膚敏,祼將於京。厥作祼將,常服黼冔」[597]。言殷人在周京助祭時還穿戴著殷人的冠服。這些到周京助祭的殷人裏應當有距周京甚近的「蕩社」的成湯後裔在內。「蕩社」應當是商王朝覆滅以後被遷到周京附近的一支成湯後裔所建的神社。這神社以「湯」為名,乃是表示不忘其祖的意思。和這種情況十分相似的便是周初「殷民六族」到魯國之後就把「亳社」帶去,並且長期作為自己的神社。我們應當特別注意的一點是,既然在周京附近的那部分商族是成湯後裔,那麼他們的神社就應當與成湯的桑林之社有關,換句話說,即「蕩社」乃是從桑林之社衍化出來的。我們在前面已經指出,太丘社即桑林之社的另一稱謂,因此也可以說太丘社與「蕩社」實際上也是一回事。

---

597 《詩經・大雅・文王》。

通過我們前面的討論，應該說基本上弄清楚了如下的事情：成湯的桑林之社地處商丘，而商丘又是商的第一重要的「丘」，亦即其第一大丘，因此桑林之社也可以稱為太丘社。商王朝覆滅以後，部分作為成湯後裔的商族被遷到周京，居住在周京東南不遠處，其王在春秋時稱「亳王」，其神社稱「蕩」（湯）社」。所以說「蕩社」即這部分商族帶到那裏的太丘社。古代文獻中記載的桑林之社、太丘社、蕩社都是一致的。但是需要強調的是它們之間並非簡單地同一，它們的時代和內涵也存在著一些細微而不容忽視的差別。例如，「蕩社」的範圍就沒有「桑林之社」那麼大，作為成湯後裔的部分商族遷到周京附近並帶去了蕩社，可是此時作為商族大本營的宋國的桑林之社依然存在。猶如那部分遷到周京的商族是整個商族的一部分一樣，蕩社也只是桑林之社的一部分。

（四）《六國年表》「從東方牡丘來歸」之前奪「宋太丘社」四字

《史記・六國年表》秦表載，秦孝公十九年「從東方牡丘來歸」。此句記載頗費解。句無主語，不知是何從東方的牡丘來歸。馬非百先生疑其為「宋太丘社來歸」之誤，[598]是有道理的。因為《秦表》秦惠文王二年有「宋太丘社亡」的記載，若秦孝公十九年之載為「宋太丘社」來歸，則恰與之相呼應。然而，對此還需要進行再探討。因為按照馬先生的說法，實際上是改《六國年表》的「從東方牡丘」五字為「宋太丘社」四字。這樣來改動，似有改字過多之嫌，古籍文字改動似此者甚罕見。我以為《六國年表》之誤並不是把「宋太丘社」寫成了「從東方牡丘」，而是在「從東方牡丘」之前漏掉了

598 馬非百：《秦集史》，中華書局1982年版，第49頁。

「宋太丘社」這幾個字，只要把這幾個字補上，也就文從字順了。

（五）宋太丘社在東西方之間的往返遷移

依照前面對於神社性質以及太丘社、桑林之社、蕩社等關係的分析，我們可以把宋太丘社在東西方之間的往返遷移進行如下綜述。

第一次移動是隨著商王朝的覆滅和殷遺民的西遷，太丘社從宋地移至周京附近，改稱蕩社。

第二次移動是秦寧公初年隨著蕩社的被剷滅而東遷。兩周之際，在關中平原地區局勢異常混亂，在周京附近作為成湯後裔的一部分商族人擁兵自衛，乃情理中事。秦國原來僻居於西隅偏遠之地，秦寧公時向東遷都到平陽（今陝西寶雞東），又發兵進攻「蕩社」，目的是要掃平東進的道路。這場戰爭先後歷時兩年，可見規模並不太小。戰爭的結果是秦寧公取得了勝利，這部分商族人的首領——「亳王」逃奔於戎，其神社——「蕩社」被剷滅。關於「蕩社」的記載，有這樣兩點值得注意：一是「遂滅蕩社」，以「滅」來稱之，可見它不大可能是邑名，這裏的「社」當有「社稷」的某些含義，所以才會說它被滅掉；二是「亳王奔戎」，這裏的戎，非必為西戎，戎族在春秋戰國時期分佈很廣，疑亳王所逃奔者為東方之戎。《春秋・隱公二年》載魯隱公「公會戎於潛」，這個「潛」又稱「戎城」。《水經・濟水注》云：「濟瀆自濟陽縣故城南，東徑戎城北。《春秋・隱公二年》『公會戎於潛』，杜預曰：『陳留濟陽縣東南有戎城，是也。』」這個戎城在今山東定陶西南，為宋國之地。以「蕩社」為神社的商族被秦打敗後逃奔於作為殷商後裔之國的宋的地域，自然是合乎情理的事情。

第三次是太丘社從戎遷到牡丘。「梁園雖好，不是久留之地」，亳王至戎後當又沿濟水往下游遷徙到牡丘（今山東茌平東）。這是齊國西部邊鄙地區，公元前645年齊桓公曾在這裏會盟諸侯。

第四次是秦孝公十九年（前343年）太丘社從東方牡丘回歸秦地。因為「蕩社」已被秦寧公剿滅，故秦史官不稱之為「蕩社」，而徑以太丘社相稱。太丘社首次至秦是周初，直到春秋初年亳王敗逃東奔，在秦地已有三百多年。秦孝公時復至秦地，故《六國年表》說它「從東方牡丘來歸」。

這四次遷移中，除第一次是氏族的移動外，其它三次都非必為整族的遷徙，而應當是部分人員的流動。「亳王」雖逃往東方，但秦地的商族還在。好事者把太丘社從東方牡丘帶回秦地，該是為了迎合在秦地的商族群眾的需要。

清楚了這種遷徙情況，也就可以解釋何以將宋太丘社載於《六國年表・秦表》的問題了。太丘社雖屬於宋，但它長期在秦，從秦離去而又復歸於秦，列於《秦表》乃理所當然者。

（六）宋太丘社之亡與戰國時期的社神崇拜

《六國年表》謂秦惠王二年（前336年）「宋太丘社亡」，自漢代以來的學問家對此有兩種解釋。一謂指社主的零落敗壞。《史記・封禪書》索隱引應劭云：「亡，淪入地也。」呂祖謙《大事記》也是這個思路，謂：「古者立社，植木以表之，因謂其木為社。所謂亡者，震風淩雨，此社之樹摧損散落，不見蹤跡也。」另一種解釋謂亡指社主離去。《史記・封禪書》索隱謂「亡，社主亡也」，《爾雅・釋丘》邢疏謂：「宋依丘作社，在宋國於時亡去，故云太丘社亡，亦咎徵也。」《漢書・郊祀志》王先謙補注謂應劭說為非，而索隱說為是，認為「亡，謂社主亡也。」這兩種說法對於社主的質地有不同的理解：前者認為社主為木質，後者則指石質。誠然，社主以木質多見，但就太丘社曾經幾次遷徙的情況看，則疑以後者近是。《淮南子・齊俗訓》謂「殷人之禮，其社用石」，20世紀60年代初在江蘇銅山丘灣曾發現商代社祀遺址，其社主即一上為方柱而下端呈楔形的大石，與《齊俗訓》之載可相互印證。太丘社的社主應當為石質，而不是如《墨子・明鬼》篇所謂「擇木之修茂者立以為叢社」的作為社主的修茂樹木。

從秦孝公十九年太丘社復歸於秦，至秦惠文王二年即亡去，其間僅八年的時間，此後太丘社即下落不明。這種情況之所以出現的根本原因在於戰國時期社祀的衰落。社祀起源於夏商時期人們對於土地的崇拜，商周時期社神是頗具神力的自然神靈之一。當時社主質地多樣，祭祀社神的祭品豐盛，祭祀形式繁複，人們對於社神虔誠恭敬。到了春秋時期，社祀已經不大景氣了，人們對於社神逐漸失去了往日的尊崇，社祭的所在多成為男女幽會和交歡的地方，因此《墨子・明鬼》篇才說「燕之有祖，當齊之社稷，宋之有桑林，楚之有雲夢也，此男女之所屬而觀也。」《左傳・莊公二十三年》載，魯莊公「如齊觀社」，因為是去看女人，所以遭到守禮者的反對。《論語・八佾》篇載：「哀公問社於宰我。宰我對曰：夏后氏以松，殷人以柏，周人以栗，曰，使民戰慄。」孔夫子對宰我的回答很不滿意，認為他是信口胡言。《左傳・莊公二十五年》載魯國此年有兩次「用牲於社」的祭祀，皆失常禮而受到批評。可見當時的人對於社神已經不甚了了，連祭禮的規矩和社主的質地都弄不明白。戰國時期，社神的地位每況愈下，人們已經很少想到要進行社祭。社神依然在，情景卻淒涼。昔日赫赫然的社神在戰國時多為一簇樹木，被稱為「叢」。《戰國策・秦策三》載一位少年非要跟「叢」下棋，於是便「左手為叢投，右手自為投，勝叢」，結果「五日而叢枯，七日而叢亡」。有的神社雖經保護，但仍免不了「鼠穿其閭，掘穴托其中」[599]的慘象。《戰國策・趙策

---

599 《韓非子・外儲說右上》。

一》載蘇秦語謂：「今日臣之來也暮，後郭門，借席無所得，寄人宿田中，傍有大叢。夜半，土梗與木梗鬥曰：汝不如我。我者乃土也，使我逢疾風淋雨，壞沮，乃復歸土。今汝非木之根，則木之枝耳。汝逢疾風淋雨，漂入漳、河，東流至海，氾濫無所止。」社神只不過是一簇樹木，「非木之根，則木之枝」，連田間的土埂都可以傲視它，其窘況於此可見一斑。然而，「三十年河東，三十年河西」，誰能肯定社神不會走出困境而「柳暗花明又一村」呢？從戰國後期開始，隨著政治形勢的變革和疆域觀念的增強，社神和谷神聯手，稱為「社稷」，成為國家政權的標識，社神才又風光起來，但這以後的社神已經和商周時期的社神有了很大區別，簡直判若兩「神」了。

從社神興衰的歷史發展，我們可以看到，太丘社復歸於秦正值社神地位跌落谷底，並且尚無復興跡象的時候，在人們對社祀普遍漠然的情況下，太丘只經過短短八年時間也就自消自滅，不見了蹤影。除了這個根本性的原因之外，太丘社之亡，跟關中地區商族的情況也應當是有關係的。經過了數百年之久的時間，在周京附近作為成湯後裔的那部分商族已漸和當地民眾融合，特別是自春秋初年「亳王」東奔之後，這部分商族已不再是獨立的政治實體，而是秦國政權下的普通民眾。漫長時期的變遷，難免使他們固有神權信仰發生變化，太丘社的復歸已不可能激發他們的對於社神崇拜的熱情。太丘社亡於秦惠文王之時，乃時勢使然也。

第二章

「彝倫攸敘」：塵世間的準則與秩序

天國是塵世的影子，塵世是天國的依據。天國神靈的位次是人來排定的。塵世間人們的位置自然也是人所排定的。那麼這排座次的工作所依據的標準是什麼呢？「位置」，自然是十分重要的問題，芸芸眾生賴之以有自己的生存空間。然而，「位置」實際上是一個「名分」問題，有什麼樣的名分就會在社會上有什麼樣的位置。孔子曾經對不重視這一問題的子路大為光火，《論語・子路》記載了他們之間的一段談話：

> 子路曰：「衛君待子而為政，子將奚先？」子曰：「必也正名乎！」子路曰：「有是哉，子之迂也！奚其正？」子曰：「野哉由也！君子於其所不知，蓋闕如也。名不正，則言不順；言不順，則事不成；事不成，則禮樂不興；禮樂不興，則刑罰不中；刑罰不中，則民無所措手足。故君子名之必可言也，言之必可行也。君子於其言，無所苟而已矣。」

率性直言是子路性格的特色，孔子倒也不怎麼怪他。但是這一次因為涉及「正名」這一重大原則問題，所以孔子才狠狠地將子路訓斥一頓，罵他粗野無知，叫他不要再隨便胡言亂語。名分是人的社會位置的標識，所以一定不能夠混淆，一定得弄清楚才行。對於統治者如此，對於普通民眾也是如此，不然的話，就會統治地位不穩，老百姓也「無所措手足」。依據什麼來正名分呢？孔子的時候強調的是「禮」，再往前說，那就是「彝倫」，有了它們，人們的名分就會名正言順，社會上就不會有僭越弒殺之事，人們都在他應當在的社會位置上生活，社會秩序井然，社會自然也穩定而和諧。如此看來，商周時代的人對於彝倫特別重視，乃是重構和穩定社會秩序的現實需要的。

戰國末年韓非子曾經把君臣關係作了十分透徹的剖析，他認為君臣之間完全是一種買賣的關係，「臣盡死力以與君市，君垂爵祿以與臣市，君臣之際，非父子之親也，計數之所出也。君有道，則臣盡力而奸不生；無道，則臣上塞主明而下成私」[1]。在韓非子看來，君臣之間，利益高於一切。在戰國末年的具體形勢下，韓非子所說的這種情況，或許是事實，但對於商周這一長時段來說，就不可一概而論了。在上古時期社會政治相對民主的局面下，君臣關係的主流應當說還是比較和諧的。這種主流局面的形成究其原因，大致為二：一是有氏族宗法制度的保證，二是「彝倫攸敘」(《尚書・洪範》)，社會各階層的人有共同認可的秩序準則與觀念。《詩經》的雅、頌部分多有對於君臣關係融洽、君臣皆恪盡職守的情況進行讚美的詩篇，現在看來並非全是為統治者塗脂抹粉而粉飾太平之作，而大體上可以說是真實情狀的摹寫。

一　說「彝倫」——論殷周之際社會秩序的重構

商周之際，周武王與箕子皆大講「彝倫」，表明了他們對於重構社會秩序問題的關注。構建社會秩序必須有社會各階層多數人所認可

1　《韓非子・難一》。

的準則，大家循此辦事，才會次序不亂。據《尚書‧洪範》所說，此即「彝倫攸敘」，反此就是「彝倫攸斁」。箕子以進獻《洪範》九疇來重構社會秩序的機會，達到其自己的目的。箕子獻《洪範》的目的並非為鞏固周王朝提供歷史經驗，細細剖析箕子所獻九疇的疑點，可以看出，他所獻的根本不是什麼治國大法，而是另有所圖。古今學者多重視《洪範》的內容而忽略了其進獻的動機。在商周鼎革的歷史背景下，箕子力圖誤導周武王，試圖讓周武王重蹈商紂亡國的覆轍。箕子不愧為商王朝的一代名臣賢相，不僅目光如炬，見微知著，而且對於商紂王忠心耿耿。箕子始終是商的忠臣，與周王朝從來沒有同心同德。歷史進程沒有按照箕子的意圖發展。周初彝倫的重建，在很大程度上超越了早期國家的君主專制，而使得國家的行政管理比以前更有成效，社會局勢因此得以長期穩定。

商周變革之際，各種矛盾錯綜複雜，殷商殘餘勢力不遺餘力地試圖死灰復燃，社會等級秩序（即彝倫）的重構異常艱難。為穩定局勢，周武王躬身訪賢，希望獲取治國之道，及時穩定周初局面。商朝重臣箕子趁周武王垂詢之機，進獻了《洪範》九疇。箕子有豐富的政治鬥爭經驗，且學識淵博，是商朝著名的賢人、忠臣。出於對箕子學識及其效忠殷商的敬重，歷代學者多將箕子所獻《洪範》九疇視為治國大法，對其評價很高。仔細閱讀《洪範》，卻可見箕子所獻九疇在當時情況下，於周人穩定政治局面並無補益，並且，從傳統文化發展的方向說，箕子為專制王權張目，與周人此後總結出的民本思想不相契合。重新審視《洪範》，可以看出周初複雜政治鬥爭的一個側面，也可顯示周人民本思想提出的顯著意義及其在傳統文化中的重要作用。

（一）「彝倫」的提出與殷周之際的政治形勢

「彝倫」之語出自《尚書‧洪範》。是篇記載了周武王垂詢箕子之語和箕子的應答之辭。這篇文獻的記載表明，周武王和箕子對於「彝倫」是特別重視的。一位是開國君主，一位是商朝遺老，他們為什麼不約而同地對於「彝倫」情有獨鍾呢？

周武王垂詢箕子是其滅商兩年以後的事，他之所以在這個時候垂詢箕子，關鍵在於周武王面對嚴峻的政治形勢憂心忡忡，迫切需要安邦定國謀略的制定與完善。商周之際的鼎革來之不易，周族的領袖們一直小心謹慎、戰戰兢兢地謀劃、從事著滅商和建國大業。於此為證者，可以舉出如下三事：其一，周文王黽勉從事，「三分天下有其二，以服事殷」[2]，採取低調原則以求進取，可見其態度之謹慎；其二，在準備滅商的時候，周武王唯恐「謀泄」，在強大的殷商勢力面前甚至於夜不能寐，還曾經因為夢見商人而驚醒；[3]其三，周武王繼位後，雖然曾經「東觀兵至於盟津」[4]，試圖伐商，並且《尚書・泰誓》篇還記載當時有白魚躍舟和王屋流烏的祥瑞，但他還是心中不安，以至於「王動色變」，以「未知天命」為由而退兵。此與《逸周書・寤儆》所載周武王的儆懼心態是一致的。

周武王滅商之後，形勢依然不容樂觀，殷商殘餘勢力的嚴重威脅可以說是當時剛剛建立王朝的周族領袖們揮之不去的夢魘。面對危殆，周武王開始時的對策，據《史記・周本紀》記載，有以下兩點：一是選定伊洛流域為周王重點經營的中心地區；二是「縱馬於華山之陽，放牛於桃林之虛，偃干戈，振兵釋旅，示天下不復用也」。顯而易見，這是一個向天下諸侯示好的政策，這與滅商之前周公旦向他提出的建議當不無關係。《逸周書・寤儆》篇載周公旦語謂：

---

2 《論語・泰伯》。

3 事見《逸周書・寤儆》。

4 《史記・周本紀》。

> 天下不虞周，警以寤王，王其敬命！奉若稽古維王，克明三德維則，戚和遠人維庸，攻王禱，赦有罪，懷庶有，茲封福。[5]

周公旦向周武王建議的要點是敬天命、禱鬼神、和遠人，這些基本點是周武王所實行了的。這些內容此後成為周人治國的基本法則，但就當時情況而言，卻仍然「遠水不解近渴」。例如，敬天命、禱鬼神之事，伐商之時多曾實行，但滅商之後，形勢變化，對於殷商殘餘勢力而言，並非「和」所能解決問題。但是，不「和」又能怎麼樣呢？滅商之後周武王為苦無良策而寢食難安，他對周公旦說：

> 告女：維天不饗殷，自發未生於今六十年，麋鹿在牧，蜚鴻滿野。天不享殷，乃今有成。維天建殷，其登名民三百六十夫，不顯亦不賓滅，以至今。我未定天保，何暇寐！[6]

5　關於《寤儆》篇的著作時代，前人或以為「春秋戰國間人，採周志及雜說，以解釋百篇中之周書而作，非必孔子刪書之餘也」（姚際恆原著，顧實重考《重考古今偽書考．史類》卷2，大東書局1928年版，第4頁）。黃懷信先生則認為此篇文字「較古」，其寫作時代「不晚於春秋中期」，可能為孔子「刪書之餘」（《逸周書校補注譯》，三秦出版社2006年版，前言第52頁）。按：此篇不僅文字較古而且所述內容可信。如此篇謂「稽古維王」、「王其敬命」之語，與《漢書．郊祀志》引《泰誓》所云「正稽古立功立事」、「丕天之大律」之語即若合符契。但是，或以為此篇為「解《大誓》『朕夢協朕卜，襲於休祥，戎商必克』之文」，疑非是。《國語．周語》下篇載單襄公語：「吾聞之《大誓》，故曰：『朕夢協朕卜，襲於休祥，戎商必克。』」《大誓》載武王之夢為吉兆，而《寤儆》所載則是噩夢，性質截然不同，當非一事。黃懷信先生以為此篇為孔子「刪書之餘」，良是。

6　《史記．周本紀》。按：此段文字司馬遷取自《逸周書．度邑》篇，字句有更動，但語意一致。「維天建殷，其登名民三百六十夫」句，有兩個關鍵處，應當辨析。其一，《度邑》篇作「維天建殷，厥徵天民名三百六十夫」。此處提到的「天民」應當是對的，專家曾疑「民名」誤倒，當即「名民」，意謂「獻民」。愚以為不若依原意釋為「天民」為妥。《尚書．洪範》述此事有「天陰騭下民」句，可見「天民」意即天所「陰騭」之民。《逸周書．大聚解》有「天民側側」、《孟子．萬章上》「天

此段文字對於認識商周之際的政治形勢非常重要，司馬遷特意在《史記・周本紀》予以記載。它不只是武王伐紂勝利以後返歸鎬京時的談話之語，而且應當看做是此後兩年間周武王思考治國方略問題的主線。

該試過的辦法都試過了，該做的事情也都做了，周武王所面臨的形勢依然不容樂觀。那麼，還應當怎麼辦呢？垂詢箕子以尋求良策，應該就是當時周武王的一個最佳選擇。這是因為，第一，箕子身份特殊。《史記・宋世家》說他是「紂親戚也」(或說為「紂之庶兄」)。箕子作為商王近臣、高級貴族，還曾任商王朝「太師」，[7]對於商王朝的興衰有深刻的認識。箕子對於商紂王的「淫泆」曾經力諫而被拒，遂「被發詳（佯）狂而為奴」[8]，躲過殺身之禍，可見他又是一位不滿意商紂王統治的並且很有謀略的商朝重臣。第二，箕子是周族特意拉攏的人物，早在商滅以前，「辟遠箕子」這樣的賢人，[9]就成為周指責商王紂的一項重要內容。據《史記・周本紀》記載，武王伐紂以後，

之生此民也」，與此意近。其二，「名」字，《索隱》以為指「名賢人」，將其作為著名來理解，恐不確。《左傳・昭公三十二年》「為君慎器與名，不可以假人」。杜注「名，爵號。」商周之際尚無爵稱，此爵號當即氏族之名號，而非「名賢人」之意。「登」字本意指升，含有「定」、「成」之意（朱駿聲：《說文通訓定聲》「升部」，中華書局1984年版，第75頁）。「登名民三百六十夫」意指，天陰騭殷民有三百六十個氏族之多。另外，這段話裏面的「不顯亦不賓滅，以至今」，《度邑》作「弗顧亦不賓成，用戾於今」。相比而言，《度邑》之語為憂。依《周本紀》此語之意當指三百多氏族在商代的情況，而使武王寐寤不安者當非此意，應當是指雖商已滅，但他們人與族俱在，他們不來就顧於周，也不自消自滅，乃是周的心腹之患。

7 《史記・宋微子世家》集解引孔安國說。按：關於箕子的身份，晚商彝銘《小臣缶方鼎》提供了一些信息。小臣缶在卜辭中又稱「㠱（箕）侯缶」(《甲骨文合集》，第36525片)，箕的位置在山西榆社南箕城鎮，古代文獻記載或謂箕子是紂諸父，或謂是紂庶兄。李學勤先生考察彝銘和甲骨卜辭的相關記載後指出「箕子是帝辛的諸父」(李學勤：《小臣缶方鼎與箕子》，《殷都學刊》1985年第2期)。

8 《史記・宋微子世家》。

9 《呂氏春秋・先識》。

立即「命召公釋箕子之囚」。周武王對於箕子禮敬有加，相傳他曾經「式箕子門」[10]，以示敬意。周武王為了安邦定國而向箕子垂詢治國方略，既表示了對於殷遺民的重視，又希望得到某些指點，所以說，箕子應當是最合適的人選。

值得注意的是周武王的這次訪談，他和箕子都以尋求如何理順「彝倫」的方略為談話的目標。周武王說：

> 嗚呼！箕子，惟天陰騭下民，相協厥居，我不知其彝倫攸敘。

劉起釪先生曾將這段話意譯如下：王說道：「哎呀！箕子。上帝庇蔭著下界的人民，使大家相互和好地居住著。我不知道上帝安排的常理是怎樣弄得那麼井然有序的？」[11]周武王的言外之意是說既然上天保祐下民，我不知道為什麼不能讓殷民安居，我也不清楚現在如何做，才能教天下之「彝倫」井然有序。周武王講自己的困惑在於「不知其彝倫攸敘」，意即自己不知道「彝倫」為何成了這種局面。到底該如何安排「彝倫」呢？針對這個問題，箕子講了如下一番話：

> 我聞在昔，鯀陻洪水，汩陳其五行。帝乃震怒，不畀洪範九疇，彝倫攸斁，鯀則殛死。禹乃嗣興，天乃錫禹洪範九疇，彝倫攸敘。

箕子指出，鯀用堵塞的辦法治理洪水，擾亂了五行的次序。上帝震怒而不賜給他作為治國大法的九個種類的「洪範」，鯀敗壞了「彝

10 《漢書．張良傳》。顏師古注曰：「至其門而撫車式，所以敬之。」

11 劉起釪：《尚書校釋譯論》，中華書局2005年版，第1200頁。

倫」，就被殛死。上天賞識繼鯀而興的禹，便賞賜給禹九個種類的「洪範」，「彝倫」這才有了正常秩序。[12]這一段話主旨是強調「彝倫」自禹以來淵源有自。給周武王開講，先抬出禹來作為立論的根據，這正是箕子的聰明之處。周出於滅商的需要，歷來強調自己與夏的關係密切，甚至以「有夏」自稱。[13]既然周重視夏，那麼箕子抬出禹來，自然增強了自己言論的說服力。

周武王對於箕子的這次訪談，是周初大事，周的史官鄭重記載其事自在情理之中。然而，不同的史載，則有所不同。關於「訪談」的過程，《史記・周本紀》所載為詳，而箕子的言論，則以《尚書・洪範》篇所記較全。

《史記・周本紀》的相關記載，頗有耐人尋味處。研讀《洪範》之篇不可不知。請看其記載：

> 武王已克殷，後二年，問箕子殷所以亡。箕子不忍言殷惡，以存亡國宜告。武王亦醜，故問以天道。

這段裏面的「以存亡國宜告」[14]，意謂自己作為被周所保存的「亡國

---

12 《洪範》篇此段文字的解釋，諸家差別不大。唯有「彝倫攸敘」的攸字，諸家多解為「所」，王引之批評說：「見『攸』字則釋之為『所』，皆望文生訓，而非其本指。」（王引之：《經傳釋詞》卷1，嶽麓書社1984年版，第14頁）其所舉出的例證，正是「彝倫攸敘」首當其衝。按：這個字《漢書・五行志》引作「逌，意猶於是。」漢儒如是讀應當是近於經意者，愚以為「攸敘」意即「才有了正常秩序」。攸，當用若「乃」。《說文》「乃部」，釋逌字古文，謂其聲「讀若攸」，黃侃先生批註王引之《經傳釋詞》，指出「攸」字，「此在《說文》作逌」（《經傳釋詞》卷1，第14頁）。《洪範》「彝倫攸斁」的攸字之意，同此。

13 見《尚書》的《君奭》、《立政》等篇。

14 學者早曾指出此句「費解」。比較而言，《史記索隱》謂「六字連一句讀」，是可靠的。當然，這句話也可以理解成希望武王存亡國、繼絕祀之意，亦有保存殷商勢力的意思在內。

（殷商）」子遺的身份所適宜講者見告，而不忍言說殷惡之事。關於箕子獻《洪範》「九疇」事，漢臣梅福頗知其意，謂「箕子佯狂於殷，而為周陳《洪範》；……箕子非疏其家而畔親也，不可為言也」[15]。清儒皮錫瑞曾以此釋箕子之語，並且指出，「據史公說，武王與箕子皆有難言之意」[16]。梅福指出箕子「不可為言」與《周本紀》所謂「不忍言」與皮錫瑞所謂「難言」，意思都是一致的。[17]商周變革之際，周人所見「彝倫」（即社會等級秩序）敗壞，典型而切近者就是殷末的局勢。作為商紂王卿士的微子曾向父師（即箕子）指出當時的情況是：

> 殷其弗或亂正四方，我祖厎遂陳於上。我用沈酗於酒，用亂敗厥德於下。殷罔不小大，好草竊奸宄，卿士師師非度。凡有辜罪，乃罔恒獲。小民方興，相為敵仇。今殷其淪喪，若涉大水，其無津涯。[18]

「父師」（即箕子）同意微子對於形勢的看法，並且補充了對於當時嚴峻形勢的說明。他說道：

> ……方興沈酗於酒，乃罔畏畏，咈其耇長、舊有位人。今殷民乃攘竊神祇之犧牷牲用，以容將食無災。降監殷民用乂，仇斂，召敵仇不怠。罪合於一，多瘠罔詔，商今其有災。

15　《漢書·梅福傳》。

16　皮錫瑞：《今文尚書考證》卷11，第241頁。

17　關於箕子獻「《洪範》九疇」事，《周本紀》謂「不忍言」，前人或以為「此句疑有誤，不可解」（梁玉繩：《史記志疑》卷3引王鏊說，叢書集成本，中華書局1985年影印本，第91頁）。其實，細繹其意，可知其非有誤而是其間有隱情。

18　《尚書·微子》。

從高層官員到普通民眾皆惶惶不可終日，社會局勢到了不可收拾的地步。然而箕子講彝倫敗壞事，隻字不提眼前令人記憶猶新的事情，偏偏舉鯀陻洪水而招致「彝倫攸斁」為例進行說明。其良苦用心恐怕就在於「以存亡國宜告」，而不忍心講商末「彝倫」之惡劣情狀。

「打人不打臉，罵人不揭短」。關於「殷所以亡」的問題，對於當時須善待殷舊臣而穩定局勢的周武王來說，顯然不大合適發問。[19] 好在周武王是個明白人，話一出口似乎就有所感而有點不好意思（「武王亦醜」），急忙改弦更張，順水推舟，跟箕子談論起天道來。並且在訪談結束以後，繼續禮敬箕子，表示滿意，「悅箕子之對，賜十朋」[20]。關於周武王訪談箕子的記載表明，司馬遷應當見到了《尚書・洪範》以外的資料，所言有若干與《洪範》篇不太符合之處。而出自周代史官之手的《尚書・洪範》篇則徑直記載周武王稱讚「天」的話（「惟天陰騭下民，相協厥居」），免去了關於「殷所以亡」這個不該向箕子提的問題的記載，頗有為尊者諱的意蘊在焉。[21]

《尚書・洪範》與《史記・周本紀》兩者關於周武王訪箕子事，另外一個相異之處，那就是《史記・周本紀》不提「彝倫」，而只講周武王「問以天道」，似乎彝倫就是「天道」。從《尚書・洪範》篇的記載看，周武王提出問題重在「彝倫」，箕子回答問題所講亦圍繞「彝倫」進行闡述。然而，通篇皆不言「彝倫」之意。這表明，「彝

19 箕子為商紂王時期的殷賢臣。商紂王剛愎自用，剖心殺掉犯顏直諫的比干，「箕子懼，乃詳（佯）狂為奴，紂又囚之」。武王滅商之後，隨即「釋箕子之囚」(《史記・殷本紀》。按：《周本紀》作「命召公釋箕子之囚」)，把箕子從牢獄中救出。武王此舉目的在於通過褒揚殷賢人而收買人心，穩定局勢。關於箕子之事，《史記・宋世家》所記與《洪範》篇相同而詳，但與《周本紀》有所不同。

20 《逸周書佚文》，見朱右曾《逸周書集訓校釋》卷11，朱右曾引惠棟說「此語別無所見，當在《箕子》篇」。按：《箕子》篇原在《逸周書》第41，早佚。

21 如果我們的這個推測不誤，這應當是為尊者諱的史官筆法的很早的一個例證。

倫」本來就是殷周之際人們習以為常的社會觀念，講到「彝倫」，如同使用一個普通的詞語一樣而無須多加解釋。然而，「彝倫」一詞，在《洪範》篇之後，再不見諸先秦時期人們的語言，似乎從商周之際開始它就退出了人們的視野，直到東漢以降才復出而被稱用。我們講商周之際社會秩序的重構，用「彝倫」為線索，正合乎它的特殊的歷史語境。

（二）「彝倫」與《洪範》的核心：皇極、三德

「彝倫」一詞首見於《尚書・洪範》篇。關於《洪範》篇的成書，歷來有箕子作、周武王作、周史官作、子思作等說。20世紀20年代劉節先生著《洪範疏證》，[22]斷定此篇為戰國時人所作，此後論者多信之。20世紀80年代劉起釪先生著《洪範成書時代考》，[23]推翻劉節先生所論而詳述己見，指出「《洪範》不成於戰國末，其檔原是商代的，中心內容也是商代的。但由周初作了加工……是商周奴隸制盛時傳下來的統治經驗」[24]。肯定其成書時代不在戰國，而在商周之際。是篇之首即言武王訪箕子事，所以是篇當成於周代。此篇成書於周代史官之手，係周代史官取其所掌握的資料寫作而成，後來，東周時期在傳抄中可能混入了個別後代的詞語。劉起釪先生的這個判斷現在看來尚無可移易。

文獻記載表明，最初解釋「彝倫」之意的學者應當是司馬遷。他在《史記・周本紀》和《宋世家》中分別用「天道」、「常倫」來譯釋「彝倫」。甲骨文和金文中，「彝」字呈雙手繫鳥獻祭之形，用以表示祭祀之常，並且由此出現不少引申意。彝，《說文》訓謂「宗廟常

22 劉節：《洪範疏證》，見《古史辨》第5冊，上海古籍出版社1982年版，第388-403頁。

23 劉起釪：《〈洪範〉成書時代考》，《中國社會科學》1980年第3期。

24 劉起釪：《古史續辨》，中國社會科學出版社1991年版，第229頁。

器」，即習見於宗廟祭典所用的重要的銅器，故「引申為彝常」[25]。

「倫」字亦然。倫（倫），《說文》「倫，輩也，從人侖聲」，而「侖」字《說文》「思也，從亼從冊」。《說文》以「思」訓侖，蓋由典冊所記皆思考之結果會意。人之思需合道理，所以倫字意蘊，除「輩」之外，《說文》提到的還有「道也」之釋。「倫」字之意開始可能是指典冊所記道理。「彝」和「倫」字合起來就是意近的兩個字組合的複合詞，道理、常理是為其根本意義。《洪範》篇的「彝倫」一詞，偽孔傳解釋「我不知其彝倫攸敘」之語，謂其意是「我不知天所以定民之常道理次敘」，就以「常道理次敘」來理解「彝倫」。總之，彝倫表示社會之常理、秩序、規律、法則等。[26]

構建社會秩序必須有社會各階層多數人所認可的準則，大家循此辦事，次序不亂，此即「彝倫攸敘」，反此就會「彝倫攸斁」。戰國時人猶能明白此間道理。莊子後學所著《莊子·天下》篇謂：「以法為分，以名為表，以參為驗，以稽為決，其數一二三四是也，百官以此相齒，以事為常，以衣食為主，蕃息畜藏，老弱孤寡為意，皆有以養，民之理也。」其所講的「法」、「名」、「參」、「稽」等，無非是講準則的實現，每一項都可以為「一二三四」諸種條目。這些不僅是「百官」行事的依據，也是老百姓的行事之準則。這種情況與《洪範》篇所排列者十分近似。唐成玄英疏謂「自堯舜已下，置立百官，用此四法更相齒次，君臣物務，遂以為常，所謂彝倫也」[27]。可以說他很好地理解了彝倫之意。

---

25 段玉裁：《說文解字注》十三篇上，上海古籍出版社1988年版，第662頁。

26 周人每用「彝」字表示「彝倫」之意，如《書·康誥》：「陳時臬事，罰蔽殷彝。」偽孔傳釋「殷家常法」，可見「彝」有法則之意。《詩·大雅·烝民》：「天生烝民，有物有則。民之秉彝，好是懿德。」毛傳：「彝，常。」鄭箋：「民所執持有常道。」皆謂「彝」即常道、常法，意同彝倫。

27 郭慶藩：《莊子集釋》，中華書局1961年版，第1067頁。

總之，《洪範》的「彝倫攸敘」，應當特指正常的、合理的社會等級秩序，如果是不正常的，那就是《洪範》篇所說的「彝倫攸斁（按、敗也）」了。鼎革之際，天下洶洶。周武王垂詢箕子，其所關注的基本點就是如何獲得常道，通過社會秩序的重構來鞏固新生的周王朝。

就《洪範》所載，周武王問以「彝倫攸敘」，而箕子以「九疇」作答。以「九疇」而言，古今學者多肯定「皇極」與「三德」是箕子所獻洪範九疇的核心（亦即關鍵）所在，這兩部分是九疇大法中內容最多、篇幅最長的部分，可見箕子對這兩者的重視程度之非凡。愚以為，這兩部分的核心內容是為王權張目，古人高度評價《洪範》，其真正的原因即在於對於王權的膜拜。

「皇極」，就是君王統治的至高無上的準則。這是九疇中最長的一段文字。其要點是庶民與官員（「正人」）絕對不能結黨營私（「淫朋」、「比德」），一切只能依君王為最高準則（「惟皇作極」），一切人必須遵循君王的指示，走在君王指引的正道上，這就是：「無偏無陂，遵王之義。無有作好，遵王之道。無有作惡，遵王之路。無偏無黨，王道蕩蕩。無黨無偏。王道平平。無反無側，王道正直。」[28]君王的這些最高準則，就是上帝的準則（「於帝其訓」）。天子是民之父母，是天下的君王（「天子作民父母，以為天下王」）。

在九疇中，緊接「皇極」的是「三德」。「三德」字面之意是三種德行，其實指的是三種治人之法。所謂「平康正直，強弗友剛克，燮友柔克，沉潛剛克，高明柔克」[29]，是指對於邪曲之人要使其端正平直（「正直」），對於倔強而不友善者（「強弗友」）以及陽奉陰違者

28 《尚書·洪範》。

29 《尚書·洪範》。

（「沉潛」）要用強硬的手段戰勝它（「剛克」），對於溫柔可親者（「燮友」）以及明智者（「高明」）要用懷柔的辦法籠絡它（「柔克」）。「三德」中，特別引人注目的是如下的一段話：

> 惟辟作福，惟辟作威，惟闢玉食。臣無有作福、作威、玉食。臣之有作福、作威、玉食，其害於而家，凶於而國，人用側頗僻，民用僭忒。[30]

「作福作威」之意，偽孔傳云「言惟君得專威福」。此處的主旨，毫無疑問地是在肯定只有君王才能享受最大的幸福，才能有最高權威，才能享用最精美的食品，而臣下就不能如同君王那樣享受和擁有，否則就會禍害國家與社會。顯然這裏的根本內容是對王權的崇尚和宣導，其強化王權的用意非常明顯。

除了「皇極」與「三德」之外，洪範九疇中其它內容都或多或少地與強化專制王權有關係。例如，排列第二的「五事」，講王在臣民面前的儀態。[31]排列第三的「八政」，是為王治理天下出謀劃策。排列第七的「稽疑」，是為王所獻的解除疑惑的具體辦法。排列第九的

30 《尚書・洪範》。

31 漢儒董仲舒每以陰陽災異之論解釋「五行」，但他也曾正確地分析了「五事」的目的在於為君王之治獻策。他說：「夫五事者，人之所受命於天也，而王者所修而治民也，故王者為民，治則不可以不明，準繩不可以不正。王者貌曰恭，恭者，敬也；言曰從，從者，可從；視曰明，明者，知賢不肖，分明黑白也；聽曰聰，聰者，能聞事而審其意也；思曰容，容者，言無不容。恭作肅，從作乂，明作哲，聰作謀，容作聖。何謂也？恭作肅，言王者誠能內有恭敬之姿，而天下莫不肅矣。從作乂，言王者言可從，明正從行，而天下治矣。明作哲，哲者，知也，王者明，則賢者進，不肖者退，天下知善而勸之，知惡而恥之矣。聰作謀，謀者，謀事也，王者聰，則聞事與臣下謀之，故事無失謀矣。容作聖，聖者，設也，王者心寬大無不容，則聖能施設，事各得其宜也。」（《春秋繁露・五行五事》）

「五福」、「六極」，是為王所策劃的作福作威的具體方式。其中要特別提到的是排列第八的「庶徵」，提出了上古時代最早的天人感應觀念，說道：

> 曰休徵：曰肅，時雨若。曰乂，時暘若。曰晢，時燠若。曰謀，時寒若。曰聖，時風若。
>
> 曰咎徵：曰狂，恒雨若。曰僭，恒暘若。曰豫，恒燠若。曰急，恒寒若。曰蒙，恒風若。

這裏將王的行為分為「休徵」（好作為的徵象）與「咎徵」（壞行為的徵象）兩種進行評說。就好的方面來說，若君王肅敬，則會有及時雨降下；君王政治清明，就會豔陽高照；君王明智，就會天氣溫暖；君王深謀遠慮，就會適時寒冷；君王聖明，就會柔風徐至。就壞的方面來說，若君王狂肆，就會淫雨不斷；君王動則有失，就會經常乾旱；君王猶豫不決，就會天氣炎熱；君王急躁不安，就會常常苦寒；君王昏庸暗昧，就會風塵揚沙。總之，君王的行為無論好壞，都會影響到天氣的變化。這種情況與漢代以降的陰陽災異說不同的是，陰陽災異說強調天示警於君王，而這裏則是君王的行為影響著天。相比而言，《洪範》裏能夠影響「天」的君王比遭「天」示警的君王要強大、威風許多。顯而易見，「休徵」和「咎徵」的這些說法，完全合乎《洪範》篇注重推崇和強化王權這一主題。

（三）箕子何以獻這樣的「《洪範》九疇」？

關於《洪範》篇的性質與意義，專家曾經從各個不同的角度給予高度評價，如謂它是「綜合西周以來神治主義與制度的第一篇有系統的大文章」，「就它的原型說，它是夏、商、周三代傳遞下來的一件文化珍寶」,「我國三千多年來歷代王朝進行政府管理的『統治大法』和『行政大法』」,「我國古代政治文化的總結性、綱領性文獻」,「中國古代文明的活的靈魂」[32]等等。然而，就箕子和周武王的時代而言，它的性質與意義又當如何評說呢？簡言之，那就是箕子獻這樣的九個「大法」是否果真有著為周人著想的動機？《洪範》九疇是否可解武王燃眉之急？是否契合周初亟須穩定動盪局面的急切訴求？

我們或許可以這樣來理解箕子之獻的動機。那就是，他作為商王朝重臣，目睹了商紂王之惡行，又得周武王救其出獄，自然感恩戴德，傾其所能為周出謀劃策，與周武王同心同德，一起奮鬥渡過難關，以鞏固新生的周王朝。然而，這種理解尚有不可通之處。

其一，目睹商周興亡的箕子若進獻真正有益於周的良策，必當首先總結商紂王統治失敗的歷史經驗，給周武王免除重蹈覆轍之患而提供借鑑。可是箕子進獻洪範九疇，卻只言未及於此。

其二，弔民伐罪的周武王一貫以「恭行天之罰」[33]為其滅商大業的最高理論根據，他告慰商都百姓強調的是「上天降休」,「膺更大命，革殷，受天明命」。[34]天命移易是周代商而立的根本依據，而殷商統治階層亦為此三思。[35]周武王垂詢箕子時「問以天道」，其中不乏講

32 依次見：童書業《五行說起源的討論》；顧頡剛主編《古史辨》第5冊，第665頁；趙儷生《〈洪範疏證〉駁議——為紀念顧頡剛先生誕生100週年而作》,《齊魯學刊》1993年第6期；齊明山《中國歷代王朝的行政大法——簡析〈尚書・洪範〉》,《北京行政學院學報》2000年第4期；童明倫《論〈洪範〉篇是我國古代政治文化綱領》,《重慶師範學院學報》1987年第4期；朱本源《〈洪範〉——中國古代文明的活的靈魂》,《陝西師範大學學報》(哲學社會科學版)1996年第3期。

33 《尚書・牧誓》。

34 《史記・周本紀》。

35 《尚書・西伯戡黎》篇載，商紂王大臣祖伊曾奔告於紂王，認為「天既訖我殷命」,紂王辯解說「我生不有命在天」,祖伊駁其說謂「乃罪多參在上，乃能責命於天」。是可證商貴族中人亦有天不助殷之慮。

求天命移易的問題。然而箕子卻置若罔聞，所獻九疇，內容雖多，卻無一語涉及天命移易之事。這種情況，很難說他是一時遺忘，也很難說他認可了周革殷命的事實。

其三，箕子對於商紂王一貫忠心耿耿。先是諫勸，遭拒之後還不忍逃走，唯恐因此而彰顯商紂王之惡行。不得已採取「漆身為厲，被發佯狂」[36]的辦法，雖然是為了避禍，但也足見他對於商紂王的惓惓之忱。儘管箕子受封於周，可他總是心懷舊主，史載他朝周時，「過故國而悲泣，作《麥秀》之歌」[37]，詩中念念不忘覆亡的商王朝。[38]

其四，箕子對於新生的周王朝基本上採取的是不合作的態度。《尚書大傳》說周武王「釋箕子之囚。箕子不忍周之釋，走之朝鮮。武王聞之，因以朝鮮封之」[39]。此處所言箕子走朝鮮事或當稍晚，可能是在其獻《洪範》九疇以後，即龔自珍所謂「箕子朝授武王書，而夕投袂於東海之外」[40]。箕子所以迅速離周而遠赴朝鮮，不能不說有與周王朝保持距離的意圖在內。

---

36 《釋文》，《莊子‧大宗師》篇注引《尸子》（郭慶藩《莊子集釋》卷3上，中華書局1978年版，第234頁）。按：《論語‧微子》篇載：「微子去之，箕子為之奴，比干諫而死。孔子曰：『殷有三仁焉。』」關於孔子的稱許「三仁」，《論語集釋》引李氏說謂：「聖人先言微子，以其先去之也。後言比干，以其諫之晚矣。中言箕子，則仁兼先後，得聖人中焉。」（程樹德《論語集釋》，第1251-1252頁）按：此說或當近是。孔子稱許「三仁」是從忠君的角度出發的，箕子應當是孔子所稱許的忠君之事於三人之中最為完美者。

37 《前漢紀》卷12。

38 《史記‧宋世家》載：「箕子朝周，過故殷虛，感宮室毀壞，生禾黍，箕子傷之，欲哭則不可，欲泣為其近婦人。乃作《麥秀之詩》以歌詠之。其詩曰：『麥秀漸漸兮，禾黍油油。彼狡僮兮，不與我好兮！』所謂狡童者，紂也。殷民聞之，皆為流涕。」戰國時人評論箕子，說他對於商紂王「忠信之至」（《越絕書》卷15），是正確的。

39 孔穎達：《尚書正義》卷12。按：《通鑒前編》解釋箕子之意謂：「誅我君而釋己，嫌苟免也」（《尚書大傳》卷3注引，四部叢刊本），這個釋解是正確的。

40 龔自珍：《古史鉤沈論》4，《定盦文集續集》卷2，四部叢刊初編本。

依照前面的分析，我們或許可以換一個思路來考慮箕子獻《洪範》九疇的動機問題。或可認為，箕子並不是從總結歷史經驗的角度來真心為剛剛建立的周王朝獻策進言，而是另有所思，別有所慮。可以說，他是站在殷遺民的角度來回答周武王的問題，從情感方面，他不願意證明父母之邦遭受天譴的事實；從思想方面，他仍然拘於殷人的思維框架，特重王權，而與此後周人的觀念並不相吻合。這一點，我們還可以通過新出清華簡《皇門》所記，可以有更深入的瞭解。《皇門》記載了周公訓誡群臣之辭，其中周公回憶周人建國之初，武王勤勉於事，多方諮詢治國良策，他說「我王訪良言於是人，斯乃非休德以應，乃隹詐詬以答，卑（俾）王之亡依亡助」[41]。周公所言十分重要，按照他所說，儘管武王極力垂詢以求治國大法，但所問之人皆不以正德是告，反而試圖引導武王步入歧路，致使武王完全不能依靠他們。簡中所說的「訪良言於是人」之人，應當就是如箕子一般的殷遺。

深入分析《洪範》九疇的內容可以看出箕子動機之所在。

《洪範》九疇居首位的「五行」所揭示的籌畫國土資源的管理，「五紀」和《庶徵》所言的歲、月、日、星等天象及氣象事宜，箕子長篇大論，侃侃而談，但是，此類內容，卻絕非周王朝當務之急。「五行」之說，起初是以五種最具普遍意義的自然物質來對於萬物的起源與發展進行概括，並且多少帶有某種神秘色彩。箕子大講五行，意在表現自己博學多識，增強進言的可信度。

箕子所言九疇中不少內容是在炫耀商王朝的統治方策，表現了前

41 清華大學出土文獻研究與保護中心編，李學勤主編：《清華大學藏戰國竹簡》（壹），上海文藝出版公司中西書局2010年版。簡文文字以通行字寫出。《皇門》本是《逸周書》中的一篇，《逸周書》中此處描述比較簡略，且文意晦澀，作「王阜良，乃惟不順之言於是」。

朝遺老的得意與驕傲。這方面的典型事例的就是大講商代的「稽疑」之法，商代殘民事神，篤信龜卜。箕子列出君、民、卿士、庶民、龜卜、占筮六項，其中的影響因素最巨者是龜卜，照箕子所說稽疑的結果，出現凶的不多，只要龜卜不認可，或者龜卜與占筮皆不認可，就是君王、卿士與庶民意見一致，都同意，那也不可行事，否則結果便是無吉有凶。這裏所暗含的內容就是稽疑之法還是殷商所行者為憂。再如「五紀」與「庶徵」所講天象與氣象，分別被列為九疇第四項和第八項。就商周之際的水準而言，周顯然要低於商，箕子於此大講特講，事實上是在誇耀商文化之非凡。

分析當時的語境，箕子所應當講卻沒有講的內容，其主要者有三：一是敬奉天命，承認鼎革；二是穩定時局，對付叛亂；三是籠絡諸侯，拱衛周朝。箕子認定這三項內容不能講，應當是經過深思熟慮的結果。總之，箕子獻《洪範》九疇，表面看來，不能不說它是系統而全面的，其意義也是重要的，然而，就周人亟待穩定政治大局的需要而言，可以說是隔靴搔癢，於事無補，徒添其亂而已。

特別重要的是，箕子所獻九疇大法的核心是要周武王成為作威、作福、玉食之君王，這一主張純粹是為專制王權張目，不僅與此後周人的「敬天保民」之民本觀念相迥異，在傳統文化的發展過程中，也並不具有積極的意義。

就箕子的時代而言，君王作威作福，最為典型的就是為他所親見的商紂王。請看《史記·殷本紀》的記載：

> 帝紂資辨捷疾，聞見甚敏。材力過人，手格猛獸。知足以距諫，言足以飾非。矜人臣以能，高天下以聲，以為皆出己之下。好酒淫樂，嬖於婦人。愛妲己，妲己之言是從。於是使師涓作新淫聲，北里之舞，靡靡之樂。厚賦稅以實鹿臺之錢，而

盈鉅橋之粟。益收狗馬奇物，充仞宮室。益廣沙丘苑臺，多取野獸蜚鳥置其中。慢於鬼神。大冣樂戲於沙丘，以酒為池，縣肉為林，使男女倮相逐其間，為長夜之飲。

按照箕子所列君王作威、作福、玉食的標準，商紂王不正是恪守此「皇極」的模範代表嗎？他拒諫、飾非、傲於群臣正是顯示君王權威的表現。他殺忠臣比干、囚禁賢臣箕子、囚西伯於羑里。他還「醢九侯」、「脯鄂侯」，殘暴至極，這不正是箕子所云「強弗友剛克」（對於強禦不順者以鐵手腕制服他）的典型表現嗎？商紂王酷愛靡靡之樂，喜歡酒池肉林的靡費，也很符合「惟辟作福」的原則。對於商紂王的殘暴靡費，箕子可謂「看在眼裏，急在心上」。箕子從細微處看出了大問題。《宋微子世家》載：

紂始為象箸，箕子歎曰：「彼為象箸，必為玉杯。為杯，則必思遠方珍怪之物而御之矣。輿馬宮室之漸自此始，不可振也。」紂為淫泆，箕子諫，不聽。人或曰：「可以去矣。」箕子曰：「為人臣諫不聽而去，是彰君之惡而自說於民，吾不忍為也。」乃被發詳（佯）狂而為奴。遂隱而鼓琴以自悲，故傳之曰《箕子操》。

他從紂王的一雙筷子看到了導致亡國的大問題，真可謂見微知著，洞察幽遠。應當說，箕子對於君王作威、作福、玉食那些惡行，以及商紂亡國事實的親歷親見，應當有著切膚之痛和深刻體會，然而他卻鄭重地作為九疇大法的核心內容進獻給周武王。這是讓周武王幹什麼呢？箕子對於周武王如此「慇懃丁寧而備言之」[42]，其良苦用心，並

42 胡瑗：《洪範口義》卷下，四庫全書本。

不難發現。如果說箕子將所謂的《洪範》九疇大法為法寶進獻給周武王，以期對於周武王產生一些引導（或者說「誤導」）作用，甚至由此可能使周王朝重蹈商紂王的覆轍，該是沒有厚誣箕子其人。

箕子獻《洪範》九疇，著力提倡王權，事實上並未脫離商人觀念的影響，是商人整體意識形態的反映。夏商西周時期尚處於中國早期國家形成和發展階段，君主專制已經出現，並且其專制在形式上於商王朝末期已經達到了很高的程度。然而這種早期的君主專制並不具備可靠的社會控制系統（如官僚系統）的支撐與保證，而在很大程度上只是君主個人施展淫威的表現。因而，商周之際早期國家的發展，所需要的並不是強化君主專制，而是應當加強國家管理功能，建構系統的、有效的國家機器，構築諸方國諸侯和睦相處的社會環境。箕子是一代名臣，他有身份、有地位、有見識，但其意識中很重要的一部分卻是對於王權的膜拜，這不能不說是時代的一個局限。

總之，箕子不愧為一代名臣賢相，他目光如炬，見微知著，對於商王朝忠心耿耿。不僅如此，他還能夠以非凡的政治智慧，在商周鼎革的複雜環境中應付裕如，不卑不亢地應答周武王的垂詢，還乘機進獻《洪範》九疇大法。可以說，他確是商的忠臣，他始終與周王朝保持著距離。他不忘商朝舊主，在向武王進獻治國策略之際，並不考慮周人時局的窘迫，反而以「五行」等事見告，並秉承商人之遺風，以強化作威作福的王權為其核心意識，其動機非必為鞏固周王朝統治獻策，說他另有所圖，或許並不過分。

（四）殷周之際社會秩序的重構

我們的討論還是重新回到「彝倫」的問題上吧。

我們前面已經指出，彝倫就是政體結構、社會秩序。商周之際政權鼎革，然而，社會該向何處發展呢？應當說，這是那個時代社會各階層人們普遍關注的焦點問題。周初社會秩序的重構，固然以周革殷命的政治與軍事鬥爭為主要因素，但是，鼎革之後選擇何種發展道路，仍然有著複雜的鬥爭，三監之亂為其著者，箕子進獻《洪範》九疇，亦是這個鬥爭的表現之一。箕子所獻的「大法」，曲折地表現了殷遺民的意志，然而，歷史進程畢竟沒有按照箕子的意圖發展。

周武王垂詢箕子，是周王朝為穩定大局而表現出重視殷遺民的一個姿態。[43]那麼，周武王對於箕子的「良苦」用心，有沒有覺察呢？

愚以為從《逸周書・大聚篇》裏面，可以找到一些蛛絲馬跡。此篇謂「維武王勝殷，撫國綏民，乃觀於殷政」，然後是周武王與周公旦的討論之辭。所指「觀於殷政」，應當包括他垂詢箕子之事。這個記載與《史記・周本紀》所云周武王「問箕子殷所以亡」若合符契。愚以為，《大聚篇》所載周武王與周公旦在「觀於殷政」後所進行的討論，應當在垂詢箕子之後。[44]

《逸周書・大聚篇》載，周武王告訴周公旦說：

> 嗚呼！殷政總總若風草，有所積，有所虛，和此如何？

他的意思是說殷商王朝的政治林林總總不外乎是像風吹草動一樣，君王對於臣民有絕對的權威。君王有些地方做的過多（「積」），有些地方又做得不夠（「虛」），我要將這兩方面綜合一下（「和」），該怎麼樣做呢？周武王是一位睿智的君王，他十分清楚地斷定箕子進獻的《洪

43 周原甲骨H31.2片載：「唯衣（殷）雞（箕）子來降，其執？厥事。」有學者或以為是指箕子到周降神，顯示了箕子在周人心目中的崇高地位。分析此辭內容，似乎「降」就是投降，而非降神。

44 黃懷信先生以為「《大聚解》觀其首尾所云『維武王勝殷』、『乃召昆吾冶而銘之金版，藏府而朔之』等語，似亦史臣所記」（黃懷信：《逸周書校補注譯》，三秦出版社2006年版，「前言」，第54頁）。此論有據，可信。

範》九疇大法講的就是「殷政」。《洪範》九疇，包括五行、五事、八政、五紀、皇極、三德、五福、六極等名目，花樣繁多，林林總總。這些令人眼花繚亂的名目，可以統歸之曰「殷政」。儘管箕子諱言於此，但周武王還是看出了其間的奧妙。周武王不僅看出箕子所講的內容是「殷政」，而且看出其內容繁簡不均，周武王試圖進行綜合，損其多而益其少。於此可見周武王的頭腦是清醒的。

當時最為冷靜的政治家是周公旦。他跟周武王分析天下大局，完全不理睬箕子所獻《洪範》九疇。而是強調了以下幾點。首先是，強調用周政而不用「殷政」。《大聚篇》載周公之語開宗明義地強調自己「聞之文考」，這裏並不只是打出周文王的旗號，更重要的是強調當下之舉措必須遵循周文王的既定策略行事。這些策略是什麼呢？要點是以下三項，一是籠絡天下諸侯，「來遠賓，廉近者」。二是穩定局勢，「赦刑以寬，覆亡解辱」，「振之救窮，老弱疾病，孤子寡獨，惟政所先」。三是敬順天時，開發「土宜」，以此發展生產。周公旦完全不講君王要作威作福那一套，他勸周武王繼續堅持文王以來的謹敬作風來黽勉治國。

周武王和周公旦一樣，都把敬奉天命，作為治國平天下的頭等大事，《逸周書．商誓篇》載周武王對於商遺民的訓示之語謂：「嗟，爾眾，予言非敢顧天命，予來致上帝之威命明罰！」周武王重天命的事蹟、言論甚多，著名者如《天亡簋》銘文、《尚書．牧誓》等均有所載。箕子不講天命，應該是表示他不承認殷周之際鼎革的合法性，儘管周武王垂詢時「問以天道」（其中當不乏啟發箕子順應天命鼎革之意蘊），但箕子就是不講天命，其間原因，耐人尋味。

既然如此，為什麼箕子在後世還被尊為聖賢，而備受尊崇呢？這是因為，其一，周初的領袖們為了穩定局勢，一直對於箕子採取寬容籠絡的策略，再說箕子進獻《洪範》之後不久就遠赴朝鮮，因此就更沒有必要改變籠絡懷柔的既定政策。其二，孔子曾經稱許箕子為殷之「三仁」之一。《論語・微子》篇載：「微子去之，箕子為之奴，比干諫而死。孔子曰：『殷有三仁焉。』」孔子是從忠君的角度來稱讚箕子的，正如朱熹所謂，「三人之行不同，而同出於至誠惻怛之意，故不咈乎愛之理，而有以全其心之德也」[45]。既經孔子稱頌，於是乎箕子就高踞於殿堂之上而受後人頂禮膜拜。

讓我們來看一下周初的歷史進程。武王伐紂是文王受命的第十一年，此後的第二年，即文王受命的第十三年，他垂詢箕子，故《洪範》篇說「惟十有三祀，王訪於箕子」。據《史記・周本紀》記載，就在這一年，周武王病篤，不久即溘然長逝。此後，天下形勢遽變。周公在危難之際力挽狂瀾，經過東征平叛、遷殷頑民、營建洛邑、制禮作樂等重大舉措，穩定了天下大局，鞏固了周王朝。天下局勢向著周公設計的方向前進。其中至關重要的一項舉措就是分封諸侯，即《左傳・僖公二十四年》所說的「周公弔二叔之不咸，故封建親戚，以蕃屏周」。封建諸侯的原則是依血緣關係為準的宗法體系，它之所以能夠帶來周王朝的穩固發展，其間的原因，以《呂氏春秋・慎勢篇》講得最好，是篇謂「王者之封建也，彌近彌大，彌遠彌小……先王之法：立天子不使諸侯疑（擬）焉，立諸侯不使大夫疑（擬）焉，立適子不使庶孽疑（擬）焉。疑（擬）生爭，爭生亂。是故諸侯失位則天下亂，大夫無等則朝廷亂，妻妾不分則家室亂。適孽無別則宗族亂。《慎子》曰：『今一兔走，百人逐之，非一兔足為百人分也，由未定」。西周初年依據宗法原則實施的分封之制，乃是一種以血緣關係

45 朱熹：《論語集注》，《四書章句集注》卷9，第183頁。按：後儒於此或有誤解，以為箕子被許為三仁，乃是在於為周獻策。其實，孔子是稱讚箕子對於王朝之「至誠惻怛」，對於商紂王之忠。或許孔子已經看出箕子之獻策乃是別有所圖，並非真正助周。

為基準的定名分的制度。和夏商時代的方國聯盟制度比較起來，宗法與封建，實為社會管理的一大進步。在造就中央與地方密切聯繫方面，雖然它還不能夠與後世君主專制下的郡縣制相侔，但它畢竟前所未有地加強了兩者的關係，使得「天子之尊，非復諸侯之長而為諸侯之君」[46]。這已經在很大程度上超越了早期國家的君主專制，而使得國家的行政管理比以前更有成效，社會局勢因此得以長期穩定。可以說只是到了這個時候，周武王所嚮往的「彝倫攸敘」的局面才得以實現，標誌新的社會秩序建構的完成。

總之，在現實中，周人所運用的穩定局勢之策、重構社會秩序之舉，與箕子所獻之大法，有著相當的距離。可以說，箕子的《洪範》九疇，於周初的政治局面，並沒有實際的效益，周人也並沒有沿著箕子所設計的方略經營周初局面。而箕子著意於為王權張目，實是殷人觀念的體現，並不是一種進步的思想。歷史事實表明，周的政治家們並未因循箕子的思想，並未一味彰顯、加強王權，而是總結出「敬天保民」的理念，並由此出發來制定治國方略。因此，箕子所獻《洪範》九疇的主題思想，不僅與周人的主導觀念相違背，而且在周王朝的現實政治中也看不到其影響。箕子《洪範》九疇之類的理念，在後世得到認同，乃是出於後代君主加強王權的需要。因此，歷史地看，《洪範》九疇在傳統文化中的地位，或許值得重新思考。

二　金文「蔑曆」與西周勉勵制度

習見於彝銘的「蔑曆」一語用若勖勉之意。這種意蘊，上古多有，在彝銘中習稱「蔑曆」，而商周文獻多以「勖」、「勵」、「懋」等

---

46 王國維：《殷周制度論》，《觀堂集林》第2冊，第467頁。

為稱，戰國以降則稱「勖勉」、「勸勉」、「勉力」。彝銘「蔑曆」今所見者約五十例，多數是周天子權威的表現。從商末到西周後期，其意義雖然隨時代發展而有所變化，但是其本質則沒有改變。「蔑曆」實際上是上級對下級的勉勵和下級的自勉，它以口頭勉勵的形式來保持和加強周王與臣下（或上下級貴族間）的關係。西周時期的勉勵制度，從形式上看有口頭鼓勵與物質獎賞兩種。蔑曆正是以口頭鼓勵為主的勉勵制度。

「蔑曆」行用於商末至西周時期的彝銘長達兩三百年。從彝銘記載看，「蔑曆」之事歷時既久並多有固定規格和用語，稱其為一種「制度」雖然不是特別確切，但大致近是。這種情況猶如稱上古時代的「宗法」及「冊命」為制度一樣，都是當時僅有其事，後世言以為制的表現。關於「蔑曆」的研究早就引起專家注意。于省吾先生於20世紀50年代作《釋蔑曆》，曾經總結前人所論，共得自阮元以下15家之說。[47]不久，趙光賢先生作《釋「蔑曆」》進行商榷，並提出自己的新解。[48]後來唐蘭先生作《蔑曆新詁》，又在於先生的15家之說以上增加2家，加唐先生自己考釋，即增加了3家之說。[49]如此算來，到唐先生的時候，已有20家之說。後來，張光裕先生作《新見曶鼎銘文對金文研究的意義》，依照新發現的《曶鼎》銘文對「蔑曆」一詞再作考析。[50]便得21家之說。如果再加上不少專家在論著中論及並對「蔑曆」一語作考析者，若謂有數十家之說，當不為過。[51]

---

47 于省吾：《釋蔑曆》，《吉林大學學報》1956年第2期。

48 趙光賢：《釋「蔑曆」》，《歷史研究》1956年第11期。後收入其著《古史考辨》，北京師範大學出版社1987年版，第117-126頁。

49 唐蘭：《蔑曆新詁》，《文物》1979年第5期。該文後收入《唐蘭先生金文論集》，紫禁城出版社1995年版，第224-234頁。

50 張光裕：《新見曶鼎銘文對金文研究的意義》，《文物》2000年第6期。

51 邱德修：《商周金文蔑曆初探》（五南圖書出版公司，1987年版）曾彙集39家之說

迭經專家長期研究，金文「蔑曆」在彝銘中的意思應當是清楚的，它表示嘉獎、勉勵、休美等意。但是這兩個字的音讀及本義卻常令專家困惑。關於這兩個字的研究情況，正如郭沫若先生所說，「釋者雖不乏為，訖難令為首肯」[52]。本文欲在前輩專家論證的基礎上進行一些補證分析，力求能夠說明此兩字的造字本義及音讀問題，並進而研究其何以能夠表示獎勉之意的原因，試圖提出若干新見進行探討，說明周代獎勵制度的一些問題。

（一）

「蔑曆」二字考釋者雖多，但卻治絲益棼，迄無一致認識。出現這種情況的原因，正如白川靜所說「不原之於其本，而求之於其末，此所以不得其所溯也」[53]。于省吾、唐蘭兩先生卻是能夠追本溯源研究「蔑曆」的大家。其說法為學界所重，良有以也。現撮其要，將兩說略作介紹和分析，以便於進一步探討。在彝銘中，「蔑曆」兩字多連用（只偶有「蔑」字單獨使用的情況），兩者相較，「蔑」字似乎更為重要，今先說「蔑」字。

于省吾先生以為金文作「　」形的「蔑」字，從戈苋聲，其所從的「　　　」等，即眉字古文，是為此字的音符。眉屬「脂部」，而萬字屬「祭部」，兩部相近。萬與邁同字，意與勱同，有勉之訓。

（加上邱先生自己的新說，便有40家之說），頗便學習。這些說法中，關於「蔑曆」之意，主要有釋為黽勉、明試、美和、懋勉、勵翼、揚歷、分甘、解甲、不厭、伐閱、勉勵、巇峪、不次、矜憐、嘉獎、宥過、簡閱、錫休、獎勉、懋懋、無厭等說。

52 郭沫若：《保卣銘釋文》，《郭沫若全集．考古編》第9卷，科學出版社2002年版，第156頁。

53 〔日〕白川靜：《再論蔑曆》，載《「中央研究院歷史語言研究所」集刊》第51本第2分冊，臺北1980年版。

故而「蔑曆」，意即《尚書・皋陶謨》篇及《逸周書・和寤》篇之「勵翼」。簡言之，于省吾先生此說的邏輯思路可以概括為：□——眉——萬——邁——勵翼。

唐蘭先生的解釋與于省吾先生主要不同之處在於，認為「蔑」字所從的上部楷作芫不當釋為眉，而應當是薨、瞢、甍等字所從的上半，是為其聲符。芫的本義可能是失明的人，即蒙。蔑音和芫相近。「蔑」本為斫足之象，其古音應當讀若末，和伐一樣皆屬祭部。在字義方面，蔑和伐亦通用。所以蔑當讀伐。後世的「伐閱」一語就是金文蔑曆的變異。唐蘭先生說的邏輯思路可以概括為：□——芫——蒙——蔑——末——伐——伐閱——誇美。

分析兩說，雖然旁徵博引，皆有很強的說服力，但亦有可以再探討的餘地。今試論之。

其一，「蔑」字上從「□」，下從戈。其音讀，于、唐兩先生皆以其主體部分的「□」為說，是正確的。然而，此字之上部「□」，是否如于先生所說釋為「眉」尚有可疑之處。再則，若以唐先生所說，讀若「末」再音轉而為「伐」，亦嫌迂曲。愚以為，蔑字的上部「□」，若以目上有毛為特徵進行分析，固然可以釋其為「眉」，因為《說文》正訓眉謂「目上毛也」，但小篆眉字除了「從目象眉之形」以外，上部還有「頟理」（即俗謂的「抬頭紋」）之形。它與只是作目上毛形之字尚不能完全吻合。由於這個原因，如果把它釋為《說文》的「眊」字，[54]應當更合適些。愚以為，這個「蔑」字與

54 按：彝銘中原釋為「眉」的那個字，疑皆當作「眊」。《小臣簋》「伐海眊」，過去讀為「海湄」，甚難通。湄指河湖之涯，非謂海邊。「海眊」之眊，當讀若古音同為「宵部」的「表」，猶《尚書・立政》篇之「方行天下至於海表」。《散氏盤》「廼（乃）即散用田眊」，過去將眊釋作為眉，讀若堳。堳指壇周遭之矮牆，以此釋銘文實難通。此字當若釋眊，讀表，意為標識，則銘文通順。《墨子・雜守》「候出置田表」，可證《散氏盤》的「田眊」即「田表」。

「眊」近而與「眉」遠，似可佐證這個推斷。對於此點，今可試說如下。《說文》訓蔑與眊兩字，皆以目無精為釋。正說明兩者古訓一致。眊字，《說文》訓為「目少精也」，即《孟子・離婁上篇》所謂「胸中不正，則眸子眊焉」之意。趙注：「眊者，矇矇目不明之貌。」依造字本義，眼睛矇矇的狀態，不可用文字確切描畫，故而用目上毛長遮蔽目光來表示目被蒙蔽而「不明」之態。當然，《說文》亦訓眉字謂「目上毛也，從目象眉之形」，但就《說文》訓釋而言，眉字無「目不明」之意，而「眊」字則正有此訓。若與「蔑」字對照，可以說「眊」近而「眉」遠。「[illegible]」、「[illegible]」釋為眊，應當是較優的考慮。

甲、金文字的「蔑」，上部作眊，下部有人、戈之形，專家楷寫作「蔑」，是正確的。《說文》多將目不正、不明之字寫作苜或從苜之字（如苜、瞢、莧等），蔑字是為其中之一。《說文》謂「蔑，勞目無精也，從苜，人勞則蔑然，從戍」，與訓眊謂「目少精也」相一致。關於《說文》的這個訓釋，段注指出，「目勞則精光茫然，通作眛，如《左傳》『公及邾儀父盟於蔑』、『晉先蔑』，《公》《穀》皆作眛是也。引申之義為細，如木細枝謂之蔑是也」，又謂「《左傳》衊蔑字然明，此以相反為名字也」[55]，是皆可證蔑有目少精不明之意。「[illegible]」、「[illegible]」下加人形作「[illegible]」，其古音當讀若眊，屬於宵部。「[illegible]」是甲、金文字中的「蔑」字的主體部分。可以推測，甲、金文字中的蔑，讀若眊，可以音假而讀若冒。其依據在於，從字義方面看，冒與眊因皆有遮蔽之意而相涵；在古音方面一屬「宵部」、一屬「幽部」，兩部十分鄰近，具備能夠通假的條件。[56]《後漢書・五行志五》謂

55 段玉裁：《說文解字注》四篇上，上海古籍出版社1988年版，第145頁。

56 古音宵、幽兩部因為音相近而通假的例證頗多，如要通黝、葽通幽、夭通沃、高通臯、膏通櫜、鐈通糾等。

「厥咎眊」，注引鄭玄說，以《郎顗傳》「君臣上下相冒亂也」為例來解釋眊字，可證這裏的眊實通冒。不僅如此，冒與從毛之字亦有相通假之例。《文選·七發》「肥狗之和，冒以山膚」，李善注謂：「冒與芼，古字通」，即為一例。要之，在甲、金文字中，「蔑」係從眊從戍之字，當讀若眊，並且可以通假作冒。用以解釋甲、金文字辭例時，皆可讀若「冒」，釋為「勖」。《說文》：「勖，勉也，《周書》曰：『勖哉夫子』，從力冒聲。」段注訓勖字時曾經博引上古文獻為證，很有說服力。其說如下：

> 《釋詁》同。《邶風》「以勖寡人。」《傳》曰：「勖，勉也。」《方言》：「釗、薄，勉也。秦晉曰釗，或曰薄，南楚之外曰薄努。自關而東，周、鄭之間，曰勔釗，齊魯曰勖。」按，勖，古讀如茂，與懋音義皆同。故《盤庚》「懋建大命，予其懋簡相爾」，《今文尚書》懋皆作勖。[57]

「蔑」字從「眊」得音，通假而讀若冒，用如「勖」。這個解釋，應當比釋為勵、伐等，較有說服力。但是，如何解釋「蔑」字所從的「戍」，亦是一個困難的問題。愚以為戍字為人持戈形，朱駿聲謂「伐者左人右戈，人持戈也。戍者下人上戈，人何（荷）戈也」[58]，可見它與伐之意甚近。蔑字所從的戍，用如伐，可以有兩種含意。一是從「伐」字的殺、斫取義，意謂減少。目光本來不明，再伐（減）之，更不明也。二是從干犯取義，從字形上看，無論戈是加在頸部，抑或是加於脛足，都是對人的干犯。這樣就為其讀若冒，提供了一個義證。

---

57 段玉裁：《說文解字注》十三篇下，上海古籍出版社1988年版，第699頁。

58 朱駿聲：《說文通訓定聲》「需部」，中華書局1984年版，第362頁。

總之，「蔑」字意同眊，當讀若冒，用若勖，意為勉。[59]甲、金文字的「蔑」有勉勵之義，雖然自來釋「蔑曆」者多持此說，但是解釋的路徑卻很不一樣。本文的新解是，不將[illegible]讀若眉，而是讀若冒。解釋此字的邏輯路徑是[illegible]——眊——蔑——冒——勖——勉也。可以作為此字音讀旁證的是它與彝銘之「懋」的相關辭例一致而相通。「蔑」義同懿王時器《卯簋》、《𤼈簋》的懋若楙。[60]懋（還有楙）皆用如勉，古音為「幽部」字，與同部的冒可相通假。

其二，考釋彝銘「蔑」字的專家多未關注此字在甲骨卜辭裏的應用情況。其實，討論「蔑」在卜辭中的使用問題，對於說明金文「蔑曆」，是有較大作用的。我們可以舉出下列典型的卜辭辭例進行討論：

> 戊寅卜爭貞，雨，其蔑。(《甲骨文合集》，第250片）
>
> 戊有蔑羌。(《甲骨文合集》，第6610片正面）
>
> 戊亡其蔑羌。(《甲骨文合集》，第6611片）
>
> 己未卜賓貞，蔑雨，惟有祟。(《甲骨文合集》，第12895片）
>
> 辛酉卜，王燎於蔑。(《甲骨文合集》，第14804片）

上引皆一期卜辭。其用例，可以涵蓋卜辭中蔑字的所有用例。辭

---

59 《尚書・盤庚》「懋建大命」、「懋簡相爾」，漢石經「懋」作勖。《康誥》「惟時怙冒」，言其功大懋勉。《君奭》「迪見冒」，意謂用顯懋勉。凡此皆說明冒、懋、勖諸字古音同而字相通，意皆為勉。(參見王引之《經義述聞》卷4「惟時怙冒」條）

60 《卯簋》銘謂「余懋爯先公官」，意謂自己勉力承繼先公的職守。《𤼈簋》載「王對𤼈楙」，頗類於「蔑曆」之辭中的「王蔑某曆」。楙、懋相通，意為勉。見朱駿聲：《說文通訓定聲》「孚部」第六。按：關於此點，劉師培已經指出，謂「蔑與懋、茂義同，懋、茂與勖、敏、勵諸字互相通轉」，「蓋蔑即嘉勞之義，與《卯簋》『余懋爯先公官』之意略符」(《古彝銘蔑曆釋》，見《左盦集》卷4，隆福寺修綆堂1928年版，第10頁）。

中的「蔑」皆當讀若冒。《說文》訓冒謂「冡而前也」，故冒字有覆、犯諸意。上引第一例卜辭貞問是否冒雨做某項事情。第二、三兩例，疑為對貞之辭，問名戉者是否向羌進攻。第四例問若冒雨做某項事情，是否有禍祟。第五例貞問商王是否燎祭於蔑。作為受祭人名，這是「蔑」在卜辭中用的最多的辭例。陳夢家先生謂卜辭之「蔑」為商之舊臣。[61]依照筆者的解釋，「蔑」字古讀若冒，可以推測他是《尚書・君奭》篇所提到的商王大甲時的舊臣「保衡」。[62]從相關卜辭文例分析，若此字讀若「勵」或「伐」、「勉」等，解釋相關卜辭時皆難於取信，而讀若冒則文從字順。[63]總之，關於甲骨文字中「蔑」字的討論，不啻為理解金文「蔑曆」提供了一個佐證。

下面討論「蔑曆」的「曆」字。

這個字本作從厤、從口（或從甘。口與甘初本同字，後世分化為二，故而此處的從甘亦可視為從口）之形，為方便計，今皆寫作「曆」，[64]不復有從口從甘之別。曆，從厤得音，從口會意。厤字初文

---

61 陳夢家先生說：「其字待考，他大約與伊、黃同為舊臣。」（《殷虛卜辭綜述》，第366頁）

62 關於「保衡」其人，《尚書・君奭》偽孔傳以為即是伊尹。疏引鄭玄說：「阿，倚；衡，平也。伊尹，湯所依倚而取平。」（孫星衍：《尚書今古文注疏》卷22）據《呂氏春秋・本味》篇所載伊尹出身事，指出「伊為水名，因以為氏。知鄭所云『依倚』者，釋阿衡；非伊字詁也」。依此例可知伊尹之稱，伊為人名若族名，而尹則是其官稱。「保衡」亦如此。保，蓋為其人名若族名，衡為官稱。保、冒古音皆「幽部」字，所以卜辭之蔑，既可讀冒，亦當可讀若保也，作為人名的卜辭中的「蔑」，當即保衡。

63 我們還應當順便說到卜辭中的「湄日」，專家曾論定其為「昧日」，是為天未明之時。其實「湄日」之湄，本作從氵從[illegible]（眊）之形，亦當讀若冒，冒有覆意，所以「湄（冒）日」，意即整日。以「湄（冒）日」為釋，比釋為旦昧之時要妥當些。總之，卜辭中的這類相關文例亦可以說明「蔑」字當讀若冒。

64 「蔑曆」的曆字，郭沫若先生據《保卣》和《小子[illegible]卣》銘文，認為它是從厰、從埜、甘聲之字，「當是厭之古文，「蔑曆者，即不厭」（《郭沫若全集・考古編》第6

並不從厂，而只是作雙禾之形的「秝」，《說文》訓「秝」謂「稀疏適也」，意指禾苗在田疏密有致可以看得清楚。其下若加「止」，則表示行走途中禾苗歷歷在目，故有經歷之意。《說文》新附字有曆字，在厤下加日旁，表示時間歷程，即日曆之意。厤下加石為磿，表示石聲歷歷然。要之，從厤諸字皆以厤為聲，而附加之旁則表意。甲、金文字中的曆字亦如此，「口」會其意而「厤」為其聲。彝銘中的「蔑曆」，重在口頭表揚（說詳下），可以說正是曆字從口的直接證據。

曆，從厤得音，古音在「錫部」，與「月部」皆是入聲的音部，兩部因古音鄰近，例可旁轉而通。[65]愚以為「蔑曆」之「曆」當通假讀為「月部」字的「勱」。《尚書・立政》「用勱相我國家」，是為其意焉。這個字又作邁，《左傳・莊公八年》引《夏書》曰「皋陶邁種德」，杜注：「邁，勉也。」勱、邁兩字後來多用作「勵」。《尚書・皋陶謨》謂「惇敘九族，庶明勵翼」，偽孔傳以「勉勵」釋勵之意。勱、勵實為古今字。[66]我們前面說過，「蔑」讀若冒，用如勖。《說文》「勖，勉也。從力冒聲。」總之，蔑（讀若冒，用如勖）和曆（讀若勱，用如勵）皆有勉之意，「蔑曆」猶如今語之「勉勵」。上下兩字義

卷，第157頁）。按此兩器的「曆」字確與後來的字形有別，字形在雙林之間有土形，可以寫作埜，但是此字為野之古文（見《說文》十三篇下野字所附）。《說文》無野字，至《玉篇》始以此字為古文野。古文野在雙木間不從土而是從矛之省體（徐在國：《傳抄古文字編》，線裝書局2006年版，第1279-1280頁；邱德修：《商周金文蔑曆初探》，南灣五南出版社，1987年版，第107-112頁），與《保卣》和《小子[illegible]卣》「曆」字仍有區別。今不取郭說，仍從諸家說寫作「曆」。

65 殷墟甲骨文「役」係北方風名，本為「錫部」字音，但在卜辭中卻應當讀若「月部」字的「烈」。他如，「疫」通「[illegible]」，亦為錫、月兩部旁轉可通的例證。說見于省吾：《甲骨文字釋林》，第127-128頁。

66 砥、厎、厲、礪皆指磨石，引申有磨礪、修養、激勵等意。古文字中從厂從石字相通假，厎與砥同，即為一例。厲本指磨石，後來多用如嚴厲之意，久假不歸，故而又造出礪字以表示其本義。

同，合乎王引之所指出的連語之詞「二字上下同義」的原則，所以，「蔑曆」作為連語應當是完全可以的。

「曆」在彝銘中多和「蔑」字連用，基本上沒有單獨使用的情況出現。[67]「曆」偶有作「厤」者亦用如「蔑曆」之曆。[68]于省吾先生說它是從口厤聲的形聲字，他舉《爾雅・釋詁》「艾，曆也」，「艾，相也」證明，歷與曆相同，用若輔佐之意。之所以如此，是因為它是作為本有輔佐之意的鬲的借字。「蔑曆」之「曆」，經傳皆假作「翼」。金文「蔑曆」意即獎勵其輔佐之誠，嘉贊其翼戴之勤。和于先生一樣，唐蘭先生亦讀曆為「歷」，但不訓為相，而是用其經歷之意，轉而釋為厤行、厤試和功績。

「蔑曆」是為彝銘中的連語，為多數學者所認可（僅孫詒讓說「此二字當各有本義，不必以連語釋之」[69]）。王引之謂：

> 古人訓詁，不避重複，往往有平列二字上下同義者，解者分為二義，反失其指……《甘誓》「威侮五行」，解者訓威為虐，不知威乃威之訛，威乃蔑之借，蔑侮皆輕慢也。[70]

---

67 今所見「曆」不與「蔑」連用者，僅見《智鼎》一例。銘謂「叔□父加智歷，用赤金一勻（鈞）」，張光裕先生考釋此銘謂「『加』、『蔑』二字形構雖異，但是從句式及內容比對，兩者用意應無大別」（《新見智鼎銘文對金文研究的意義》，《文物》2000年第6期）。按：張先生的這個考證是正確的。「加」可以通「嘉」，表示表彰、嘉許、讚美諸意，此與勉是一致的。可見，此例並不能構成一個反證，而只是說，歷字在彝銘中雖然多要和蔑（包括與蔑意相同的字）連用，但偶亦和與「蔑」相同意思的它詞連用。

68 西周金文中這種情況僅見兩例，即《庚嬴鼎》和《毛公鼎》。《庚嬴鼎》銘為摹本，或有漏摹處，不可確定。

69 孫詒讓：《古籀拾遺》中冊，中華書局1989年版，第22頁。

70 王引之：《經義述聞》卷32，江蘇古籍出版社2000年版，第772頁。

除「威侮」以外，他所舉出的例證還有「泯棄」、「猷裕」、「裁成」、「宣驕」、「戲談」、「宣昭」、「強禦」等，足可證成其說。依照連語原則，「蔑曆」所平列二字，亦應當同義，而不應當分為二義。以這個原則而言，前人關於「蔑曆」的解釋中，釋為黽勉者雖不確而猶有可取之處，而釋為嘉勞等意者，以及于、唐兩先生之釋，則有違於這一原則。

如前所述，「蔑曆」，應當讀若冒（勖、勉）、勱（勵）。今語「勉勵」一詞出現較晚，但是這種意蘊卻出現很早。此意多用勖表示。《詩・燕燕》「以勖寡人」，鄭箋「勸勉寡人」。《尚書・牧誓》「夫子勖哉」、「勖哉夫子」，偽孔傳以「勉勵」釋勖之意。《尚書・康誥》「乃寡兄勖」，偽孔傳：「武王勉行文王之道」。《尚書・君奭》「明勖偶王」，意勉勖配王。《爾雅・釋詁》：「勖，勉也」。《國語・楚語》上「悛而不攝，則身勤之」，韋注：「勤身以勖勉也」。關於「勵」字之用，《尚書・皋陶謨》「庶明勵翼」的勵字，偽孔傳以「勉勵」釋之。上古文獻的這些記載表明，「蔑曆」一詞用若勉勵之意。這種意蘊，為上古慣用，只是在彝銘中稱「蔑曆」，而商周文獻稱「勖」、「勵」，戰國以降則稱「勖勉」、「勸勉」、「勉勵」而已。

（二）

試以筆者考析的結果來研究相關資料，可以看到商周時期彝銘所見「蔑曆」之事，其數量情況略如下表1：[71]

---

71 華東師範大學中國文字研究與應用中心編《金文引得》收錄有「蔑」（包括兩個從蔑從禾的異形「蔑」字）字者46例。這46例，皆見於《殷周金文集成》，本文研究時全部收錄。此外，本文還補充5例（《伯唐父鼎》、《贏氏鼎》、《倗伯爯簋》、《智鼎》、《義盉蓋》）。今共得51例，另有《王蔑鼎》（三代二・十六・四），僅存「王蔑」二字（下似有一殘字，無法辨識），語意不明，待考，暫不列入。

表1

時　段	**商代晚期**	**西周早期**	**西周中期**	**西周晚期**	**總　計**
相關器數	1	19	23	6	51

分析此表可以看出，「蔑曆」之用，在西周早期日趨增多，[72]至西周中期恭懿孝夷時期，達到鼎盛，[73]西周後期趨於沉寂。[74]「蔑曆」在彝銘中使用及蔑曆者的身份情況如下：

表2

時　間	**蔑曆用字總數**	**周　王**	**奉王命之大臣**	**王后或貴婦**	**將　領**	**諸侯邦君**	**宗族長**
殷	1				1		
西周早期	19	6	1		6	3	3
西周中期	24	12	5	3	3		1
西周晚期	6	5					1
總　計	50	23	6	3	10	3	5

72 蔑曆用例，見於西周早期的彝銘有《天亡簋》、《保卣》、《保尊》、《庚嬴鼎》、《沈子它簋蓋》、《庚嬴卣》、《小臣簋謎簋》、《[illegible]簋》、《司鼎》、《乃子克鼎》、《御史競簋》、《伯唐父鼎》見（《考古》1989年第6期），《長由盉》、《迺甗》、《[illegible]鼎》、《攺尊》、《曶鼎》（見《文物》2001年第6期），《稆卣》、《緐簋》、《繁卣》、《競卣》等共計21器。這些彝銘資料除注明者之外，皆見於《殷周金文集成》，下同。

73 見於西周中期的彝銘有《師遽方彝》、《倗伯爯簋》（見《文物》2006年第8期），《次尊》、《次卣》、《師望簋》、《錄𢦏卣》、《錄作辛公簋》、《義盉蓋》、《史牆盤》、《尹姞鬲》、《鮮盤》、《公姞鬲》、《段簋》、《免尊》、《免卣》、《屯鼎》、《免盤》、《趩觶》、《師俞簋蓋》、《師𩛥鼎》、《寓鼎》、《友簋》、《大簋》等共計23器，就王世而言以恭懿居多。

74 見於西周晚期的彝銘有《敔簋》（兩件）、《梁其鍾》（三件）、《爯簋》等六器。

從表2可以看出，蔑曆者主要為周天子及奉其命的大臣或將領，以及靠其勢力和影響而「蔑」某人之「曆」的王后，共占50例中的40例，比例占80%。因此，「蔑曆」大多數是天子權威的表現。

我們應當縷析一下「蔑曆」一語在商周時代行用發展的情況。

商末周初時期的器銘表明，某人受「蔑曆」者的緣由，多為軍功。這應當是與那個時期征伐事較多有直接關係。如商末的《小子𠔱卣》載「子令小子𠔱先以人於堇」，意令小子名𠔱者先率人往堇地駐守。[75]小子𠔱當為戍守防衛人方的將領，因軍功或勤謹而被蔑曆。再如，周初器《保卣》和《保尊》是周成王直接「蔑曆於保」的銘文，表彰他逮捕（或謂行殷見之禮）東國五侯的功績。康王時器《小臣簋謎簋》載小臣名謎者隨白懋父征東夷，返歸於「牧」地的時候，王命賞賜貝，「小臣謎蔑曆，眔易貝」，所述即表彰白懋父征東夷的將士之事，小臣謎被蔑曆的原因是因為他參加「征東夷」有軍功。穆王時器《㲹尊》載㲹隨師雍父戍守時「㲹蔑曆」。謂名㲹者能夠黽勉自勵。從銘文看，師雍父為軍隊統帥，而中競父為中級軍官，名㲹者為中競父下屬，只是一名下級軍將。《緐簋》顯示了另外一種情況，銘載某公「令緐伐於㠱伯，㠱伯蔑緐歷，賓緐柀二十，貝十朋」。所謂「伐於㠱伯」，即前往表彰㠱伯，作為㠱國首領的㠱伯「蔑緐歷，並且饋贈物品給緐。

還有不少蔑曆，原因不明，揣彝銘之意，應當是周王或權貴憑喜好而蔑曆的。例如《天亡簋》載王舉行饗禮的時候，「王降，亡得爵復橐」（得到王親賜之酒一爵，並且乘機敬獻一橐禮物給王）。於是「唯朕有蔑」，謂自己得到了王之蔑曆。「天亡」到底有何具體的功績

---

75 此器銘的「先以人於堇」，亦可理解為謂子允許小子𠔱在獻堇之前先獻人，（猶《左傳‧僖公三十三年》「先牛十二」、《左傳‧襄公十九年》「先吳壽夢之鼎」語式）即在進獻堇之前獻俘。

被蔑曆，在銘文中是看不出來的。再如《庚嬴卣》載「王格於庚嬴宮，王蔑庚嬴曆」，王到庚嬴家中一趟，蔑其曆，庚嬴有何功績亦不清楚。《沈子它簋蓋》銘文載，沈子自述「妹（讀若末，意猶「無不」）克蔑（勉）見厭於公」。此處的「厭」，有合之意。銘謂「沈子」無不黽勉從事而甚合公心。看來合乎上級心意，乃是被「蔑曆」的重要原因。

西周中期「蔑曆」的情況與以前相比，比較顯著的變化是「蔑曆」數量略有增多，特別是周王（包括由王權所衍生的王後及銜王命之大臣）對某人「蔑曆」的數量增多。在「蔑曆」原因方面，出現了靠祖輩影響而被「蔑曆」的現象。如《師望鼎》載師望被蔑曆的原因時謂「王用弗望聖人之後，多蔑曆易休」，讚揚周王由於不忘記師望為「聖人」的後裔所以被多次蔑曆。《趩觶》載王冊命名趩者時，讓他「更厥祖考服」（繼承其祖考的職事），並且給予賞賜，其後，「趩蔑曆」，以此自勵。《師訊鼎》載周王希望師訊「用井（型）乃聖祖考……事余一人」，也反映了周王對於被蔑曆者祖考功德的重視。這種情況與西周中期盛行的冊命制度相一致。這個時期隨「蔑曆」而賜物的情況趨少，恭王以後則罕見之。西周中期的蔑曆情況表明，當時常有大臣率屬下接受周王之「蔑曆」，「蔑曆」時的這種情況極類冊命典禮上的「右」，並且亦稱某大臣「右」某。王朝重臣益公、井叔、司馬共、武公等，[76]皆有此事。亦從一個側面反映了貴族大臣勢力增長情況。

我們這裏可以討論一下西周中期恭王時「蔑曆」的一個例子。《倗伯爯簋》銘謂：「益公蔑倗白（伯）爯曆，右告，令（命）金車、旂，爯拜手稽首，對揚公休，用作朕（朕）考寶尊，爯其萬年永

76 以上材料依次見《倗伯爯簋》、《免尊》、《師俞簋蓋》和《趩觶》。

寶用享。」[77]銘文只講「對揚公休」，然而命賜他的實際是王，所謂「右告」，實際是「益公右爯告王」的省略。彝銘的「旅」，疑讀為「櫓」，《說文》訓謂「大盾也」。周王賞賜倗伯，然而倗伯卻只「對揚公休」，並不怎麼把周王放在眼裏。這裏應當是周王權威減弱的表現。

西周後期，蔑曆數量趨少，厲王之後，幾乎再也見不到「蔑曆」記載的彝銘出現。這與西周時期王權衰弱應當有直接關係。這個時期最典型的彝銘是《梁其鐘》，其內容依然延續了西周中期「蔑曆」時對於祖考的重視。厲王時器《敔簋》所記「蔑曆」經過十分簡單，述其事則僅謂「王在周格於大室，王蔑敔曆」，沒有了隆重的景象，虛應故事而已。

總之，「蔑曆」之事，據彝銘可知它從商末到西周後期，延續了數百年之久。其本質是對於下級的勉勵和下級的自勉。過去學者多以為「蔑曆」意在酬庸、嘉勞，縷析相關彝銘，可以看出這種認識未能盡洽銘文之意。「蔑曆」的基本句式有「某蔑曆某」，「某蔑某曆」或「某蔑曆」、「某蔑曆於某」等幾種，所表示的意思，無外乎某人勉勵某，或某人被某所勉勵以及某人自我勉勵。蔑曆的過程十分簡單，類似於後世的口頭表揚、口頭鼓勵。某人之「蔑曆」，類似於後來的表決心。今可試舉幾個比較典型的例子：

白懋父承王令易師，率徵自五齵，小臣謎蔑曆，眔易貝。用乍寶尊彝。

77 山西考古研究所、運城文物工作站、絳縣文化局：《山西絳縣橫水西周墓發掘簡報》，《文物》2006年第8期。此器的釋文參見李學勤《論倗伯爯簋的曆日》，載「夏商周斷代工程」專案辦主辦《夏商周斷代工程簡報》（2006年12月28日）。關於此器的斷代，李先生謂「益多見於恭王時器」，「簋一定作於恭王二十三年」。

王蔑庚嬴曆，易貝十朋，又（有）丹一杆（管）。庚嬴對揚王休。

王蔑段曆，念畢仲孫子，命龔𫷷饋大則（埰地）於段。敢對揚王休，用乍簋。

望肇帥井（型）皇考（寬公）虔夙夜出入王命，不墜不乂（從），王用弗望聖人之後，多蔑曆易休。

王乎作冊內史命趩更（賡）厥祖考。易趩……拜稽首，揚王休。趩蔑曆。[78]

上引第一例意指小臣名謎者在白懋父賞賜將士的時候，自己「蔑曆」，表示決心，然後才被賜予貝。因屬自我勉勵，故而沒有再揚白懋父休。稱頌周王或自己的上級，是周代貴族非常流行的習俗。「對揚王休」已是彝銘中最常見的用詞。得到王或上級的勉勵，隨後稱頌王或上級的休美，自在情理之中，但「蔑曆」的彝銘中，「對揚」之目標往往不在於此，而在於具體的賞賜。上引第二、三例就是如此。得到周王的「蔑曆」，有的並不是自己有了什麼勳勞成就，而純屬於先輩功德的蔭庇。上引第三例謂「念畢仲孫子」，意謂周王沒有忘記名段者是王朝重臣職位甚高的三公之一的畢公的孫子，所以才蔑曆和賞賜。第四例即明謂周王是懷念師望是「聖人」的後裔，才「多蔑曆易休」的。上引第五例謂王希望名趩者繼承其祖先功德（「賡厥祖考」），所以名趩者才自我勉勵，以忠於王室。

78 以上諸銘依次見《小臣簋謎簋》（中國社會科學院考古研究所：《殷周金文集成》，第4238片）、《庚嬴鼎》（《殷周金文集成》，第2747片）、《段簋》（《殷周金文集成》，第4208片）、《師望鼎》（《殷周金文集成》，第2812片）、《趩觶》（《殷周金文集成》，第6516片）。

（三）

西周時期的勉勵制度，從形式上看有口頭鼓勵與物質獎賞兩種。表揚之事在彝銘中又稱「休善」，即誇美其善。或用「光」、「皇」、「昭」等詞語表示對於某人事蹟的表彰與發揚光大。如《麥盉》「井侯光氒（厥）吏麥」，意猶井（邢）侯稱譽其屬臣名麥者。《員方鼎》銘載周王狩獵於某地，「王令員執犬，休善」，因而鑄器紀念。《殳簋》「相侯休於氒臣殳」，即嘉美其臣之名殳者。不過這類「休」的誇美之後往往隨之以賞賜，《耳尊》銘謂「侯休於耳，易臣十家」，就是一例。周天子（或上級）對於臣下的休美、以「蔑曆」表示對於臣下的認可與表揚，所以臣下十分重視這類表揚。《史話簋》銘載周王在詔告畢公的時候，史話在場，事後周王賜貝十朋，史話將此事載於彝銘，並且「匠其於之朝夕監」，意即朝夕都勉勵監誡。說明誥語之重要。《左傳》文公七年引《夏書》曰：「戒之用休。」指君主應當用休美表揚的辦法招致臣下。這裏所說的「戒」，當讀若屆，至之意也。周俗重視良言善語。如《爯簋》載名爯者述其父匠巠（經）（遵循）其祖「趞姬趞白（伯）之德言」[79]，為家族作出貢獻。祖輩的「德言」為爯念念不忘。《禮記・緇衣》篇載孔子語：「王言如絲，其出如綸；王言如綸，其出如綍。」《管子・形勢》篇謂「言而不可復者，君不言也；行而不可再者，君不行也。凡言而不可復，行而不可再者，有國者之大禁也」，皆說明國君一言九鼎，影響甚大。君主對於某人的肯定勉勵，被鄭重地載於彝銘，充分證明了臣下對於君主和上級語言的重視。「蔑曆」其事，基本上與嘉勞、庸勳之類無關，也不涉及重大的賞賜（如授土、授民等）。[80]它的實質在於以口頭勉勵的形

---

79 釋文見吳振武：《新見西周爯簋銘文釋讀》，《史學集刊》2006年第2期。

80 商末器《小子𦍒卣》載「子光賞𦍒貝二朋，子曰：貝唯蔑汝曆」，意即賞貝是為了

式加強周王與臣下（或上下級貴族間）的關係，以保持相互間的和諧。在宗法制度下，分封大局已定，土地和勞動力皆分封完畢，周王的天下共主和最高級別的宗子地位的保障，自西周中期以後，不再可能用分封疆土的方式進行，所以口頭表彰和勉勵的話語，就顯得突出起來。「蔑曆」之事，被頻頻載於彝銘，表明受蔑曆的貴族對於宗法等級的認可，認為被蔑曆是莫大的光榮，所以才鑄器紀念。[81]

在彝銘中凡上對下蔑曆者，為鼓勵之意，猶《尚書・牧誓》篇所載周武王在牧野決戰誓詞中所語「勖哉夫子」。彝銘所載凡被某「蔑曆」且有賞賜者，一般有「對揚某休」之語，表示被蔑曆者的感謝之情。凡某蔑曆者，皆被蔑曆者自語，為自我勉勵不負厚望之意，猶後世的自我表態。故其後則沒有直接的「對揚某休」之語（若有此語，亦往往非專為「蔑曆」而言）。就是某人被蔑曆，若沒有賞賜，彝銘中也多見不到有對揚稱頌某為之「休」的用語，《屯鼎》和《爯簋》就是兩個例子。

關於某人「蔑曆」意即自我勉勵，過去多理解為某被蔑曆，並不確切。可以舉出以下幾例進行探討。《沈子它簋蓋》銘謂「乃沈子妹克蔑見厭於公」，指沈子能夠自我勉勵而甚合公之心意。「克蔑」，即能夠自勉。《競卣》載白屖父「皇競」（稱美名競者，意猶「蔑競」），然後銘文又說「競蔑曆」，意猶名競者自我勉勵。另有《臤尊》載名臤者隨師雍父戍守於某地的時候，「臤蔑曆」（意即臤能夠勤

表彰你的功績。這是關於蔑曆的彝銘中僅見的將賜物明確與蔑曆聯繫的特例，並且其賞賜物品數量不大。彝銘中其它「蔑曆」之語，皆不和賞賜事發生直接關係。因此可以說，蔑曆有不少是不賜物的。

81 蔑曆之事為貴族特別重視，除了鑄器紀念以外，似乎還要有簡牘加以記載。西周中期器《屯鼎》記載「屯蔑曆於　，[illegible]。用乍[illegible]彝父己」。此銘表示，名屯者蔑曆於某人之後，有「[illegible]」的記載，此字疑為「方」之繁構，當指木版，意即將此事載於版。彝銘過簡，只能推測如此。

勉自勵），所以其直接上級中競父才給予賞賜。亦有在彝銘中自我稱許而問心無愧的記載，如《師訊鼎》載「訊蔑曆白（伯）大師，不自乍（怍），小子夙夕尃（輔）古（護）先且（祖）剌（烈）德，用臣皇闢」，意即受到伯大師蔑曆之後，師訊問心無愧，覺得自己確實做到了早早晚晚都能夠勤奮地守護著祖先之盛德，以此自勵為偉大的君主之臣。銘文從「不自」開始的一大段話應當是被蔑曆的師訊本人心意的表達。也是他被蔑曆的原因所在。懿王時器《趩尊》載冊命、賞賜、拜稽首、揚王休等事之後方謂「趩蔑曆」，猶言趩當自勉，激勵自己努力從事。《免盤》載賞賜之後「免䒦（蔑），指名免者自我勉勵。還可以舉出一銘中兩用蔑字的《長由盉》銘文進行探討。銘謂「穆王蔑長由，以逨即井伯，井伯氏（祇）寅不奸。長由蔑曆。」銘文「即」因古音同部而讀若「自」，長由原為井伯之臣，被薦往穆王處為臣，長由表現得很好，頗得穆王歡心，證明了井伯之忠誠之心。故而穆王勉勵長由。第一個蔑，意猶勉勵，銘文又謂「長由蔑曆」，則指長由因得王之鼓勵而自勉。

作為一種勉勵制度，「蔑曆」之事，多不因功勳而為，而在於被蔑曆者品德高尚。周天子（或上級貴族）對於臣屬的蔑曆，雖然不乏僅憑個人好惡而為的情況，但多數則在於臣屬的德操。其核心內容一是尊王敬祖，二是黽勉有為。如《史牆盤》以大量篇幅稱頌歷代周王，並歷數自己家族黽勉王事的業績，然後才提到「其日蔑曆」，蔑曆的原因正是史牆尊王敬祖的結果。再如周穆王時器《伯唐父鼎》載「王饗莽京，王祈，闢舟臨舟龍。咸祈，伯唐父告備。王格，乘闢舟，臨祈白旗。用射□、釐虎、貉、白鹿、白狼於闢池。咸祈。王蔑曆，賜秬鬯一卣、貝二十朋。對揚王休」。伯唐父當即管理辟廱舟船的官員，因為勤勉準備得當而被「蔑曆」。蔑曆之事表明，被蔑曆者往往因為黽勉從事、勤奮有為而被肯定，但他本人卻只是自勉並且頌揚蔑曆者的休美之命。這是完全合乎周代美德觀念的做法。《左傳》記載魯隱公凡事皆低調處理，從來不做「書勞策勳」之事，從來不在明堂上「策功序德」，以此表現出謙遜的美德。[82]《易・繫辭》上載孔子語謂「勞而不伐，有功而不德，厚之至也。語以其功下人者也。德言盛，禮言恭。謙也者，致恭以存其位者也」。西周彝銘所載被「蔑曆」者多自我勉勵，猶後世所表示的再接再厲的態度。這種態度就是「勞而不伐，有功而不德」的表現。古人謂明堂之上常有「策功序德」之事進行，「蔑曆」之事顯非「策功」，但若謂其為「序德」，其意或當近之。後來，《白虎通・考黜》謂「王者所以勉賢抑惡，重民之至也」，[83]「勉賢」之源正可以溯至西周時期的「蔑曆」。

彝銘所載的「蔑曆」之事，反映了周代貴族間以口頭勉勵形式為主所進行的旨在和諧關係的努力。在宗法體系中，人們的社會地位天然地固定化，只需循規蹈矩即可維護現有的各種關係而使福祿薦至，從而保持社會穩定。然而，僅靠這一點是不夠的，還需要人們黽勉從事，將各種事情做好，「蔑曆」就是讓人們為周天子（或上級）黽勉從事的補充手段。《逸周書・大武》曾記有戰爭中六種振奮士氣的辦法，稱為「六厲（勵）」。這六種辦法是：「一、仁厲以行；二、智厲以道；三、武厲以勇；四、師厲以士；五、校正厲御；六、射師厲伍」。《逸周書・酆保》篇載，相傳周公論治國之道時還提出過「七厲（勵）」。這些都說明勉勵實為周代統治者治國的重要辦法與制度。在周代宗法禮制中，讓臣屬皆「明勖偶王」，應當就是「蔑曆」屢見諸彝銘的根本原因。

---

82 說見《左傳・文公元年》、《左傳・文公二年》孔疏。

83 陳立撰，吳則虞點校：《白虎通疏證》，中華書局1994年版，第302頁。

三 從相關彝銘看先秦時代的薦臣之事

薦臣之事在先秦時代源遠流長，到了春秋戰國時期還形成了標誌社會進步的「薦賢」的時代潮流。西周彝銘中的的「死事」一辭，其意猶轉事，多指派屬下往上級貴族處服務或任職。這是和諧上、下級貴族關係的一種辦法，亦是虔誠致敬於上級貴族的表示。周穆王時器《長由盉》銘文雖然沒有提到「死事」，但其內容和死事是一致的，也反映了西周時期薦臣的情況。西周銅器銘文中的「死事」與《長由盉》銘文所反映的薦臣之事，雖然還遠沒有春秋戰國時期「薦賢」之重要，但它卻是後來「舉賢才」這一時代潮流的先河。放在這個時代背景下來看，彝銘所揭示的薦臣之事的意義並不可以小覷。

上古時代，薦臣之事由微而盛，對於政治發展的影響日益重要。文獻記載中雖然有不少材料可資說明，但文獻記載和周代彝銘中的相關材料尚未有人做過系統研究。本文特先對若干西周時代典型的與薦臣有關的彝銘進行探討研究，然後再綜論先秦時代的薦臣之事的發展情況，希望能夠從一個側面揭示先秦時代社會結構的變動。不揣翦陋，請方家教正。

（一）彝銘「死事」考

西周金文中有「死」字，過去多寫作「肙」，其典型辭例見於穆王時器《𨕖甗》，其銘謂：

> 唯六月，既死霸丙寅，師雍父戍在古𠂤，𨕖從。師雍父死（肩）使𨕖事於𠙶侯，侯蔑𨕖歷。易（賜）𨕖金，用乍旅甗。[84]

---

84 中國社會科學院考古研究所：《殷周金文集成》，3.948。

這段銘文的意思並不太難，但銘文中至為關鍵的「肙」字卻很令人費解，專家的相關考釋頗歧異。主要有以下三說：

其一，將其字讀若「夷」。于豪亮先生指出此字「從尸得聲，古尸字及從尸得聲之字可讀為夷」。於先生舉《周禮・行夫》鄭玄注為證而進行說明，並據此認為「夷乃語助詞」[85]。（按：此說頗有說服力）後來專家又對於先生說進行補充論證，指出，《子禾子釜》有一個從米、從皿、肙聲的字，而肙與「佾」是「一字之分化」[86]，亦可證于先生之說。

今按：于先生和後來專家的相關說法中，以夷為發聲之詞，有鄭玄說為證，皆可證實其確。「從屍得聲之字可讀為夷」，亦是正確的說法，但是有一點是此說所忽略了的，那就是從尸之字非必皆以尸為聲，如《說文》所列的居、展、屆、尻、尼、屏、層等許多從尸的字皆不從尸得聲。可以看出於先生此說只是提供了一種可能性，並非必然如此。

其二，釋此字為夗。郭沫若先生指出，「肙字殆即夗字異文，古月、夕無別，尸與巳亦同意，持左右互易耳。字在此當讀為爰」[87]。（按：此說可從，但在此處是否讀爰，則頗有可商）對此我們下面再詳細討論。

其三，以為是「肩」字古文。從現在的字形上看此說頗是。宋代字書或以「肙」字為「肩」字古文。《尚書・盤庚》載盤庚語謂「朕不肩好貨。敢恭生生」，又謂「式敷民德。永肩一心」偽孔傳謂

85 于豪亮：《陝西省扶風縣強家村出土虢季家族銅器銘文考釋》，見《于豪亮學術文存》，中華書局1985年版，第13頁。

86 陳秉新：《金文考釋四則》，見《容庚先生百年誕辰紀念文集：古文字研究專號》，廣東人民出版社1998年版，第457頁。

87 郭沫若：《兩周金文辭大系圖錄考釋》，科學出版社1956年版，第120頁。

「肩，任也」，孔穎達疏謂：「《釋詁》云：『肩，勝也。』舍人曰：『肩，強之勝也。』強能勝重，是堪任之義，故為任也。」[88]若釋此字為「肩」字古文，於彝銘字義亦頗通暢。然而，此說遇到的重大障礙是肩字古文並不從尸，專家曾舉數例證明若以此字為肩「則於形、於義、於音均無可說」[89]。以之批評此說，頗為中肯。

分析以上諸說，可以說郭沫若先生謂「𡰥字殆即夗字異文」，是可信的。然而讀其為爰，亦未盡是。爰除用作虛字外，多作愁恚之意，故而《廣雅・釋詁》謂「爰，慍，愁恚也」[90]。彝銘中的「夗」字，用若虛字之爰或作愁恚解之爰，均難以通釋。分析《遹甗》銘文之意，亦難以愁恚為釋。

愚以為彝銘中的「夗」字不當讀若爰，而應當讀若「轉」。《說文》「夗，轉臥也」，段玉裁注云：「謂轉身臥也。《詩》曰『輾轉反側』。」[91]朱駿聲注云：「夗轉，疊韻，猶輾轉也。」[92]《廣雅・釋言》「夗專，轉也」，「夗專」，疑即後世慣用的「旋轉」。可見，「夗」之意與轉相通。再從字音上看，兩者古音皆屬「元部」字，更可證「夗」讀若轉是完全可能的。愚意「夗」字當讀若轉。《遹甗》銘文的「夗」，即《詩・祈父》「胡轉予於恤，靡所止居」的「轉」。《祈父》之轉，意即轉而從事於某事。

過去專家以為《遹甗》所述之事是指名遹者被派往𢻱侯處進行「軍事上的聯絡」[93]，然而從銘文卻看不出名遹者到𢻱侯處，銜負有

88 孔穎達：《尚書正義》卷9，見阮元校刻《十三經注疏》，第172頁。

89 陳秉新：《金文考釋四則》，見《容庚先生百年誕辰紀念文集：古文字研究專號》，第457頁。

90 《廣雅》各本原無「恚」字，今據王念孫《廣雅疏證》卷2上補。

91 段玉裁：《說文解字注》七篇上「夕部」，第315頁。

92 朱駿聲：《說文通訓定聲》「乾部」，第717頁。

93 馬承源主編：《商周青銅器銘文選》（三），文物出版社1988年版，第120頁。

任何軍事使命，故而以此說釋銘文之意，未盡洽適。䵼侯是胡（或說為舒若甫，疑不確）國之君。彝銘「師雍父夗使遹事於䵼侯」，意即駐守胡國附近的古𠂤之地的師雍父推薦其屬下名遹者到䵼侯處任職服務，「名遹者」得䵼侯歡心，被䵼侯勉勵並賜金，此即甗銘所載「侯蔑遹歷」所說的內容。[94]

載有「夗」字的另一件彝銘是穆王時器《師𩰫鼎》，銘謂「白（伯）大師夗𠕁𩰫臣皇闢」，此「皇闢」指周穆王。此句銘文意謂名𩰫者「所以能事皇闢，是由於伯太師的推薦」。銘文中的𠕁字，裘錫圭先生說：「疑是從甚聲之字，在此當讀為任。」[95]「夗𠕁」，即轉任，銘文這裏所說的意思即指伯大師薦臣給周穆王。

夗字又見於《中甗》。此銘後半部分摹寫不清，但從可以釋讀的內容看，有些文句尚可推知其意。銘謂：「傳□王□休，□夗又（有）羞（饈）。」推測其意當謂傳達王之休美命令，並轉送王所饋賜的食品（「羞」）。此處的夗亦當讀若轉。

遍檢西周金文所有「夗」字，可以說皆「轉」之意。不僅如此，就是從夗之字亦多有轉之意。如昭王時器《士上卣》「王大龠（禴）於宗周，出𩜁莽京」，𩜁字從夗，亦以「轉也」為釋，此銘意指在大禴祭於宗周之後，周王出宗周轉而至莽京。舊釋𩜁為祭名，恐不妥。《呂方鼎》「王𩜁□大室」，亦然。另有宛字，見於《小臣靜卣》。銘謂「王宛莽京」，此宛字，亦當讀若轉，指周王轉而至莽京。古文獻中，從夗之字（如宛若婉）亦多與轉合為連語，稱為「宛轉」若「婉轉」皆可證「夗」亦有轉之意焉。

---

94 「蔑曆」或「蔑某曆」、「某蔑某曆」等皆金文習語，專家屢曾釋解，雖然歧說甚多，但理解為勸勉，則為多數專家所首肯。煩請參閱拙作《金文「蔑曆」與西周勉勵制度》，《歷史研究》2008年第1期。

95 裘錫圭：《古文字論集》，第357頁。

相傳，薦臣之事上古已有之。《尚書・堯典》載，堯的時候「允釐百工」（確實整頓百官），於是有人推薦了丹朱、共工，皆被堯否定，後來天下洪水氾濫，又推薦鯀治水，堯本來不同意，但是鑑於大家推薦，所以便試用鯀負責治水。在上古禪讓制度下，所有「聖王」的繼任者，皆為臣下所推薦，堯、舜、禹皆如此。這應當是最早的薦臣之事。當時的天下共主並不專斷獨行，而是充分聽從臣的意見而行事，這種做法被視為明智之舉，故而《韓非子・難三》篇謂「明君不自舉臣，臣相進也」。所謂「臣相進」，意即臣下進獻之人被「明君」任用。

周代的薦臣之事與傳說中的薦臣情況並不一致。它主要指的是推薦自己的臣屬離開原職而到上級貴族那裏從事工作。薦臣之事若為一般的轉移工作，文獻記載中就稱為「轉」，《詩・祈父》「予王之爪牙。胡轉予於恤，靡所止居」是為典型的一例。鄭箋謂「轉，移也，此勇力之士責司馬之辭也。我乃王之爪，爪牙之士，當為王閑守之衛，女（汝）何移我於憂，使我無所止居乎？」孔疏釋其意亦謂：「此勇力之士，責司馬雲，我乃王之爪牙之士，當為王閑守之衛。女何移我於憂，使我無所止居乎？」可見這裏的「轉」，就是轉移其職事。《周禮・天官・太宰》載社會上的「閒民」，「無常職，轉移執事」，孔疏謂「非止一家，轉移為人執事，以此為業者耳」，「轉移執事」指不事己業，而轉為他人之傭賃。說明其「無常職」的狀態。這應當是戰國時期社會情況的反映。就西周時期的情況而言，轉事它職者，多為貴族的下級執事人員。這類人員雖然社會地位不高，但辦事能力頗強，貴族為了向上級示忠，因而予以推薦。周代的這種情況可以稱之為「薦臣」之事，貴族可以將有才能之人推薦給周天子，或者是上級及同級貴族，既展現了所薦者的才能，更主要的是表示了對於上級貴族的誠敬與友好。前引彝銘中提到的名「逌」者和「師覩」，就是兩個比較典型的例子。他們被「轉移執事」之事，彝銘稱之為「死（轉）」。這種「薦臣」之事，亦有不稱之為「死」而確有其事者，《長由盉》所載井伯薦臣給周穆王之事就是一例（說詳後）。周代貴族向上級薦臣之事，《禮記・射義》亦有所載，是篇謂「古者天子之制，諸侯歲獻貢士於天子，天子試之於射宮」，所謂「古者」，疑當指周代。金文所載的「死事」類似於這裏所說的「獻貢士」。是否每「歲」皆獻，則不可知。

（二）《長由盉》「以來即井伯」考

周穆王時器《長由盉》銘載：

> 唯三月初吉丁亥，穆王在下減应（居），穆王蔑長由，以逨即井伯，井伯氏（祇）寅不奸。長由蔑曆。敢對揚天子不𠂤休，用肈乍尊彝。[96]

銘中的「來」字，一般寫作「逨」，郭沫若先生寫作「逑」，但表示有疑問。[97]這個字在銘文中作[illegible]形，[98]與一般彝銘的來字有別，郭沫若先生存疑是慎重的。然細審拓片，可以略微見到此字上部似有向左的一撇，與《金文編》所收《般甗》的來字其上亦有一撇者雖然方向不一，但卻筆勢相近，當為同字。彝銘「來」字有從辶者，見《逨觶》，字從辶，《金文編》已指出《三體石經》「僖公來」，其中的

96 中國社會科學院考古研究所：《殷周金文集成》，15.9455。

97 《長由盉銘釋》，見《郭沫若全集・考古編》第6卷，第77頁。李亞農先生亦將此字寫作「逑」，謂此字「從辵本聲，為字書所無」。他將此字寫作從木從止之字，同於《類編》所收楷字古文，釋為法式。但是李先生並沒有解釋此字在銘文中的使用意義。見《長由盉釋文注解》，《考古學報》1955年第9期。

98 據《殷周金文集成》第15冊所載拓本。

「來」字之古文即如此。此字諸家多寫作「逨」，讀若來，應當是可信的。

此銘的考釋，問題較多，其中之一在於「以來即井伯」作何解釋。陳夢家先生說此句銘文意謂「王與作器者同來天井白之所，而井白誠敬不偽」[99]。馬承源先生謂「長由因王命事而就井伯之所」[100]。兩說雖然所指人員有別（一謂長由，一謂王與作器長由），但謂其到井伯之所則是相同的。愚以為銘文此點頗有再探討的必要。銘文開始就明言「穆王在下減应（居）」，活動在下減舉行，非在井伯處，下面講「蔑曆長由」時才說「以來即井伯」，可見此語正是說長由被蔑曆的原因，而非講周王的行蹤。彝銘的「來」字有來到、來自兩種含意。「來」，表示一個過程。過程結束之來，即到來，此過程之開端即來自。過程中間亦可稱「來」，猶《論語・微子》「來者猶可追」（皇疏「來者，謂未至之事也」）。彝銘表示「來自」之意多加「自」字，如「王來獸（狩）自豆錄」（《宰甫卣》）、「伯雍父來自㝬」（《錄作辛公簋》）。此處所言「來即井白（伯）」，愚以為非謂來到井伯處，而是言來自井伯處。古人用語簡短，來自井伯之外，銘文用「來即井伯」表示，省略了「自」字，若補充齊全，應當是「自井伯來即」。即者，就也。

再說「以」字。釋為「用」是為其本意，但在彝銘中亦有用如由、因之意者，如「以君氏令（命）」（《五年召伯虎簋》），意即因王後之命為根據。「以召（昭）其辟」（《師害簋》），意即因此而光輝其君主。「凡毆以品」（《小盂鼎》），即因其品類不同而分別獻俘。古文獻中「以」字亦不乏此類用例。《漢書・楚元王傳》「條其所以」，顏

99 陳夢家：《西周銅器斷代》（五），《考古學報》1956年第3期。

100 馬承源主編：《商周青銅器銘文選》（三），第105頁。

師古注「以，由也」，王引之《經傳釋詞》曾引其以說明「以，亦由也」之意蘊，黃侃先生批註謂：「由者，因之借」，又謂「以、由、因，聲轉」[101]，是說甚精到。總之，銘文之「以」是可以用如「因為」之意的。《長由盉》是少見的一篇銘文兩見「蔑」字的彝銘，第一個「蔑」字謂周穆王勉勵長由，第二個「蔑」字指長由，自己勉勵要永遠忠於周天子。而此「蔑曆」的動因則在於通過長由到周天子處服務之事，使周天子看到了井伯的誠敬不偽的品格。銘文中的「以」字，實貫通下面所述的「逨即井伯井伯氏（祇）寅不奸」之語意，說明就是這些內容成為名長由者被「蔑曆」的原因。銘文透露出名長由者為井伯所重視，有很強的辦事能力，故而被推薦給周穆王處服務。長由甚得周王歡心，這便表明了井伯對於周敬誠不偽（「氏〔祇〕寅不奸」）。我們前面討論金文「死事」時提到的《師𩛥鼎》銘謂「白大師死𠕁𩛥臣皇闢」，此事與名長由者被推薦到「皇闢」（指周天子）處服務，性質完全一致。

總之，無論從金文「死事」以及「死𠕁（任）」的相關記載，抑或是從《長由盉》銘文所記之事，都可以看出周代有臣屬向上級（甚至周天子）薦臣之事的存在。薦臣是為了表示對於上級或同級貴族的忠誠與友好。從《長由盉》的記載裏，可以看到薦臣的井侯就達到了這個目的，周穆王稱讚謂「井伯氏（祇）寅不奸」，這表明周穆王確實從井伯的薦臣之舉中看到了井伯對於周天子的忠心。周穆王蔑曆（勉勵）褒獎長由就是對於井伯薦臣之事的充分肯定。據《列子・湯問》篇載，周穆王應當是一位不拘一格進用人才的君主，相傳他西巡狩返歸時，路遇「獻工」名叫「偃師」的人，他即定時召見。偃師還薦舉了另外一名俳優人才給周穆王，頗得周穆王歡心。

---

101 黃侃、楊樹達批本：《經傳釋詞》，嶽麓書社1984年版，第6頁。

總之，西周時期彝銘所載薦臣之事表明，它是周代宗法制度的一個補充，也是宗法制度下維繫上下關係的一個舉措。它本身並不構成對於宗法的破壞。西周時期，薦臣之事雖然並不多見，但實際上它卻是古代政治中推薦賢才這一社會潮流的先聲。

(三) 薦臣——薦賢：上古政治發展的一個側面

進臣、獻臣、薦臣之事，見諸史載的最早者可以追溯到上古時代的禪讓之制，可以說舜、禹的繼位以及後來的皋陶為繼承人，皆舉薦的結果。商代賢相傳說則是商王武丁親自「舉以為相」[102]所致。西周時期，薦舉之事漸多，前引彝銘資料是為其證。文獻所載著名的例子如姜太公呂望，相傳他「行年七十而屠牛於朝歌」，後來才被發現，「舉而為天子師，遇周文也」[103]，是得周文王選拔的結果。比較而言，春秋戰國時期，方是薦臣之事漸趨興盛的時期，《史記・管晏列傳》所載鮑叔薦管仲於齊桓公、晏嬰薦其御者為大夫，《孔子吳起列傳》載齊將田忌薦孫臏於齊王、《伍子胥列傳》載伍子胥薦專諸於公子光[104]、《魏公子列傳》載侯生薦勇士朱亥於信陵君等都是著名的事例。據《史記・商君列傳》和《史記・范雎蔡澤列傳》記載，商鞅曾被魏相公叔痤進獻給魏王，未被賞識才西入秦國，得秦孝公寵臣景監薦舉，得見秦孝公言變法之事。秦昭公時期，范雎得王稽舉薦才有機會接近秦國君主以展現其才智。東周時期諸子百家之徒參政者多有老師薦舉的因素，《論語・為政篇》載季康子與孔子議論儒家弟子情況

102 《史記・殷本紀》。

103 《窮達以時》第5簡，見荊門市博物館編《郭店楚墓竹簡》，第27頁（圖版）、第145頁（釋文）。

104 按：《吳越春秋》卷3亦載此事，謂「子胥退耕於野，求勇士薦之公子光，欲以自媚。乃得勇士專諸」。相傳大軍事家孫武亦得伍子胥所薦而得見吳王，同書卷4載「子胥深知王之不定，乃薦孫子於王」，是為其證。

之事：

> 季康子問：「仲由可使從政也與？」子曰：「由也果，於從政乎何有？」曰：「賜也，可使從政也與？」曰：「賜也達，於從政乎何有？」曰：「求也，可使從政也與？」曰：「求也藝，於從政乎何有？」

這裏表明，季康子實際上是在向孔子瞭解子路（仲由）、子貢（賜）、子有（求）三位儒家弟子的才幹，孔子分別以果斷、通達、多才多藝給予三人以評價，這其中就蘊涵著推薦弟子「從政」的意思。薦臣在戰國時期政治人才的選拔時日益重要。例如《韓非子・外儲說左下》篇載，魏臣翟黃炫耀自己薦臣的業績時說道：

> 君謀欲伐中山，臣薦翟角而謀得果。伐之，臣薦樂羊而中山拔。得中山，憂欲治之，臣薦李克而中山治。

攻伐並且佔領中山國，是魏國在戰國前期擴展疆域的重要舉措，此事的成功，與任用翟黃所薦舉的三位傑出人才，頗有密切關係，薦臣的作用於此可以窺見一斑。《韓非子》此篇還記載了晉卿趙武的事例：

> 中牟無令，晉平公問趙武曰：「中牟，三國之股肱，邯鄲之肩髀，寡人欲得其良令也，誰使而可？」武曰：「邢伯子可。」公曰：「非子之讎也？」曰：「私讎不入公門。」公又問曰：「中府之令誰使而可？」曰：「臣子可。」故曰：「外舉不避讎，內舉不避子。」趙武所薦四十六人，及武死，各就賓位，其無私德若此也。

這裏強調了在薦舉人才的時候，趙武以公義為標準，不考慮私利的高尚品德。趙武「薦四十六人」任職，可見在晉國政治中薦舉之重要。

分析這些薦臣的事例可以看到，這些被薦之臣並非靠高貴的出身與固有的地位而被舉薦。關於此點可以上起舜、禹，下至商鞅、范睢，皆當如此而概莫能外。舜出身低下，曾經「耕歷山、漁雷澤、陶河濱，作什器」，禹則是因治水無功而被殺的鯀的兒子，得「四嶽」舉薦而繼續治水。[105]商代名相伊尹本為有莘氏的媵臣，廚藝很好，「使為庖人」[106]。傅說本為「胥靡」，「築於傅險」[107]，可能是一位連名字都沒有的修築道路的奴隸。周初的太公望，本來是一位屠夫。出身亦不高貴。管仲與鮑叔牙皆出身於社會下層，他們一起做過買賣，當過兵，相比之下管仲更為「貧困」[108]，管仲得鮑叔薦舉而為齊相，成就了齊桓霸業。春秋時期私學興起，就讀者以社會中下層人士居多，儒家弟子就是如此。例如，子路是魯國卞地的「野人」[109]，仲弓的父親是一位「賤人」，顏回家境很窮，「一簞食，一瓢飲，在陋巷」[110]。儒家弟子多有「從政」者，其進入政治舞臺的道路，一般來說與老師的薦舉應當是有關係的。

舉賢才的呼聲，自春秋時代開始就不絕如縷，到了諸子百家時代更是日益高漲。孔子曾有「舉善」、「舉直」之說，他主張「舉賢才」、「舉逸民」，他認為所薦舉之人，要真正有才幹，「不以言舉人，

105 《史記・五帝本紀》。

106 《墨子・尚賢下》。

107 《史記・殷本紀》。按：《墨子・尚賢》下篇載傅說本來是居於北海之洲的奴隸，「衣褐帶索，庸築於傅岩之城，武丁得而舉之」。

108 《史記・管晏列傳》。

109 《史記・仲尼弟子列傳》集解引徐廣說。

110 《史記・仲尼弟子列傳》。

不以人廢言」[111]。戰國前期，墨子為「尚賢」而大聲疾呼，主張「雖在農與工肆之人，有能則舉之，高予之爵，重予之祿，任之以事，斷予之令」[112]，認為天下之人都應當舉賢才，「下有善則傍（訪）薦之……下有善弗傍薦，下比不能上同者，此上之所罰，而百姓所毀也。」[113]

由西周時期的薦臣到春秋戰國時代的舉賢，是社會階層結構的變化的深刻反映。春秋以降，私學蜂起，士人適應社會需要而日益增多，被薦舉已經成為士人得以出人頭地、發揮才能的重要階梯。這種盼望被人薦舉的心情如大旱之望雲霓，是十分迫切的。如果沒有被別人薦舉，那麼士人就要主動進取，向有關權貴獻「質」，表示忠誠，爭取被薦舉而入仕。孟子曾經和弟子討論這一問題：

> 周霄問曰：「古之君子仕乎？」孟子曰：「仕。傳曰：『孔子三月無君，則皇皇如也，出疆必載質。』公明儀曰：『古之人三月無君則弔。』」「三月無君則弔，不以急乎？」曰：「士之失位也，猶諸侯之失國家也。……」「出疆必載質，何也？」曰：「士之仕也，猶農夫之耕也，農夫豈為出疆舍其耒耜哉？」[114]

孟子舉孔子之例說明入仕對於士人的重要。他指出，孔子離開自己國家（「出疆」）必定帶上贄見禮物（「質」）以便求人薦舉而入仕。帶著贄見禮物，就像農夫帶著耒耜一樣重要。此事說明了春秋戰國時期士

111 依次見《論語》的《為政》、《子路》、《堯曰》、《衛靈公》等篇。
112 《墨子・尚賢上》。
113 《墨子・尚同上》。
114 《孟子・滕文公下》。

人尋求薦舉機遇之迫切。縱觀春秋戰國社會整體情況可知，社會還是為廣大士人提供了入仕參政的不少機遇，然而，對於某個個別的士人來說，被薦舉的機遇也不是隨時就可以遇到的。面臨這種情況，通達者自然有深入的理解，《郭店楚簡．唐虞之道》篇說：

> 聖以遇命，仁以逢時，未嘗遇〔賢。雖〕並於大時，神明均（？）從，天地佑之，從（縱）仁聖可與（舉），時弗可秉（及）嘻（矣）。[115]

這裏的意思是說，就是聖人、仁人也需要賢者的薦舉才能成就一番事業，不然的話，就是有神明天地保祐，就是其自身有非常好的條件，沒有這種被賢者薦舉的機遇，也會錯失機遇，追悔莫及的。從孔子以來戰國時期的儒家學派對於時命觀念有著深刻的認識，《郭店楚簡》的《窮達以時》篇就是一個集中的表達。在遍舉得聖賢薦舉而成功的事例之後，是篇說：「窮達以時，德行一也。……幽明不再，故君子敦於反己。」[116]窮困潦倒或者飛黃騰達靠的都是時遇（「窮達以時」），然而士人的德操卻應當都是一致的，個人的機遇可能會有，也可以沒有，但柳暗花明之事令人迷惑不解，所以君子應當注重深刻的自我反思（「敦於反己」）。

就先秦時代的情況而言，早期的薦舉有其特殊性質。在傳說時代，基於原始民主傳統，薦舉成為領導人出現的唯一途徑，這稱之為「禪讓」，史載每一次禪讓，皆由薦舉實現，待到家天下局面出現以

---

115 《唐虞之道》第14-15簡，見荊門市博物館編《郭店楚墓竹簡》，第40頁（圖版）、第157頁（釋文）。

116 《窮達以時》第14-15簡，見荊門市博物館編《郭店楚墓竹簡》，第28頁（圖版）、第145頁（釋文）。

後，由薦舉而禪讓的傳統制度才告結束。夏、商、西周氏族、宗族時代，政治領袖與氏族（或宗族）長合而為一，實際上是族國合一的局面。國家下面的各級統治者亦大體如此。這個歷史階段薦臣情況不是很多，根源即在於此。從東周開始，社會結構逐漸鬆動，舊的氏族（或宗族）貴族趨於沒落，而士人階層則從嶄露頭角到走上政治舞臺，再成為政治舞臺上的一支不可忽視的力量，形成了一股社會潮流。春秋戰國時期薦臣之事增多，這一現象的社會背景，就是氏族（宗族）貴族勢力的趨弱與新興的士階層的形成。時代屬於戰國中期的《郭店楚簡・五行》篇說：「君子智（知）而與（舉）之，胃（謂）之尊臤（賢）。智（知）而事之，胃（謂）之尊臤（賢）者也。」[117]顯然，「尊賢」已經成為社會認可的美好德操之一，「尊賢者」已經是君子應當達到的標準之一。

從整個先秦時代去看，薦臣之事對於社會政治產生重要影響的歷史階段還是春秋戰國時期。這個時期的社會輿論對於薦舉賢才持完全肯定的態度。薦臣、推舉賢才，應當是一個為國家之公而實行的美善之事，薦舉者應當「外舉不棄讎。內舉不失親」[118]。然而社會現實中，被薦舉者與薦舉者其間往往存在著一個主、從關係。在當時社會觀念複雜變化的情況下，有的被薦舉者注重公利而疏於私恩的回報，這種情況也是有的。春秋末年，魯國的陽虎就曾為此事大傷腦筋。

> 陽虎去齊走趙，簡主問曰：「吾聞子善樹人。」虎曰：「臣居魯，樹三人，皆為令尹，及虎抵罪於魯，皆搜索於虎也。臣居

117 《五行》第43-44簡，見荊門市博物館編《郭店楚墓竹簡》，第34頁（圖版）、第151頁（釋文）。

118 《左傳・襄公二十一年》。按：《韓非子・說疑》篇述此道理作「內舉不避親，外舉不避讎」，《呂氏春秋・去私》篇述此作「外舉不避讎，內舉不避子」。

> 齊，薦三人，一人得近王，一人為縣令，一人為候吏，及臣得罪，近王者不見臣，縣令者迎臣執縛，候吏者追臣至境上，不及而止。虎不善樹人。」[119]

陽虎犯罪的時候，他原來所薦舉之人，為國君近侍者，拒不見走投無路的陽虎，因陽虎薦舉而任職縣令者執法抓捕陽虎，因陽虎薦舉而為邊境地區小吏者，則奉命追捕逃跑的陽虎，一直追到邊境才作罷。陽虎哀歎自己「不善樹人」，其實從維護公義的角度看，他所薦舉的人沒有為私恩而枉公法，應當都是合適人選，陽虎正是「善樹人」者，他的哀歎是從自己私利出發的。陽虎所歎之事表明，當時的社會輿論的主流還是肯定在薦舉之事當中，應當講公義而去私利的。對於陽虎的事情，他所薦舉而任職之人，並沒有為報私恩而徇私枉法，而是正常執法，對於陽虎該怎麼處置，就怎麼處置。《韓非子・外儲說左下》篇還曾舉晉臣解狐的兩件事情說明公義之重要。一是解狐薦其仇人到晉卿趙簡子那裏任職。這位解狐的仇人以為解狐的薦舉是盡釋前嫌的結果，所以到解狐家中感謝，被解狐拿著弓箭趕了出去。解狐對他說：「夫薦汝，公也，以汝能當之也。夫讎汝，吾私怨也，不以私怨汝之故擁汝於吾君，故私怨不入公門。」關於解狐的另外一件事情是，他薦舉與他結怨的邢伯擔任上黨守令的重要職務，邢伯去感謝解狐的時候，亦被趕走。解狐說：「舉子公也，怨子私也，子往矣，怨子如初也！」解狐之事流傳甚廣，其基礎應當就是社會輿論中對於以公義而薦舉人才的肯定。

總之，夏、商、西周時期已經出現的薦臣之事，是社會政治發展中的一個不可忽視的現象，它表明人才的使用不應當受到其出身地位

---

119 《韓非子・外儲說左下》。

的影響。薦臣之事在彝銘中的記載，表現了西周時期人們對於薦臣之舉的重視。然而，當時佔據主導地位的還是宗法制度下的世卿世祿之制，西周時期的薦臣只是在中下級執事人員的層面上的一個舉措。其所薦者只是「臣」而非「賢」。春秋戰國時期湧現的情況不再是薦臣，而是薦賢。賢才若到了較高位置，還會對於國家政治帶來重大影響。從薦臣到薦賢，這是社會政治進步的表現。西周銅器銘文中的「甶事」與《長由盉》銘文所反映的薦臣之事，雖然還遠沒有春秋戰國時期「薦賢」之重要，但它卻是後來「舉賢才」這一時代潮流的先河。放在這個時代背景下來看，彝銘所揭示的薦臣之事的意義並不可以小覷。

中華文化思想叢書 A0100050

天命與彝倫——先秦社會思想探研 上冊

作　　者 晁福林
責任編輯 楊家瑜

發 行 人 陳滿銘
總 經 理 梁錦興
總 編 輯 陳滿銘
副總編輯 張晏瑞
編 輯 所 萬卷樓圖書股份有限公司
排　　版 林曉敏
印　　刷 維中科技有限公司
封面設計 菩薩蠻數位文化有限公司

出　　版 昌明文化有限公司
桃園市龜山區中原街 32 號
電話 (02)23216565
發　　行 萬卷樓圖書股份有限公司
臺北市羅斯福路二段 41 號 6 樓之 3
電話 (02)23216565
傳真 (02)23218698
電郵 SERVICE@WANJUAN.COM.TW
大陸經銷
廈門外圖臺灣書店有限公司
電郵 JKB188@188.COM

ISBN 978-986-496-083-5
2019 年 1 月初版二刷
2018 年 1 月初版
定價：新臺幣 400 元

如何購買本書：
1. 劃撥購書，請透過以下郵政劃撥帳號：
帳號：15624015
戶名：萬卷樓圖書股份有限公司
2. 轉帳購書，請透過以下帳戶
合作金庫銀行 古亭分行
戶名：萬卷樓圖書股份有限公司
帳號：0877717092596
3. 網路購書，請透過萬卷樓網站
網址 WWW.WANJUAN.COM.TW
大量購書，請直接聯繫我們，將有專人為您服務。客服：(02)23216565 分機 610

如有缺頁、破損或裝訂錯誤，請寄回更換

國家圖書館出版品預行編目資料

天命與彝倫 ： 先秦社會思想探研 / 晁福林著. -- 初版. -- 桃園市 ： 昌明文化出版 ; 臺北市 ： 萬卷樓發行, 2018.01
冊 ;　公分.
ISBN 978-986-496-083-5(上冊 ： 平裝). --
1.先秦哲學 2.思想史
121　　107001044